新媒体视野下
新闻采访实训教程

XINMEITI SHIYE XIA
XINWEN CAIFANG SHIXUN JIAOCHENG

廖建国　范中丽　◎ 编著

西南交通大学出版社
·成都·

图书在版编目（CIP）数据

新媒体视野下新闻采访实训教程 / 廖建国，范中丽编著. —成都：西南交通大学出版社，2017.7
ISBN 978-7-5643-5604-0

Ⅰ. ①新… Ⅱ. ①廖… ②范… Ⅲ. ①新闻采访 – 教材 Ⅳ. ①G212

中国版本图书馆 CIP 数据核字（2017）第 170242 号

新媒体视野下新闻采访实训教程

廖建国　范中丽　编著

责任编辑	左凌涛
封面设计	严春艳
出版发行	西南交通大学出版社 （四川省成都市金牛区二环路北一段 111 号 　西南交通大学创新大厦 21 楼）
邮政编码	610031
发行部电话	028-87600564
官网	http://www.xnjdcbs.com
印刷	成都中铁二局永经堂印务有限责任公司
成品尺寸	185 mm × 260 mm
印张	11.5
字数	256 千
版次	2017 年 7 月第 1 版
印次	2017 年 7 月第 1 次
定价	32.00 元
书号	ISBN 978-7-5643-5604-0

课件咨询电话：028-87600533
图书如有印装质量问题　本社负责退换
版权所有　盗版必究　举报电话：028-87600562

本教材属乐山师范学院
卓越新闻传播人才培养计划的系列成果之一

自 序

新闻采访是记者为报道新闻，针对新近发生或发现的事实而从事的信息采集活动。随着电报、电话和网络的次第出现，记者的远程信息获取能力越来越强，报道覆盖的时空范围不断扩大，然而无论传播技术如何发展，记者耳闻目睹的现场采访仍是最重要的采访方式。但毋庸置疑的是，传播技术的发展对新闻采访活动的影响是巨大的，记者必须紧跟传播技术的发展步伐，并应积极及时地将新的技术转化成新闻采访活动的"生产力"。

为加强新闻预备人才队伍的建设，国家在高校推出了卓越新闻传播人才培养计划。计划强调的重要培养任务，包括有新媒体意识、实践能力和马克思主义新闻观的培养。在这一背景下，调整新闻人才培养目标，优化教学内容，应当是新闻教学的重要改革内容。

就目前新闻采访的教材而言，存在数量多、角度多、更新快的特征。新闻采访学受新闻政策、传播技术、市场环境的影响很大，其知识体系并不稳定。同时，新闻采访是一门实践性极强的课程，教学必须紧跟新闻采访实际的变化而不断更新教学内容，这样既是为了响应新闻实践的变化，也是为了缩短新闻学专业学生与职业人的知识技能距离。

万变不离其宗，无论新闻实践如何变化，新闻采访活动中涉及的基本人际交往技巧和采访方式是不会变的。因此，本教材在内容编写时，着力捕捉其中较为稳定的技巧、经验和知识，并尽量结合新近的案例来阐释。同时，本教材是与卓越新闻传播人才培养计划四年的建设实施经验，以及新闻采访课程教学改革成果相结合的成果。

本教材的结构采用了比较通俗的知识体系，即按新闻活动的三要素来组织教学内容。采用通俗的框架结构：一是考虑到这样更能满足在校大学生、考研复习者和自学者的需要，二是编著者认为教材并非学术著作，内容选择应更侧重共识性知识，而非个性表达的学术观点。

在本书编写过程中，编著者参考了大量同类教材和研究文章，在此表示感谢。本教材按对新闻活动的三要素即活动主体、活动对象、活动过程的分析来构建教学内容，各章节关系如下：

第一章为第一部分。该部分介绍新闻采访的活动主体——记者，主要介绍其岗位职能、素养和应当遵循的职业道德和法律。岗位职能介绍了记者的社会角色功能，在此基础上，明确了记者应当具备的基本素养，以此来帮助学生确定大学阶段的学习目标和任务。职业道德与法律规范一节则是介绍记者职业的管理制度和道德约束，强调学习者应当树立职业规则意识。

第二章为第二部分。该部分主要介绍记者采访活动中涉及的对象，即新闻线人、采访对象，并介绍了记者与这些对象接触的基本礼仪和交流技巧。

第三章至第五章为第三部分。该部分介绍新闻采访活动过程涉及的经验与知识。其中，第三章、第四章谈采访方式，即记者采用的与采访对象交流的中介途径和形式，重点选谈了五种采访方式。第五章谈新闻采访活动的组织形式，对座谈会和新闻发布会进行了简单介绍，本章还介绍了交叉采访、勾推法等部分常用采访方法。

各章节后的附录部分，是练习题和扩展阅读资料，供使用者选用。

编著者

2017 年 3 月

目 录

概 论 /1
第一章 新闻活动的主体——记者 /7
  第一节 记者的基本职能 /8
  第二节 记者的基本素养 /13
  第三节 职业道德与法律规范 /28
第二章 新闻活动的目标——线索与对象 /46
  第一节 新闻线索与新闻线人 /46
  第二节 研究采访对象 /53
  第三节 遵守采访礼仪 /65
  第四节 采访准备 /79
第三章 采访方式及技巧（一） /87
  第一节 直面采访 /87
  第二节 观察采访 /102
  第三节 电话采访 /109
  第四节 网络采访 /118
第四章 采访方式及技巧（二） /128
  第一节 体验式采访 /128
  第二节 隐性采访 /139
第五章 采访组织形式与方法 /151
  第一节 座谈会 /151
  第二节 新闻发布会 /156
  第三节 采访方法 /162
参考文献 /173

概 论

选择了新闻学专业,意味着大家都憧憬着将来做一名专业记者,或是成为一名懂得传媒行业的宣传人员。自然,新闻业务课程应当成为大家的必修课。新闻采写中的"采"字非常重要,写的东西,可以在课上或是课下动动笔杆子,练练笔,而采访要真刀实枪地干,要投入到新闻采访的实践活动中去,才能体会到采访的甘苦,才能把别人的经验、书本上的知识转化为自身的体会,成为个人的"能力"。

"知者行之始,行者知之成",要学好"新闻采访与写作"这门课程,必须做到"实践—理论学习—再实践—再理论学习……"这种理论与实践相结合、体会与反思相结合并循环往复的学习方式才是最好的学习方式,只有通过实践使理论认识不断深化,再将理论认识用以指导实践工作才能获得真知,从而成为一名政治强、作风正、业务精的行家里手。

一、新闻采写课程在新闻学课程体系中的位置

新闻学知识体系主要包括新闻业务、新闻史、新闻理论三部分。三类知识各有妙用,不可分割。如果只有理论、历史,没有实际应用的新闻业务,那么理论、历史就不能有力发挥其应有的作用;反之,则只能使人知其然不知其所以然。新闻学专业的核心课程分类体系,可以用图1做简要概括。

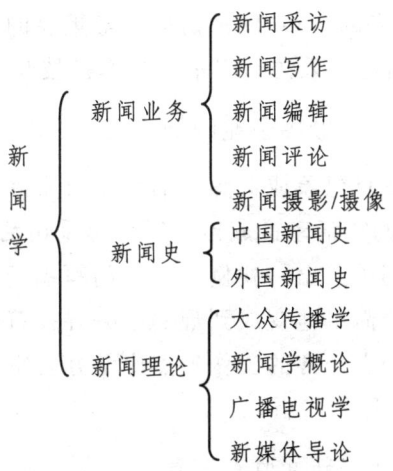

图1 新闻学的分类

1923年出版的邵飘萍(1886—1926年,原名新成,后改名振青,字飘萍)的《实际

应用新闻学》是我国最早的一本新闻采访学专著。1918 年，邵飘萍与北京大学校长蔡元培及教授徐宝璜一起创立了"北京大学新闻学研究会"，在中国高校首创新闻教育，邵飘萍担任新闻业务课程的讲师。《实际应用新闻学》主要整理了邵飘萍的教学讲义内容，以其自身的采访实践经历为例，并融合了一些他去欧美日本考察后的认识，对新闻采访和写作、记者修养等新闻实践活动进行了理论概括。

图 2　邵飘萍

图 3　《实际应用新闻学》教材

二、新闻采访与写作的关系

新闻采访与写作是一次完整的新闻活动不可或缺的两个环节，其他类型的写作也需要采访，但新闻采访与写作两个活动环节之间的关系有所不同。

（一）写作必须以采访为基础，采访决定写作

新闻写作不同于文学写作。文学写作可以浮想联翩、天马行空，想象越奇特，内容越离奇，表达越生动，作品越成功；新闻写作则是追求镜子式的反映现实，不允许有半点臆想，报道中的内容，应当是字字有来源，句句讲出处，写作的材料完全来源于采访。

俗话说得好，"新闻是跑出来的"，新闻采访应是最重要的工作，写作仅是采访活动获得的事实材料的符号化处理而已，采访是根本，写作是枝叶。

（二）新闻先有采访后有写作，顺序不能颠倒

新闻写作内容的构思不是来自想象或灵感，而是来自实际生活中的发现和采访中的触发（新闻敏感）；采访活动是写作活动的起点，写作是采访活动的结晶。

采访活动不能搞"在家定调子，出门找例子，关门写稿子"的主题先行法。新闻报道不能搞主题策划在先，将采访简单地变成到现实中去寻找符合主题要求的例子，将其作为证明或证伪主题的典型。记者经常的工作地点应是办公室之外的广阔世界，在对新闻现场的主动搜索中寻找写作的原始材料。

（三）采访质量决定写作质量，新闻胜在信息

民国时期卓越的新闻记者黄远生曾将自己丰富的采访写作经验做了总结：他认为一个记者必须具备"四能"，即"脑筋能想，脚能奔走，耳能听，手能写"。其中的"脚能

奔走"强调的正是采访的重要性。新闻报道常被称为是"粗糙的艺术品",它不同于文学作品的精巧。打个比方,文学作品如果是讲究色香味俱全的特色菜,追求的是艺术性的意象享受;那新闻报道则是追求能量的军用压缩饼干,追求的是实用性的信息满足。

常言道:"七分采,三分写。"新闻报道的精力主要应用在采访环节,采访工作做得好,新闻内容的充实性、真实性才有保障。从受众角度来看,消费新闻产品的目的主要是了解新近发生和发现的事实,写作技巧欣赏不是追求的主要目的。因此新闻写作强调的是信息量,而信息量只能来自扎实的新闻采访工作。

三、新闻采访活动的特点

与一般的调查活动(如司法侦查、文学艺术采风、职能部门的业务调查等)相比较,新闻采访有以下一些特点:

(一)采访为写作提供材料

不同的调查类型的目的各不相同。如司法人员的调查是为了正确判案,机关干部的调查是为了推动工作,总结经验教训。而新闻采访活动的直接目的是为新闻写作提供材料,最终目的是满足人们对新闻信息的需求。

部门业务类调查活动服务对象明确,服务数量较小;新闻采访针对的是不知名的模糊公众。与文学艺术采风追求灵感、寻找想象的触发点不同,新闻采访追寻的是能够获得还原事实真相的原始材料。

(二)采访的时间有限性

新闻是易碎品,及时性是重要的特征,因此新闻的出版发行都有严格的时间控制。以报纸为例,新闻事实从获取新闻线索到采访成稿,从采访成稿到编辑排版,从编辑排版到印刷,从印刷到发行,各个程序环环相扣,容不得任何一个环节拖延时间。新闻采访作为其中的首要环节,如果拖延会影响整个流程,媒体不可能因为某条报道或某个记者的原因,给出多余的采访时间。虽然偶尔会因为某个重大的新闻事件而略微在时间上宽松一点,但这些都是极少的例外,总体上来看,新闻采访的时间是具有限制性的。

媒体之间存在着激烈的竞争,新闻刊播的时效性竞争是影响媒体收入与声誉的角力点,这也要求新闻采访"兵贵神速"。

(三)采访活动的多样性

受众对新闻的需求是多种类、多层次的。受众可能会因职业、年龄、性别、经历、学历等因素而有不同的爱好。如中学女生喜欢娱乐新闻,中学男生喜欢体育新闻;干部爱看时政新闻;家庭主妇爱看商品信息;知识分子喜欢深度报道……媒体追求尽可能多的受众,那就需要提供尽可能多的内容,让受众在信息产品的"超市"里能各取所需。消费市场的这个特征自然会决定生产市场的特征,作为信息消费品的生产者——记者,其采访活动就纷繁复杂了。因此采访活动不像其他职业活动,"撑船便撑船,舂米便舂米,割麦便割麦",采访活动内容复杂,具有多样性特征。

正是因为采访活动的多样性特征,让记者接触一般人接触不到的许多人,了解一般人没办法了解的事,去一般人去不了的许多地方。所以,对想增加社会体验,开阔眼界的人来讲,记者的确是一份不错的职业。

(四)采访活动的艰辛性

美国在20世纪90年代做过一个调查,发现:在美国,70岁以上的长寿者中,占比例最小的是新闻记者;35岁以前因患某些疾病过早死亡的,占比例最大的是新闻记者。

相比教师一生站立的三尺讲台,大多白领端坐的格子间,奔走在外的记者活动空间的确太大了,采访活动的突发性和采访内容的多样性让记者的工作不能像"朝九晚五"那样有规律,也不可能将某个固定的办公空间作为厮守终生的地方。工作时间与工作地点的不确定性,可以让记者见到太多的生活精彩,但要让天天在陌生环境中与陌生人打交道的记者说不辛苦,那的确显得矫情。

新闻具有突发性和采访活动的时间有限性,使采访活动具有突击性特征。记者需要在有限的时间内奔波于各采访对象间,用尽可能短的时间完成采访任务,争取在新闻大战中发出"首声",赢得胜利。越是复杂的新闻事实和重要的新闻事实,采访的劳动强度就越大,有些采访任务甚至需记者进行连续多天高强度工作,这就需要记者有良好的身体素质,以承受"突击战"对体能的高要求。

(五)采访活动具有危险性

新闻具有异常性,越是危险的地方,越容易产生有价值的新闻。暴雨来了,一般人躲在家里避狂风暴雨、电闪雷鸣,记者却要及时赶到容易塌方和积水的地方守候新闻;火灾发生了,一般人远观惊呼,记者却要在第一时间赶赴现场,拍摄大火场景,采访周边群众;战争爆发了,群众远离连天战火,记者却要赶赴交火前线,反映双方战况;地震发生了,一般人在惊恐中撤离危险区避震,记者却要冒着余震不断的危险,去报道"众志成城,抗震救灾"的新闻……新闻从其本质上来讲,很多时候就是谈危险和意外的事情,新闻采访活动由此就难以和"危险"断绝关系。

(六)涉及知识的全面性

新闻采访对象的复杂性,新闻采访活动的多样性,要求新闻采访活动的主体,即记者具有宽广的知识面。只有成为知识的杂家,有了知识的广度,记者才能与不同对象寻找到共同话题,采访对象才不会有"鸡同鸭讲"的烦躁。

身为一名记者,应对文、史、哲、经、管、法、艺术等学科的基本常识有所了解和掌握。要想变得优秀,除了见多识广外,还要做到知识专精,有自己擅长的知识领域。这样,记者才能在采访时不说外行话,才能和采访对象建立起沟通的知识基础,才不会有那种采访对象侃侃而谈,记者一头雾水的尴尬。

四、记者职业的发展及现状

记者（reporter）从字面上理解，"者"为"……的人"；"记者"即"记的人"。记者，西方称为"无冕之王"，斯大林称为"社会活动家"，毛泽东称为"宣传家"，因此非一般"记的人"。广义的记者是新闻采写者、编辑、评论员、专栏作家等的统称；狭义的记者专指那些经常在编辑部外进行新闻采访活动，以新闻报道为主要任务的人员。

记者作为一种专门以信息的搜集、制作、传播为生的职业，是伴随着近代报纸的产生而出现的。记者的早期称谓有主笔、探员、文士、采访、探事、访友、报事人、访员等，后从国外引进"记者"称谓。国内最早使用"记者"的媒体，始于梁启超主办的《清议报》，1899年该报第七、八期刊出的《时事十大新闻汇记》一文中，首先使用"记者"一词。此后，"记者"一词慢慢淘汰其他称谓，成为新闻工作者的普遍称呼。

美国著名记者、政治专栏作家詹姆斯·莱斯顿（James Barvette Reston）曾说："19世纪是小说家的时代，20世纪是新闻记者的时代。"21世纪借助网络的助力，信息产业已渗透进各行各业，传统的记者角色正随着"互联网+"浪潮，向其他行业的信息制作传播员角色转移。

随着中国新闻事业的快速发展，我国媒体新闻从业人员不断增加。截至2012年11月5日，我国持有新闻记者证的新闻采编人员共248 101人，其中报纸、期刊记者105 942人，广播、电视、通讯社等媒体记者142 159人。从性别比例上看，男性记者140 684人，女性记者为107 417人，男女比例为57∶43。从学历上看，目前99%的新闻采编持证人员均具有大专以上学历。[①]

在网络媒体方面，自2006年以来，网络编辑正式获得国家职业资格认证，成为一门新兴职业。据估算，"截至目前，全国网络编辑从业人员近600万人"[②]，数量已远超传统媒体从业人员，随着"互联网+"的发展，网络编辑人员的数量未来还将继续增加。

2014年10月21日，国家新闻出版广电总局和国家互联网信息办公室联合发出《关于在新闻网站核发新闻记者证的通知》。该通知规定，从2015年开始，中央、地方的重点新闻网站以及全国性行业新闻网站的采编人员将分批获得新闻记者证。

2015年11月6日，央广网等首批符合资质的14家一类资质新闻网站共594名采编人员正式领取了网络记者证。首批获发记者证的网站包括央广网、人民网、新华网、中国网、国际在线、中国日报网、中国网络电视台等14家中央主要新闻网站。网络记者证的发放，标志着网络媒体采编人员正式得到官方承认，部分网站获得了新闻采编权。

根据2005年出台的《互联网新闻信息服务管理规定》，互联网新闻信息服务单位共分为三类，而这次有资格获得新闻记者证的网络媒体属于第一类，即"新闻单位设立的登载超出本单位已刊登播发的新闻信息、提供时政类电子公告服务、向公众发送时政类

---

① 中国新闻出版网2012年11月8日，转自新浪《中国记者队伍现状：持证采编人员近25万人》，http://news.sina.com.cn/m/2013-01-07/100625973954.shtml。

② 见百度百科"网络编辑"词条。http://baike.baidu.com/link?url=9BLb0qTXua9mx9aXxJ8jBy-xh3lV6fdqvcbXrmDkMYr5jFpSNEhUNCurL4H5CjCzIgJ_bi3fx6D5_1PNEBNZfa。

通讯信息的互联网新闻信息服务单位"。通俗地说，首批有资格获得记者证的网络媒体，主要是中央和地方新闻单位设立的新闻网站，以及一些取得互联网新闻信息服务许可一类资质的行业网站。

从记者证的发放范围不难看出，新浪、搜狐、百度、腾讯等有网络新闻发布功能的二类资质网站，即商业网站并不在发放的范围内，二、三类资质的网站还暂时没有新闻采访权，只能转载新闻。在客户端、公众号已经大行其道的新媒体时代，网络记者证的发放对于网络媒体而言意义重大，相信随着新媒体影响力的日益扩大，将会有越来越多的网站获得新闻记者证的发放权利。

党和国家对新闻工作十分重视。2000年，国务院正式批复中国记协《关于确定"记者节"具体日期的请示》，同意将中国记协的成立日11月8日定为记者节（1937年11月8日，以范长江为首的左翼新闻工作者在上海成立中国青年记者协会，这一协会是中国记协的前身）。记者节与护士节、教师节一起，成为我国仅有的三个行业性节日之一。

第一章　新闻活动的主体——记者

为了让大家了解记者的工作状态，特提供反映记者职业生活的一天的模仿情节。

早上 8:00，张华被昨晚定好的闹铃叫醒，他迅速从床上起来，洗漱，吃早餐。

8:30，他像往常一样打开电脑，浏览了一下当天的新闻网页、论坛，希望从中发现一些新闻线索；同时他接收并处理了自己的邮件和 QQ 留言，再刷了遍微博和微信朋友圈。

9:00，按照昨天编辑交代好的任务，到达当地的一所民办学校，联系到线索提供者，希望从对方那里了解到关于校方不帮教师办理养老保险的问题。采访进行了两个小时，在了解到自己所需要的信息后，他收拾好采访本、录音笔等采访设备，告别了采访对象。

15 分钟后，他又来到了当地教育局，就刚才所了解到的事实对教育局的负责同志进行了详细的采访，并对某些细节进行了核实。1 小时 15 分钟后，他离开了教育局。

13:00，张华坐到了自己在报社的办公桌前，打开电脑，开始整理自己的采访笔记，准备根据上午采访到的相关信息撰写稿件。

1 个小时后，在稿件完成一半左右时，困意向张华袭来，他找了张沙发一躺，拿张报纸盖着脸小憩，不知不觉进入梦乡。

15:05，一阵雷声将张华从梦中惊醒，窗外下起了暴雨。想起自己尚未完成的稿件，他急匆匆地冲到卫生间，洗了一把脸，泡了一杯浓茶，继续回到电脑桌前写稿。

2 个小时过去了，新鲜的新闻稿件已经出炉，张华再次审阅了自己所写的稿件，又改动了几个细微的错误，觉得比较满意了，就将稿件通过报社的内部网络发送到编辑的手里。

17:30，暴雨终于停了下来，张华收拾东西准备回家，一边庆幸这为数不多的能按时回家的日子，一边提醒自己记得给女儿买生日礼物。

17:50，张华驾车到建国路口，发现这里内涝严重，摩托车、汽车纷纷在路面上"冲浪"，下班、放学的男男女女纷纷脱下鞋子提在手里涉水。他迅速将车停在一家银行门口，脱下鞋子存放在一个保安岗亭，卷起裤管跳入水中抓拍镜头。

18:20，他提鞋赤脚回到报社，而车则依然停在建国路口，因为塞车严重无法开回。

19:40，内涝图片以及简单文字处理完毕，他将稿件提交给部门编辑，正准备回家，热线电话来料，金象三区一名 7 岁男孩放学回家途中，不幸碰到一根被风雨刮断的电线，触电受伤，抢救无效死亡。

19:50，张华匆匆跑到建国路口的银行门前开车，直奔金象三区进行采访。

21:30，张华结束采访回到报社。在途中，他下意识看了眼油表，头天晚上加满的油已整整消耗了一半，有点心疼，但心里还惦记着等待处理的新闻稿件。

21:50，他在报社附近的超市里买了个面包，带回办公室，一边吃一边继续写稿，在

22:30 左右，接到值班主任要该稿的电话。

23 时，终于将全部的稿子写完，他驾车回家，路上想到女儿的生日礼物，又无可奈何。

23:20，张华回到家中，女儿早已经睡下了，他去看了眼女儿，又吃了点东西，冲凉，上床休息。

次日 0:20，电话将他从睡梦中吵醒，红旗路一家网吧被一群手持铁棍、砍刀的人打砸。

0:40，张华步行到达现场。采访遭网吧拒绝，所有记者一律不允许进去，网吧老板担心见报会"影响生意"。他又走访了附近仅存的几家烧烤摊，收获也不大。

1:10，他决定去红旗路派出所碰碰运气，看看能否拿到伤亡情况、财物损坏情况等资料。20 分钟后，他来到了位于红旗路与达通路交汇处路口的红旗路派出所。派出所里有几名警官以及几名男女在录口供。将采访意图告诉警察后，一名警官告诉张华说，此事还在调查处理，叫他在外面等。半小时左右，几名男女录完口供出来了，警官发现他还站在外面，就走过来说："你回去吧，这案件还在调查过程中，就是需要报道也要由宣传科通知媒体。"无奈，张华只能一无所获地走回家中。

1:55，张华回到家，再次冲凉后，又确定了一下闹钟是否已经设定叫醒服务，才再次进入梦乡。①

记者的生活并不总像张华这样辛劳。记者有专门的采写领域分工，并不负责所有新闻类型的采访，因此也并不像张华的工作内容这样庞杂。同时，在网络化工作的今天，记者的采访、写作、传稿的工作也可随时随地完成，移动网络工具减轻了记者的奔忙之苦。相比其他职业，采访活动的多样性决定记者的生活是"丰富多彩"的，但其丰富程度与辛苦程度是成正比的。

新闻报道是一种活动，这一活动的完成离不开记者这一主体，要讲新闻采写活动，记者的职能与素质就是回避不了的问题。

第一节 记者的基本职能

我国媒体被定性为党的耳目喉舌。喉舌作用就是把党和政府的声音宣传出来，具体体现为公开报道；耳目作用就是替党和政府搜集信息，具体功能体现为内参报道。媒体的社会功能落实到记者身上，就表现为记者主要应承担两项职能：采写新闻、提供内参。

西方国家的记者没有写"内参"这一职能，但西方国家的政治人物同样需要媒体的配合，也喜欢同记者打交道、交朋友，这既是为了利用记者来宣传自己，也是为了能从记者那里听到不同的信息，以及对某些问题的见解。

一、采写新闻

记者的基本职责有两类，但采写新闻是记者的首要职责。通讯社要源源不断地供稿，

---

① 案例来自欧阳霞《新闻采访与写作》，清华大学出版社 2009 年版，第 1、2 页。

电视台要按时播出节目,报社要按时出版,都离不开记者孜孜不倦一天也不能停的工作。记者要履行好公开报道的职能,有以下四个方面需要注意。

(一)注意报道的社会舆论效果

"会计笔下有财产万千,史家笔下有毁誉忠奸,记者笔下有是非曲直,法官笔下有人命关天"。在传媒化生存的今天,媒体是沟通信息、连接社会的纽带,记者的职业影响力越来越大。正因为如此,记者在采写新闻时,要充分预判报道可能产生的社会后果,这种社会后果既包括对国际舆论影响,也包括对国内舆论的影响。

新闻报道做好了,对社会发展会产生巨大的推动力。进入新千年以来,正是在一系列新闻事件的推动下,社会主义法治建设才取得了巨大的成就:孙志刚事件①促使国家废止了收容遣送办法,重庆钉子户事件推动了《中华人民共和国物权法》的出台,山西黑窑工事件导致了全国范围内的对非法用工的清查以及新的《中华人民共和国劳动合同法》的迅速颁布,济南暴雨事件促使社会对城市预防灾害的公共设施薄弱现象进行了反思,太湖蓝藻事件之后让党和政府对以牺牲环境为代价的粗放经济模式进行了检讨……

正因为报道对社会有巨大的反作用力,因此新闻报道既要忠于事实,也要顾及舆论。四川省某市媒体曾发表调查性报道,称该市市场上90%的泰国米为本地所产米假冒,原产地并非泰国。报道登出后,泰国外交部门以此报道为据索赔,引发国际纠纷。这类事件提醒我们,在报道新闻时要对报道的舆论后果进行准确的预判,防止新闻产生"副作用"。

(二)要有积极采写新闻的责任感

许多媒体都规定了记者的任务量,只要记者完成相应的稿分任务,就可以拿到当月的基本工资和津贴。由于记者的能力有大有小,分口部门稿源有多有少,新闻线索有淡季旺季之分,一些记者可能会很轻松地就提前完成了任务。个别记者可能因此就懈怠下来,不思进取,无所事事,这种做法是不可取的,是缺乏集体精神的一种反映。

记者的懈怠行为,不仅容易影响所在媒体报道的服务质量,也容易影响广大受众的信息需求。因此作为一名记者,应当是永不下战场的斗士。记者应当像蚁窝中的工蚁一样,要有大局观,不要因为自己的任务完成了,就不再积极地采集新闻。

(三)处理好与编辑的关系

相比记者的"出镜",编辑工作往往是幕后的,许多稿件经过编辑的修改润色,达到了锦上添花甚至是"起死回生"的效果。对此,记者应当对编辑的工作保持尊重。

但是,二者之间也是有矛盾的。记者采写的稿件存在用与不用与用大用小的问题。不用就意味着记者的辛劳付之东流,用小就是稿件改得很短,稿酬就相应减少。对此,记者首先应当从稿件本身反思,稿件用与不用和用大用小往往是采访部领导、编辑部领导和责编、编辑的共同意见,稿件处理一般有充足的理由。对于稿件的处理,记者应当听取编辑的意见,认真反思自己的报道,以便不断改进,不断提高业务能力。这既是避

---

① 相关事件细节可查询百度了解。

免自己精力浪费的有效办法，也能减轻编辑的改稿工作量。

如果确有稿件修改不当，影响到内容真实，或者风格不当，记者应当以商量的态度实事求是地提出自己的意见。编辑由于不了解某些新闻事件的具体背景，因此有可能对稿件处理不当。为避免稿件因编辑误解产生修改错误，记者应当对稿件的某些关键点加注说明，以提醒编辑修改稿件时注意。

（四）处理好与同行的关系

记者的同行，既指就职媒体内部同行，也指不同媒体的同行。既然是同行，就必然存在竞争。这种竞争，应当是在目标一致的基础上的竞争，即都是为了提高新闻报道的质量而展开的有限度的竞争，是一种合作关系上的竞争。

在同一媒体的记者同行关系上，由于各有分工，在明确属于相应分口记者的新闻事件，应当及时主动地向对方提供自己发现的新闻线索。如果属于分工模糊范围的新闻线索，则应当坚持先到原则，或者采取合作采访的办法。

对不同媒体的同行，由于各家媒体为了追求独家新闻，对漏报责任处罚严厉。为了避免恶性竞争，不同媒体的同行间也应互通有无，相互帮助，在合作的基础上竞争。这种竞争，应当是新闻视角、叙事手法、观点分析的竞争，而不是新闻事件线索的相互封锁。记者要与同行经常信息互通，彼此呼应，打破隔阂，形成良性的竞争与合作。这些合作包括信息的共享，道义的共担，以及面对压力共进退，等等。

二、提供内参

内参是党的新闻工作的重要组成部分，是党委政府了解社情民意的重要渠道，能起到公开报道不可替代的特殊作用。记者在完成公开采访报道任务的同时，还应承担起为党委政府提供内参的责任，发挥好"耳目"的作用。

所谓内参，是指我国新闻机构专为各级领导采写和编译的国内外的重要新闻材料，这类新闻材料不宜公开，但对党政领导机关有重要参考价值，这类新闻事实统称内部参考资料，简称内参。内参属国家秘密，有多种秘密等级，阅读对象是各级党委政府的领导，这一阅读群体具有规模小，阅读目的明确的特点。

（一）内参是我党新闻工作的传统

我们党历来重视记者的内参工作。"内参制度"至晚可以追溯至20世纪30年代的瑞金时期。当时"利用仅有的一部收报机，抄收国民党中央社电讯及塔斯社英文广播，编译刻印成'参考消息'——《无线电材料》（后改为《每日电讯》），每天刻成一两张蜡纸，印四五十份，供中央负责同志参考"。[①]"每日电讯"可以看成是后来"内参报道"的前身。

---

① 刘家林：《中国新闻史》，武汉大学出版社2012年版，第562页。

第一章 新闻活动的主体——记者

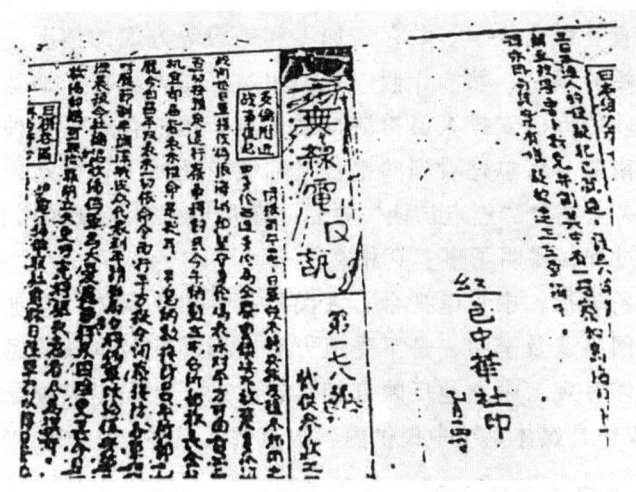

图1 最早的内参，红中社1933年编印的《无线电日讯》

经过抗日战争和解放战争，要求记者采写"内参报道"逐渐成为一种制度。党中央在1948年6月5日发出《中共中央关于新华社应供给各种资料的指示》，规定"为帮助中央了解各地情况，新华社总社和各分社除了供给各种准备发表的新闻稿外，并需担负供给各种参考资料的任务"，这一指示是第一份关于内参的文件。1953年7月又做出《中共中央关于新华社记者采写内部参考资料的规定》。规定要求："由于新华社的记者分布广，还可以并应利用他们的便利条件，反映工作中存在的一些问题、缺点和群众的思想情况，供给中央负责同志参考。"该规定对新华社记者采写参考资料的范围，在采写参考资料中应注意的问题，以及和各地党委的关系等事项，都作出了明确的规定。

除新华社外，从中央到地方，许多媒体都编有内参，具体名称虽各有不同，但目的都是向党中央或地方党委政府反映情况。

（二）内参的社会功能

国内内参主要报道重要时政动向、负面新闻、争议话题、突发事件、重要技术突破、基层民意等敏感内容以及各领域的重大成就、重要经验和典型。这类内容不适合公开报道，但又必须让中央知道。国际内参则主要报道重大国际事件、重大国际外交动向、外国政要和媒体对中国的各种评价等。内参报道的真实度、敏感度、深度都远远超过公开报道，是省部级以上高级领导决策的主要依据之一。

1. 内参有助于下情上达，揭露真相

我国媒体大都归各级党委领导，其功能被定位为党的耳目喉舌。喉舌作用就是把党和政府的声音宣传出来；耳目作用就是替党和政府搜集信息。喉舌功能体现为公开报道，耳目功能体现为内参报道。

媒体作为各级党委的"耳目"，对各级党委和政府起内部监督作用。如有些地方官员为显示政绩或支持地方保护主义，有报喜不报忧，甚至弄虚作假的可能，这就需要媒体参与监督。1998年，安徽芜湖市就发生了一起地方政府欺骗时任总理朱镕基的事件。当时,朱镕基到芜湖查看粮食收购、贮存、加工和销售等方面的情况,芜湖市南陵县将各地粮食连夜调运至峨岭粮站,熟知作假内幕的粮站工作人员在朱镕基总理视察当天被限制进入粮站,地方政府专门安排人员扮演粮站人员,提前背好了各种数据和材料,以备总理查问。事后,南陵县将总理看到的粮食又陆续退还回了各粮站,上演了一出骗总理的大戏。事后,中央电视台"焦点访谈"栏目、羊城晚报社《新闻周刊》通过秘密调查,曝光了整个事件的过程,探明了事实真相。①

国家级媒体如新华社、中央电视台、人民日报等中央媒体,与地方党委和政府的关系比较游离,记者网络遍及全国,是不受地方政府影响的最有效的民意搜集系统和信息反馈渠道,因而能够客观、中立地反映真相,这有助于加强中央领导,监督地方党委政府的作用。国家级媒体是媒体系统中提供内参报道数量最多,内参影响力最大的媒体单位。

2. 内参是有效的舆论引导手段

内参属于国家秘密,受《中华人民共和国保密法》保护,保密性强。从内参上送到问题的最后解决,都为秘密操作。如果处理结果公开,则会形成同类问题的解决,甚至推动一项政策出台。如果处理结果不公开,则解决的只是单个问题,不会在社会上形成舆论压力,有利于党委政府更加灵活有效地处理各项事务,避免个别事件引发普遍的社会矛盾。从舆论引导这个角度看,内参的存在使得新闻工作既考虑了新闻价值的需要,也照顾到了宣传价值的需要,符合发展中国家的经济发展、社会稳定的需要。

3. 内参有助于社会稳定

有些社会问题,可能暂时还无法解决,或无法使类似问题得到普遍解决。如果过分纠缠于这些社会问题,会诱发广泛性的矛盾,甚至造成社会分裂,群体对立。对这些问题,作个别解决,有利于为以后根本解决这些问题赢得时间;通过内参既能使问题得到解决,又能避免引发连锁性的社会反应,对社会稳定是有利的。

对此,中国人民大学教授喻国明认为内参信息不能作为公开报道的内容,"如果把这些信息在大众传媒上完全不加约束地释放出来,可能会使社会发生重大冲突,会使社会利益格局发生重大变化;同时,在国际上也容易被国际反华势力所利用,授人以柄"。②

(三)内参的采写要求

内参采写,目的是为党委政府提供情况、汇报材料,以利政策制定,或促使问题解决;阅读对象是领导干部。内参的采写要立足于目标受众和写作目的,内容的采写要有针对性。

首先,内参报道反映的必须是当下的重要问题和重要情况。所谓当下,是要求内参要及时反映情况,内参的功能是"有用",是对当下领导部门的具体工作有所帮助,因此情况反映贵在及时。所谓重要问题和重要情况,是指内参反映的应是迫切需要解决的现

---

① 材料据周克冰:《中外经典采访个案解读》,北京广播学院出版社2003年版,第14-16页。
② 谌彦辉:《内参揭密》,载《凤凰周刊》,2005年第14期。

实问题或需要引起重视的新闻事实现象，且是无法进行公开报道的材料，琐碎微观没有普遍性意义的事实不需要写成内参。要写好内参，需要记者从政治、政策上着眼，从全局利益出发，这样提供的内参才能有较高的参考价值。

其次，苗头性现象有可能发展扩散成较严重事件或普遍性事件的新闻现象，也可以写成内参，这样可以为领导和职能部门的决策及时提供事实性依据，便于党委政府提前做好政策准备和具体的工作布置。如2008年，新华社率先发现食用油价格上涨及缺货苗头，及时通过内参报告情况并提出对策建议，中央据此及时投放储备油平抑了物价。

哪些情况可以发内参，哪些情况可以公开报道，取决于记者对党的方针、政策、理论的学习和掌握的程度。不具有普遍性意义的个体之间的是非恩怨或局部利益，以及基层部门或有关部门已经知道并能够解决的重要事情，没必要写成内参。

再次，实事求是，认真仔细。内参的读者对象是党政领导干部，如果我们反映的问题不准确，那么内参不仅起不到"耳目"助手的作用，反而会给相关部门及领导的工作添乱。所以，内参稿件，一定要真实地反映情况，只有实事求是地采写，真实地反映，才能促成上级领导作出正确的决策。

最后，内参写作要观点明确，文字精练。内参稿件的读者是要务缠身的领导干部，这就要求记者在写作内参时，观点要明确，文字要精练，篇幅要短小。在问题反映上，最好是紧紧围绕一个主题，一篇稿件只谈一个问题。否则，多主题的稿件必然文字冗长、内容散乱，影响阅读体验。

附录

请大家采写一条新闻，要求如下：

1. 选题价值较大，800字以上。
2. 采访对象全面，采访深入。
3. 报道内容完整，事实清晰。
4. 表达流畅准确，图文并茂。
5. 符合文体规范，排版合理。

第二节　记者的基本素养

每个行业都有专业门槛，都有特殊的职业素质要求。要成为一名合格的记者，同样需要掌握相应的专业技能，具备相应的个人素养。这些素养涉及多个方面，以下，我们将从职业素养和综合素养两方面予以归纳和阐释。

职业素养，是指要胜任某一职业必须具备的职业信念、职业习惯和职业技能。综合素养是指一个人的知识水平、道德修养等方面的综合性素质。

一、记者的职业素养

你认为下面这张图片①中有哪些新闻点可以捕捉,这些内容能作为一篇报道的素材吗?我们可以从哪些角度来确立主题?哪些采访对象必须采访到位?

图 2　警察擦鞋

(一)新闻敏感

初为记者,无论采访或写作,多少都带有一些盲目性。或者面对一大堆新闻事实材料,只觉其新鲜,却不知写什么,怎么写;或者认为事实材料都一般,没什么可写;或者等人家"送"题目,等等。所有这些,其实就是一个缺乏新闻敏感的问题。

法国雕塑家罗丹(Rodin,1840—1917)说过:"生活中从不缺少美,而是缺少发现美的眼睛。"同样的道理,生活中处处有新闻,差别就在于你有没有发现新闻的眼光。在日常工作与生活中,及时、敏锐地感知到新闻线索的存在,是新闻采访活动中一个十分重要的问题,也是记者称职与否的起码条件。

1. 什么是"新闻敏感"

美国新闻评论家和作家沃尔特·李普曼(Walter Lippmann,1889-1974)曾说:"往往一条新闻的价值不在于文字上有多么优美,写作上有多么高明,而在于谁首先发现它、报道它。"这种发现新闻的能力,就是新闻敏感。新闻敏感,又叫新闻眼、新闻鼻,指的是新闻工作者及时判断新近发生的事实是否具有新闻价值的能力。"换句话说,一个具有新闻价值的事实,别人不能看出它是新闻,而你却一下能识别它是新闻,这就是新闻敏感"。②

美联社一位老社长曾谈过自己初进行业第一次采访时缺乏新闻敏感的表现。主编看他是个新手,给他一个最简单的采访任务:报道当地一对年轻人的婚礼。不一会儿他就回来了,告诉主编说,没新闻可写。"为什么?""新娘子跟别人跑了。"结果他差点儿被炒鱿鱼。关于新闻敏感的经典案例,人们还会经常引用法国记者在"9·13"事件报道中的表现。

1971年"9·13"事件发生后,尽管国外媒体就中国飞机坠毁于蒙古境内及中国领空

---

① 图据南方都市,www.nddaily.com。
② 蓝鸿文:《新闻采访学》,中国人民大学出版社2000年版,第268、269页。

禁飞等事议论纷纷，并进行了种种猜测，但我国的报刊、广播等传媒，在党中央"要把事件保密得尽可能长些，要尽可能赢得时间处理'善后事宜'，以防不测"的方针指导下，未对此事作任何反应。

在初期阶段，我国传媒还故意造成林彪等人没有出问题，国内政局没有变化的假相。如在林彪死后的第17天即国庆节那天，《人民日报》在刊登《人民画报》第10期的目录时，还标明该期画报的封面图片是"毛主席和林副主席"合影；10月6日，中央照常以非常隆重的仪式，迎接来访的埃塞俄比亚皇帝……

关于"9·13"事件情况的传达，中央采取了"内外有别、有步骤"的逐级传达方式：先党内后党外；先高干后一般干部；先干部后群众。

尽管如此，当时还没有得知事件消息的有心人，仍然能够发现一些不正常的现象——首先是中央取消了每年国庆节必有的游行检阅（尽管以"节约闹革命"为借口通知说此后国庆不再举行大规模庆祝活动）；国庆节当天的报纸没有刊载毛泽东、林彪合影的图片；林彪、叶群及黄永胜、吴法宪、邱会作、李作鹏等人，在国庆节期间以及此后的国事活动报道中，全部销声匿迹；在所有报刊、广播的报道中，包括赞颂毛泽东与批判刘少奇的报道中，都不再出现"林副主席"及"亲密战友"等词句。

世界上最早报道该事件的是一名法国记者，该记者根据一段时间以来当时中国的有关反常政治情况，于9月15日准确地作出判断并发布了消息：在蒙古温都尔汗摔死的是林彪及其家人。

除了政治生活值得我们关注外，日常生活中同样有许多值得报道的现象和事实，只要有心，就能发现值得大家关注的兴奋点。从下面这张照片之中，大家觉得有什么看点可以发掘？

图3　湖南永州某区志愿者植树活动

这张图片显示的是2015年3月，湖南永州某区青年志愿者铺红毯植树被质疑的现场照片，许多媒体据此图片报道植树造林中的奢侈浪费和形式主义现象。报道后，该区妇联、团委、林业局联合发布的回应称："组织方考虑到近日连续阴雨，上坡路湿滑，启动仪式有区领导参加，所以临时放置了约十米废旧地毯。对于网友的批评，我们诚恳接受，并将认真吸取教训。"遗憾的是，这一部门联合声明不但没有平息舆论，反而成为了进一步激化舆论的助燃剂和被网友抨击的靶标，类似"欺骗舆论""自我批评不诚恳""我读书少，别骗我！废旧地毯貌似不止十米吧？"的评论又成为后继报道的材料来源。

2. 新闻敏感的培养途径

记者的新闻敏感，事实上就是一种"顿然觉悟"的思维活动，也可以说是一种直觉或者灵感，是一种独特的创造性思维。新闻敏感是经过多方面的学习和实践锻炼培养出来的，"长期积累，偶然得之"，这种"偶然"其实就是一种"必然"。

（1）及时掌握新政策、新精神。

政治敏感是新闻敏感的核心，要增强政治敏感，就必须及时掌握新政策、新精神。记者要较好地发现和判别新闻，心中必须有把尺子，新政策、新精神就是这把尺子。报纸、广播、电视是党的喉舌，记者首先要学习和熟悉党的现行路线、方针、政策，只有这样，记者才能知道当前应宣传什么，不应宣传什么；了解为什么要宣传又如何宣传，不宣传又为什么不能宣传，等等。记者的政治敏感集中表现在对社会宏观和微观现状的把握上：既要明确党的方针政策——抓什么，如何抓；又要知道基层的情况——群众想什么，需要什么等，只有像这样了解了基层情况和党委政府的方针政策，才能善于发现什么是有价值的新闻。[①]

1995年3月，山东小伙子王海在北京隆福大厦购买了两副日本产索尼耳机，经有关部门鉴定，这种耳机是假货。此后王海又让自己的弟弟去买了10副这样的耳机，目的是想根据《中华人民共和国消费者权益保护法》获得赔偿。此举引起了隆福大厦和有关部门的不满，他们认为不知假而买假，可退可赔，而知假买假属于谋取不当利益。消协将此事通报给新闻单位后，有些新闻单位认为此事很棘手，对是否报道犹豫不决，错失报道良机。《中国消费者报》的记者高秀东觉察到其中的新闻价值。他把王海现象放在我国政府下决心打假的背景下思考，发现1993年通过的《中华人民共和国消费者权益保护法》颁布两年了，但消费者权利意识匮乏、维权行动更是鲜见。百姓中只有10%的人知道此法的出台，更少有人利用此法保护自己的合法权益。国家虽然开展了"中国质量万里行"等打假活动，但制假售假依然猖獗。高秀东觉得，打假宣传要落到实处，"王海事件"是一个突破口，有极高的新闻价值，也符合国家政策宣传的需要。果然，关于王海的报道在《中国消费者报》上刊出后，引起了全社会的极大关注。[②]

（2）立足全局看问题。

"胸中要有全局，手中要有典型。胸中有了全局，记者才能恰当地估量每个具体事物在全局中的地位和意义，识别什么是新闻，什么不是新闻，什么是一般新闻，怎么报道比较合适。然而光是全局在胸，有明确的报道思想还是远远不够的，还必须找出有普遍意义的典型事例。"[③]这就要求记者把全局的需要和当地的实际情况、典型事例结合起来。

[①] 赵琳，张英杰：《新闻敏感培养"三点论"》，载《青年记者》，2003年第6期。
[②] 案例来自周克冰：《中外经典采访案例个案解读》，北京广播学院出版社2003年版，第68-70页。
[③] 冯英伟：《记者新闻敏感的表现及其培养》，载《青年记者》2014年11月（中）期。

1993年8月20日，在山西大同大斗煤矿，一个不满10岁的小学生张喜忠，不惧生命危险，只身下到20多厘米宽、40多米深的地缝中，用了近5个小时，终于将一个掉到里面的2岁的幼儿救了上来。

对这一事件，当地电视台只做了一般性报道。然而，在一个多月之后，太原电视台的几位记者听到这件事儿，觉得"极有报道价值"。他们马上赶往500里开外的大同，赶到救人现场，采访了当地煤矿工人和见证人，又采访了张喜忠本人，还采访了他的父母、邻居和老师，随后制作成专题报道《矿山小英雄张喜忠》。这个报道播出以后，在太原市和山西省引起强烈反响。共青团山西省委正式命名张喜忠为"矿山小英雄"，并且号召全省中小学生向张喜忠学习。不久，张喜忠又从第二届全国十佳少年候选人中脱颖而出，成为1993年度全国十佳少年。

《矿山小英雄张喜忠》之所以能产生影响，在于这条报道切中了1992年以来人们思想混乱的现实。当时新旧体制转换中形成的利益多元化格局，使人们的思想观念发生了深刻变化。社会上一些人的拜金主义、享乐主义、极端个人主义有所抬头，有的甚至相当严重，以至人与人的关系变得冷漠了。因此，党和政府大力提倡社会主义精神文明建设，要弘扬正气，转变社会风气，这种题材的报道正是时代的需要。

当然，社会是发展的，同样的事实在不同的时代蕴含的新闻价值是会变化的。"路见不平一声吼，该出手时就出手"，伸张的是水浒英雄式的暴力正义。但在今天，这已变成了"路见不平切莫吼，偷偷报警悄悄走"，强调的是自我保护的基础上再相助他人的现实主义。在今天这种生命至上，救助讲究自我保护的价值共识环境中，像张喜忠小英雄这类的报道视角又会完全不一样。时代在变，观念在变，报道题材的价值和切入的角度都会有所不同，记者应当对不同阶段的社会情况有深刻的理解。请看下面这则案例：

路见不平 还能拔刀相助吗？①

2014年7月1日23点左右，大学生涂某与朋友寒某在深圳世界之窗景区内游玩时，看见行走在前方的园区保安宋某在拉扯、抚摸、亲吻一女子，该女子有反抗、挣脱的动作，并听到该女子说要回去。涂、寒二人见状上前询问该女子是否需要帮助，在得到该女子的肯定答复后，涂某上前制止。

推搡过程中，涂某脚踹宋某，致其左腿小腿骨折，经法医鉴定为轻伤一级。但是就这路见不平的"拔刀相助"，却给自己惹来了麻烦，小涂救了人却被刑拘了14天，而这名猥亵女子的保安宋某，直到小涂被拘留了10天之后，南山警方才对其做出行政拘留5天的处理决定。

---

① 案例来自深圳广电集团《路见不平，还能拔刀相助吗？》，http：//www.s1979.com/young/jinrishidian/201407/21125581421.shtml。

该事件引发了社会舆论热议,小涂被刑拘了 14 天后,才被警方认定为正当防卫释放。对于媒体追问是否能得到国家赔偿的问题,警方回应称是依法调查,按《中华人民共和国国家赔偿法》规定,类似情况不需要进行国家赔偿。重获自由的小涂接受记者采访时称,自己不后悔救人,但经过这个事,下回就不会上前去了,只会打电话报警。

对比上述两个案例,你感受到了社会价值观念的变化吗?对此你有何感想?

(3) 不断提高知识修养。

不懂证券的人在交易所里不会从股价行情里看出新闻,不懂医学的人不会明白什么叫"熊猫血",不懂军事的人不会理解"一箭 20 星"的具体意义,不懂采矿学的人也不会理解下潜深度达 7 500 米的"蛟龙号"的价值。基本的知识背景,是理解一件事物的基础,新闻工作,说到底是文化人的活儿,需要有基本的知识储备。

媒体人常说,做新闻工作的人,既要"慢充(电)",也要"快充(电)"。所谓"慢充",就是要养成活到老,学到老的习惯,让不断学习成为记者的生活常态。所谓"快充",就是接受一个新的采访任务时,要根据采访需要做好临时准备,及时为采访任务有针对性地恶补相关知识。"快充""慢充"说强调的正是不断提高知识修养的重要性。作为一名记者,正是不断地学习和丰富的社会经历,才使其思想活泼,反应敏锐,谈吐不凡,成为朋友圈中最受欢迎的一类人。

(4) 要熟悉"点"上的情况。

记者既要熟悉面上的情况,也要熟悉点上的情况,如某地、某行业的具体情况。面上的情况有助于我们从宏观角度思考问题,发现规律性;点上情况的掌握有助于在具体报道活动中,能够迅速选定报道角度和报道材料,避免重复报道。

如你负责某地的政法新闻报道,你就应该了解这个地方总体的治安情况和违法犯罪的重点领域;同时,也要了解主要犯罪组织和犯罪嫌疑人的基本情况。这样一旦有案情发生,就能够迅速地旁征博引,背景发掘,写出有价值的深度报道。再如你负责某地的教育新闻报道,你就应了解这个地方的学生总人数、入学率、教师师资来源及薪资水平这一类的"面情",同时还要掌握重点学校的"点"况,如那些经常出地区状元的重点学校,位置最偏僻的学校,管理最混乱老是出事故的学校,等等。

(5) 养成随时随地采访的习惯。

记者除睡觉外,应是一个对环境变化高度敏感的人,养成随时随地采访的习惯。记者要勤跑、勤看、勤问、勤听、勤想。勤跑是根本,只有到处走访,第一时间赶到现场,才会找到新闻"食材",勤看、勤问、勤听是要求多感官并用,搜集全感新闻素材,所有工作最后都要归结于思想整理,只有勤想,才能不被表象迷惑,发现事实的本来的面目。

《文汇报》报人徐铸成曾回忆自己当年采访冯玉祥的一段经历,说明了勤于思考,善于联想,见微知著的重要性。徐铸成当年当记者时,有次去太原采访冯玉祥,刚进山西大饭店,他就发现冯玉祥的几个重要部下在玩扑克,眼前现象使徐铸成脑中迅速闪现一个念头:冯玉祥不在太原。因为他熟悉冯玉祥的为人,冯玉祥治军严厉,制有三条规定:不准赌博,不准喝酒,不准讨小老婆。部下大白天敢在司令部里赌博,说明冯玉祥一定外出了。徐跟踪采访，果然挖出一条爆炸新闻：冯玉祥悄悄离开太原，找阎锡山联合倒蒋去了。

（二）社会责任感

"著名报人约瑟夫·普利策（Joseph Pulitzer，1847—1911）曾说：'新闻事业的最难之处就是既要保持新鲜报道的生命力，又要使其受到精确和良心的约束，而不是随心所欲。'美国最负盛名的专栏作家沃尔特·李普曼也认为：'新闻工作人员内心深处的希望和敬畏，才是最大的新闻检查者。'新闻事业有着崇高的社会使命，因此新闻报道的社会责任是第一位的。"[①]

宋代大儒张载曾有著名的"横渠四句"，"为天地立心，为生民立命，为往圣继绝学，为万世开太平"，认为一个读书人应当具备这四点抱负。作为当代文化的使者，文明的播种人的记者，也应当有着古代读书人一样的社会使命感。"书生报国无他物，惟有手中笔如刀"，记者要有勇气以新闻为武器抨击时弊，抑恶扬善，推进社会主义法治建设。

社会责任感的一个重要体现是人文关怀精神。人文关怀是对人的生存状况的关注、对人的尊严与符合人性的生活条件的肯定和对人类的解放与自由的追求，等等。人文主义精神通俗的理解，就是要有一种悲悯之心，同情弱者，有宽宥之心，把人当作有缺陷的"人"来看。强烈的社会责任感是新闻记者的生命！它来自于记者的人格修养和对新闻事业的由衷热爱。作为一名党的新闻工作者，只有具有真挚而强烈的社会责任感才能够创作出内容翔实、主题突出、切中时弊、温暖人心的优秀作品来。新闻报道活动中，记者既要将人文关怀精神体现在新闻文本中，也要体现在采访实践中。在汶川地震的报道活动中，绝大多数的记者充分表现了职业记者的人文主义精神，但也出现了一些较为反面的案例。四川电视台播出的一段采访视频，就引起过较多争议。

记者：你是哪里被压到了呢？

陈坚：全身都被压到了。（只露出个头）

记者：那么，你现在还能呼吸不呢？

陈坚：还能微弱呼吸，你快点喊人来救我嘛。

在水泥板下压了72小时的陈坚已熬得极度虚弱，记者却不停地和他说话，为了配合直播，还拨通直播间的电话连线让他说话。记者的现场煽情，使陈坚的情绪一直处于亢奋状态，当他被救出时，终因体力已消耗太过而不幸离世。在这起采访活动中，记者放在第一位的是希望被压者提供有价值的新闻信息，而被压者则希望记者能够尽快找人来解救自己。面临两者的冲突，记者应将报道职责让位于求助责任，为生命护航，将生命至上理念彰显出来才是本分。[②]

记者要具备自由思想与独立人格，同时对社会保持批判、反思的立场，具有"铁肩担道义"的社会责任感。记者生涯是社会责任的承担，是真理正义的坚守，是美好理想的追求，记者要守心如玉。当代中国很多著名新闻人，多抱有这种情怀，媒体人李大同

---

① 朱霍煊：《新媒体时代背景下的新闻记者职业素养探析》，载《大舞台》2010年第6期。
② 案例源自吴麟、张玉洪：《新闻采访与写作》，中国传媒大学出版社2014年版，第70-71页。

主张"用新闻影响今天",他认为新闻的生命力不只是记录历史,而是通过告知、传播信息影响社会现实。《南方周末》提出"给弱者以关怀,让无力者有力,让悲观者前行",体现了儒家传统中所坚持的知识分子责任意识。①

任何时候,社会责任感对记者都很重要。这是因为社会生活中违背公平正义原则的事情总会发生;记者职业始终面临着巨大的利益诱惑;舆论和舆情相当复杂,要准确地进行研判难度极大,需要记者耗费心力甚至冒着生命危险调查采访,才能弄清事实,传播真相。在我们的新闻史中,不乏柴静、白岩松、邓飞等这样一大批有着强烈社会责任感的记者,但同时我们也看到,同时还存在不少以笔谋私,将新闻报道变成敲诈勒索工具的不良记者。新闻界的不良之风既靠制度治理,也靠每一位从业者社会责任感的自我张扬。

许多准备进入或者刚进入媒体工作的新鲜人,在采访中遇到的不公平现象,往往悲天悯人,感慨良多,表现出了强烈的社会责任感。但遗憾的是,"靡不有初,鲜克有终",工作不久,就觉得受到各种束缚太没劲,让自己辛辛苦苦采写的新闻稿死在电脑里刊播不出去,于是弃职离去。还有一些人,由于经常接触到一些阴暗现象,原来柔软的心灵就逐渐变得坚硬,面对不公开始变得熟视无睹,麻木不仁,最终忘记了自己的使命。更可怕的是,一些人还会随波逐流,心安理得地做"红包"记者,甚至将新闻演变为敲诈勒索的工具,滑向犯罪的深渊。

人人都想做英雄,但做英雄是需要付出代价的,而这种代价并非人人都能承受得起。记者要体现出职业的社会责任感也是需要付出代价的,这种代价既有来自外部环境的压力,也有来自内部环境的无奈。试看杨海鹏的文章《记者K的寓言》(《南方周末》2002年7月25日24版)。

(纯粹虚构,切勿对号入座)

十多年前,一个被认为前途无量的法官辞职了,投考一家很小的报社。我们权且叫他K吧。成为记者,是K的理想,也是他母亲的理想——因为出身,K的母亲没法子进入复旦的新闻系。

K有调查方面的专长,因此他的采访受到鼓励。有一个调查,他足足搞了半年,采访人员上百,K认为这是自己平生的最得意文字。这是关于一家大型航空公司下属企业的惊人黑幕。报社领导看了异常震惊和愤怒,同时对K的业务能力赞不绝口。但领导还是斟酌再三,用了1个多小时说服K延迟发表,领导说:他们的背景太深,"这文章发出来,他们完了,我们也完了"。

K觉得自己理解了领导的苦衷,甚至还有些感动。

几个月后,国庆40年。K成了地方政府进京随团采访的一员。在北京,赞助这次活动的一家公司宴请众记者——对,就是K想曝光的那家航空公司。

席间,K给航空公司的公关经理递了名片。看了名片,经理对K很亲热。他说"我

---

① 赵云泽,滕沐颖,杨启鹏,解雯迦:《记者职业地位的殒落:"自我认同"的贬斥与"社会认同"的错位》,载《国际新闻界》2014年第12期。

与你们报社领导很熟"。于是，推杯换盏，喝下许多酒。

"你们那里有个傻逼记者，竟然调查我们公司！"公关经理带着醉意说，"小赤佬，不知自己算老几？"

K惊颤。因为那时K的样子比实际年龄起码大五岁，更像是个成熟沉稳的"老记"。公关经理显然没想到那个年轻的"傻逼记者"就在他眼前。为掩盖身份，K故意说："是有这件事。那小子刚当记者，总想把自己搞大，弄得像当大侠一样。年轻人，你们多谅解。"

"幸亏你们头头够兄弟，把稿子枪毙了。"公关经理说，"我们也知恩图报，首航仪式时，送他到美国玩了一个礼拜。"

K觉得天旋地转，也不知道自己是如何混过饭局，不被识破的。他知道对方的话是很可能真的。因为1个多月前，他的领导的确到美国考察过，回来还向同事们大谈见闻。

他推开饭店的门时，还是下午三四点的样子。十里长安街，艳阳高照，国庆的气氛浓烈，但K却两眼昏黑，醉倒在路上。

他被同行们送回宾馆。

他们对K说：你喝醉酒时"很好玩"，对着一路的北京人大喊"我是傻逼"。

很多新入行的人，遇到这种事，会很快"成熟"。但K却一直"不成熟"。因为不识时务，活到三十出头，K竟然还是个"有理想的青年"。于是，他被南方一家同样"有理想的报纸"找去。

现在K已经人到中年。他很像《锡鼓》里的那个侏儒奥斯卡，拒绝长大，拒绝成熟。

碰到意气风发的晚辈同行，他会像祥林嫂一样讲述那个"傻逼记者"的故事，讲一讲做这一行的艰难。但让K心中暗痛的是：那些晚辈不少很快就"成熟"了。而且他们会将K的故事重新解释。

"K嘛，我认识。被老板玩过一把，十几年耿耿于怀。""再正常不过了。他这人，那么大年纪还是不成熟。"

K很孤独。为什么还要坚持？疲惫的中年人——K一直在拷问自己。

英雄是孤独的，真正的新闻人也是孤独的。在工具理性泛滥的时代，人们的是非标准正在被物质主义所取代。如"记者K"这般有着神圣社会使命感的职业人，在现实中既遭遇外部（如航空公司）的抵抗，也遭遇了内部（如报社领导）的愚弄，更悲愤的是，还被新生的晚辈同行视为"不成熟"而戏谑，让"记者K"的内心神圣感受到侮辱。

"记者K"这般的社会责任承担行为，不但不被肯定，还要饱受嘲弄，实在是让英雄流血又流泪，让有责任担当精神的记者寒彻骨髓。社会责任感的承担是超功利的，很难作成本核算，物质回报本不可期待，如果还让凭良心做事的记者忍受嘲弄，那就是在鼓励记者放弃道义。如果记者和媒体对社会丑恶视而不见，对弱者遭受的苦痛冷漠相待，那苦难将引不起疗救的希望，社会将不再是温暖人心的栖居之所。

（三）新闻专业主义精神

新闻行业要成为一门专业，必须有属于行业自身的特定技能、行业规范和价值标准，方能自立于世，益人益世，成为从业者坚守的信念，社会认同的职业。新闻专业主义是西方新闻学的核心概念,它产生于19世纪美国报业由政党报向商业报转变的过程中。1896年,阿道夫·西蒙·奥克斯(Adolph Simon Ochs,1858-1935)买下了《纽约时报》,并确立了"高尚的新闻政策""独立工作的评论""正确详尽的新闻资料"三大目标,与不负责任、充斥色情暴力的黄色新闻①相抗衡,成为新闻专业主义的源头。"一战"之后,新闻专业主义的思想深入人心,成为了新闻行业的自律理念。"二战"后,以哈钦斯为首的出版自由委员会在《一个自由而负责的新闻界》正式提出了媒介专业化的目标,标志着西方新闻专业主义的成熟。②

新闻专业主义追求"公共服务"的信念,它包括两个核心的理念。一是新闻媒介和新闻工作者的独立地位和独特作用,即坚持独立性。二是客观性新闻学,坚持客观性,写作要求遵守客观报道原则。

新闻专业主义精神是在西方传播语境中发展出来的一种职业精神,在我们国家并不完全适用。相反,我国正处于发展期,影响传媒业的力量更复杂更多变,新闻专业主义精神要结合党性原则来学习和理解。

从媒介体制上看,中国媒体被定性为"事业单位、企业化经营",双重属性给予了记者双重角色。从价值观念影响上看,记者受到三种力量的影响:文人传统、西方新闻传播观念、我国的党报传统。在各种力量的影响下,中国记者扮演了多重角色。有研究者将多重角色分为四类,角色类别及特征概括如下表。

表1 中国记者四种职业角色的比较③

	宣传者	参与者	营利者	观察者
职业功能	党的耳目喉舌	社会发展的鼓吹者、启蒙者	以获得利润为目的的信息提供者	新闻信息的提供者
受众观	大众媒体比受众高明	媒体比受众高明	消费者比媒体高明	受众比媒体高明
报道特征	宣传类评论重于新闻事实,典型报道多	评论重于事实,重视新闻策划	文字煽情,重视软新闻,忽视硬新闻	文风冷静,事实重于评论
可能的批评	精英倾向,报道模式单一化	精英倾向,存在媒介审判问题	低俗新闻、假新闻	没有公德心和同情心

在当下,中国记者要更好地承担起记者的社会职能责任,就要结合中国国情,处理好各种角色之间的矛盾。一是记者不应当受任何形式的强权压迫,也不应当受到任何的经济诱惑。坚持新闻的独立性。只有思想独立,不受外力影响,才有可能写出客观、公正、全面、平衡的报道。二是要坚持党性原则,扮演好耳目喉舌的角色,为社会的稳定与可持续发展贡献自己的一份力量。三是要有质疑的精神。理查德·费曼(Richard

---

① 黄色新闻指通过夸张、煽情手法渲染新闻事件,尤其是关于色情、暴力、犯罪方面题材的事件,以达到耸人听闻的传播效果,进而提升市场反响力为目的的新闻报道。
② 杨三喜:《新闻专业主义在中国的变异与融合》,载《河北青年管理干部学院学报》,2015年第1期。
③ 陈阳:《当下中国记者职业角色的变迁轨迹——宣传者、参与者、营利者和观察者》,载《国际新闻界》,2006年第12期,本处对原表内容略有修改。

Feynman，1965 年诺贝尔物理奖得主）曾说："科学是相信专家也会无知。"我们不能无条件地相信任何事情，对未经自己验证的任何东西都需保持警惕，只能给予适度的信任。作为以传播真相为职业使命的记者，更应当有质疑的自觉和积极验证的主动性。质疑的精神来源于受众立场，只有站在受众立场上去反思，才能写出受众满意的报道。

正是因为中国记者集多重角色于一身，所以才有那句服务"三老"的旧话，即新闻工作要让"老人满意，老板满意，老百姓满意"①。一个记者要持续地让自己的报道对社会产生影响，必须寻找到平衡点，让自己的报道被各类群体广泛接受。

二、记者的综合素养

优秀的记者除了要具备较强新闻敏感、强烈的社会责任感和专业主义精神外，还要具备以下几类综合素养。

（一）文学素养

文学素养是指一个人在文学创作、交流、传播等行为及语言、思想上的水平。文学素养相对于文化素质更具有具体性，一般情况下是指在文学领域，如诗歌、小说、评论等方面的综合能力。提高文学素养是一个漫长的过程，需要长期的听说读写综合训练，是一个人符号表达能力和思想的综合体现。

具有较强的文学素养，有助于在采访活动中提问、对话时准确而简明地表达自己的意思。也才能灵活地运用各种文体，以受众喜闻乐见的报道形式写出有可读性、思想性的报道。像下面这篇气象消息，记者以口播语气，大量采用打比方、作对比、拟人等修辞手法，将平淡的天气变化信息表现得富有人的"脾性"，让气象新闻文本有了饱和的趣味性。

四川一省三季节 冷空气袭川成都气温跌至 20 ℃ 左右②

外套穿了脱，脱了穿，最近，老天爷的"情绪"不是很稳定，一会儿冷淡，一会儿热情，搞得大家只能"乱穿衣"。小长假后的第一天，老天爷也患上了"节后综合征"，闹起脾气，滴滴答答下了一天的雨。

冷空气袭川，雨水落，气温降，今明两天，大家都别指望老天能有"好脸色"。

---

① "老人满意"指让党委政府满意，因为权力高位者多是年龄较大的人；"老板满意"指让媒体经营者满意，我国媒体是"事业性质、企业经营"，媒体有创收压力，媒体经营者被称之为老板；"老百姓满意"指让受众满意，新闻产品得不到受众认可，他们会弃之而去，记者的新闻产品必须让老百姓满意。

② 报道原名为《冷空气南下袭川 秋天不远了？》，载《华西都市报》2016 年 9 月 19 日第二版。

一省三季节川东还在过夏天

四川，一向包容度很高，除了川菜有百味、成都让人来了就不想走，连四季都能在四川和谐共处。前几天，身在达州的你，还热得吃冰糕，但凉山州都有小伙伴穿上了棉袄。

根据中国气象局发布的"季节分布示意图"，截至9月16日，全国处于夏季、秋季和冬季"三分天下"的局面，不过，缩小到各个省份，大部分身份都很统一地归属于一个阵营，只有四川和新疆、西藏，走的混合风。

在成都上班的黎女士，趁着中秋小长假回了趟达州老家，30 ℃以上的气温，让她"一下子从秋天回到夏天"。17日下午回成都，她再次体验了"冰火两重天"。

确实如此，现在，盆地东部还在过着夏天，而盆地西部以及攀西地区已走入秋天，川西高原西北部更是"超前"，已开启了冬天模式。你正在过着什么季节呢？

今年，成都经历了史上最热的一年，秋姑娘似乎被前所未有的热浪吓到了，迟迟没有现身。就连中秋节，成都人也是在夏天度过的。秋天没赶上中秋节，从2006年到2015年，只有2008年出现过这样的情况，而2008年，也是最近10年来，成都最晚入秋的一年。今年是否打破纪录呢？看看最近这几天的表现吧。

冷空气袭川成都跌至20 ℃左右

刚刚过去的中秋节，让成都人小小地得瑟了一把——天公作美，让成都人连续两天一览圆月真容。尤其是和遭遇台风以及阴雨绵绵的东北相比，成都人无疑是幸运的。

不过，小长假最后一天，老天爷就黑脸了。上班第一天，全省普降小雨，让上班族多了一丝"悲壮"的色彩。这绵绵雨下了一天，气温已绷不住了，昨天，成都的最高气温只有19.9 ℃，一夜回到中秋前。

雨还在继续。之前在北方"作怪"的冷空气正在南下，今天，南方大部将纳入降温阵营中。这股冷空气不得了，它让北京、呼和浩特气温一天降了7 ℃。好在，在经过长途跋涉后，它有些"疲惫"，对南方的影响不太大。今天，盆地最高气温在21～23 ℃。

今天晚上开始，成都的雨将减弱，而20日晚上起，全省都将转晴。23日-25日，雨水还要卷土重来，全省将有一次降雨过程。秋天，是否就在前方不远处呢？

——华西都市报记者吴冰清

新闻报道常是急就章，不允许记者是慢热型，要适应新闻采写工作，记者在文学素养上除了要多读、多思、多写以提高表达水平外，还要提升快速表达的能力。

(二) 文化素质

常言道，"胸中有丘壑，下笔吐云烟"，只有拥有丰富的知识，才可能写出生动有思想的好文章。新闻稿不是写作者的消遣闲笔，而是有心观察后的真实记录，新闻稿的写作者不是创作者，而是记录者，记者要以社会学的目光透视人的生存现状，以历史学的视野穿越人的今昔，以美学批评的心灵顿悟人生的神韵，文章有常人的激情，也有观察家的冷静。

记者作为杂家，在文化素质上的要求是"基础宽厚、专业精深"。新闻采访内容具有多样性，要求记者具备知识的全面性。因此一名记者要有广博的知识面，具有丰富的文史哲等充足的知识储备。一名记者既应具备各门学科的基本常识，同时又要有自己的根据地，即有专门的报道领域，对该领域要有深入的研究和独特的见解。

新闻采写是一种高层次的精神生产活动，许多事实证明，一个知识贫乏、文化修养差的记者在认识和把握社会现象，采写新闻稿件时往往会显得力不从心。任何有成就的记者，无一不是爱读书、常读书之人。记者只有掌握必要的文史地理知识、自然科学知识，才不会出现常识性的错误。但这些错误，却常出现在媒体报道中。如报道一钻井队钻了1.2万米，"这一钻进深度，相当于把我国最高的喜马拉雅山从山顶钻透到山脚以下三千多米"。还有报道将软体动物章鱼、墨鱼、鱿鱼等当作鱼类，以及出现"高炉出钢"一类的表述等，也是人们的笑谈资料。

（三）心理素质

从教之人需有耐心，行医之人讲求仁心，习武之人应有侠心。作为记者，也要修心，要通过采访实践的锻炼，通过自我调整，记者要自我培养，塑造出符合记者这一岗位需求的心理素质。记者应具备的心理素质，一般认为包括以下几项：

- ◇ 较强的逻辑思辨能力
- ◇ 快捷的应变力
- ◇ 独立的思考能力和质疑精神
- ◇ 稳定的情绪和丰富的感情
- ◇ 坚强的意志，过人的胆识

要有较强的逻辑思辨能力，需要记者有基本的常识和逻辑推理能力，这一项可以通过提升文化素养来培养。快捷的应变力则需要长期的职业训练，强调的是记者的新闻敏感和记者的职业人意识。在1999年的"五八事件"中，当看到我国驻南斯拉夫大使馆被炸毁、人员严重伤亡的惨状后，在现场的吕岩松从爆炸中脱险后，并没有吓得发懵，第一反应是想到要尽快将消息发回国内。在平日的工作和生活中，类似这样的关键时刻很少出现，而一旦发生，就意味着强烈、巨大的感情冲击，如果没有"角色"这样一个潜在的先验的意识，就很容易被一时的情感占据理智，丢失自己的角色。从这个方面来说，角色的确立，往往意味着时刻肩负责任和不容淡化、模糊的责任感。"无故加之而不怨，骤然临之而不惊"，记者只有保持一个记录者的理性，才能真正成长为大记者。

独立的思考能力和质疑精神则是要求记者既要有自己判断的能力，也要有自主判断的意识和自觉。美国新闻界有句话说："如果你的妈妈说她爱你，记着，核实一下。"这话虽然极端，但它说明记者不应该相信任何预设的前提，应时刻保持思想的清醒与独立。

"要有稳定的情绪和丰富的感情""要有坚强的意志，过人的胆识"，这也是一名优秀记者不可或缺的性格。唐宋八大家之一的苏洵曾在《心术》中谈及为将之人的心理素质："为将之道，当先治心。泰山崩于前而色不变，麋鹿兴于左而目不瞬。""为将之人"只有心理定力强，性格沉稳，在情势复杂时才能不失方寸，理性地采取作战方略。作为记者，同样应"内心强大"。对采访工作而言，花团锦簇的酒店、香车美女等这类养眼怡心的场景经常遇着，凶杀现场、牛粪满地的乡间小道也是常见之景；接触的有儒雅之人，也有暴虐之人；有香茶盛宴招待之情景，也有挽袖持器追打的境遇。如果记者做不到"富贵不能淫、威武不能屈"，情绪过多受控于外部情境，且反应强烈，就不是一位好记者。

下面我们来看一个例子，体会一下极端采访条件下记者心理素质的重要性。

2003年，普利策新闻奖有一篇获奖作品《恩里克的旅程》，作品由42岁的女记者纳扎里奥撰文，巴特雷蒂摄影。全文3万多字，讲述了一个洪都拉斯少年偷渡到美国的经历，典型地表现了南美诸国大批人偷渡的情况。

这篇报道的主人公恩里克的母亲在他5岁时就偷渡到美国打工。16岁的他决心也偷渡到美国，经过8次失败，终于成功，最后母子重逢。两位记者在洪都拉斯遇见恩里克时正是他在第8次偷渡途中。两位记者在长达5个月的采访中，沿着偷渡者的路线穿越了洪都拉斯、危地马拉的国境和墨西哥31个省份中的13个省，先后搭乘过长途汽车、货车、油罐车、卡车，和偷渡者一样躲避沿途的检查站、警察和专门袭击偷渡者的匪帮。

这篇报道的记者在陪同恩里克偷渡到美国时，经历了种种磨难，展示了良好的心理素质。为了完成采访，在2005年5月，纳扎里奥和巴特雷蒂像偷渡的移民一样，趴在火车顶上，经历了被强盗抢劫、被沿途警察围捕的过程。他们重走了恩里克的寻母之路，途中采访并拍摄了村民、走私者和其他一些恩里克寻母过程中遇到的一些人，最后同几十个其他孩子一起完成了与恩里克同样的偷渡旅程。

"穿越美国和墨西哥之间的格兰德河是非常危险的挑战。"纳扎里奥说，"成百的人死在河里，很多人被急流和漩涡吞没。即使顺利过去了，很多人也不会再继续踏上征途，因为过河后还要徒步走4天的时间来穿越沙漠。我知道除非我携带特殊装备，否则我很难完成这次采访。我带了一部移动电话，一个治疗蛇咬伤的工具包和一个救生圈。在我重走恩里克旅程时，我只随身带了很少的钱，也从来没有在任何人面前拿出过移动电话。即使我在飞驰的火车的顶上我都要克制自己不打电话给我的丈夫。我从不当着孩子们的面吃东西和喝水。有一段在火车上的16个小时的车程我一点东西都没有吃，一点水都没有喝。看上去我应该有能力在路上帮助那些孩子。但我是在尽我最大的能力减小我对事实的干预。"

（四）身体素质

老一辈新闻人经常强调作为一个好记者要有"铁脚、马眼、神仙肚"的本事。解释起来，大概就是说要能跑，善于到处走动而且"跑不死"，消息灵通。眼睛要"眼观四路，耳听八方"，反应快。肚子能饿，两三顿不吃饭，照样生龙活虎跑新闻，而一旦有了吃和休息的条件，还是能吃好睡好。这与民国初期名记者黄远生的"四能"要求，有异曲同工之妙。[①] 这组比喻其实强调的是记者要有健康的体魄，要有"铁脚"和"神仙肚"，否则"马眼"能力就没有条件表现出来。

记者和医生一样，"24小时随时待命"是其行业特征。对于一个善于观察、富有新闻敏感的记者来说，新闻线索往往来自八小时工作之外的时间。而在如今的网络时代，信息发布的迅速与海量更要求记者时刻关注各方面的变动，这绝非八小时工作所能胜任的。

---

① 2003年广州日报·大洋网，2003年3月10日，转引自人民网：http://www.people.com.cn/GB/shenghuo/78/114/20030310/940448.html。

除了工作时间没有规律以外，工作地点也对记者的身体素质提出了较高要求。登山报道、高原采访、原始森林护林员采访，采访地点的多样性要求记者要身体健康，具有广泛的采访题材报道面，否则病弱不堪自顾尚且不暇，何谈完成采访任务？此外，劳动强度也考验着记者身体素质。大型赛事、突发事件等报道活动，各媒体争抢新闻，记者们连续作战，对体能的消耗很大，没有旺盛的精力也是不行的。

正是采访工作的劳动强度大，才导致记者工作是青春饭，媒体行业是年轻人的行业的现实。"新闻是易碎品，新闻对'新'和'快'的要求使得记者经常处于'行者'状态，一旦有重大事件发生就必须第一时间赶赴现场进行高度紧张的采访工作。而在这之后又需要坐在电脑前写稿或是剪辑视频。新闻工作室中最常见的职业病是颈椎病和胃病。"[①]因此，要胜任新闻工作，既要有强健的体魄作为基础，还要有坚持锻炼、养成劳逸结合习惯和保持乐观积极的心态，方能身体工作两不误，记者职业生命才能长久。

（五）社交能力

社交能力与人际交往是记者的职业特性。人脉资源的深度、广度和关联度的拓展，是记者事业成功的必要条件。

一般人的社会交往，往往讲究要选择良师益友，选择品德端良之人，选择比自己更优秀的人交往，这样才能受这些人的影响，让自己也跟着提高，正所谓"近君子、远小人"。但是记者不能这样，记者往往需要与三教九流的人打交道，记者的择友观就是各类人群各有其存在的理由和价值，要勇于与所有人交往，但要"择其善者而从之，其不善者而改之"，做到"出淤泥而不染"。

在实际工作中，社交活动也应当成为记者工作内容的重要部分。"记者应该是有个性的、性格开朗的"，记者的工作离不开新闻源的支持，而新闻源往往依赖于记者的人际关系网。记者需要有较强的社交能力，这样才能使自己的新闻报道因具有了丰富的信息来源而在同类报道中脱颖而出。我们常常贬称社交能力强的人为"交际花"，称讨人喜欢的人"处世圆滑""八面玲珑""左右逢源"。记者需要游走于各类人群之中，需要在待人接物各方面都能巧妙应对，面面俱到，"八面玲珑"恰是最需要的本事，只有这样社会关系才多，才能在需要时得到多方面的支持。记者的工作就是不停地与陌生人打交道，记者要不断提升自己的气质内涵，拥有高超的谈话艺术，广交朋友，才能让自己的新闻线索来源更丰足，采访对象更配合。

附录

讨论题：

材料1　1998年8月1日，美国大选期间，在民主党举行总统候选人提名大会上，

[①] 赵云泽，滕沐颖，杨启鹏，解雯迦：《记者职业地位的殒落："自我认同"的贬斥与"社会认同"的错位》，载《国际新闻界》，2014年第12期。

戈尔的妻子发表演讲后，戈尔走上讲台，长长地和妻子接吻。第二天，全美各大小报纸的头版大幅照片登的就是这么一幅接吻照，社评专栏都为此发表评论，电视台更是大肆炒作，长镜近镜、特写慢镜，反复地播出来。

材料2　2006年，美伊战争正酣，在同年的美国中期选举中，民主党候选人克里在某大学演讲时说："学习不好就到伊拉克打仗。"没想到这句话成了重大新闻，成为竞争对手攻击的焦点。

为什么戈尔与妻子的接吻、克里的一句话能成为新闻？新闻价值究竟体现在何处？

第三节　职业道德与法律规范

先读读下面这则讽刺小文，分析分析记者存在哪些违背职业伦理的行为？

艾传尧，男，30岁，市有线电视台记者。一身正气，两袖清风，公开抵制有偿新闻。到任何单位采访，均坚持"四菜一汤"标准。不拿交通费以外的红包和纪念品以外的实物。多次报道重大新闻事件，特别是今年"四·二六"特大××杀人案中，艾传尧事先潜入犯罪嫌疑人作案地点，全面而详细地拍摄到××杀人的全部过程，为司法机关迅速破案和量刑提供了最有力的证据。他另外拍摄的《孕妇落水众人见死不救》《市委书记怒斥行贿人》和《气功大师妙手回春》分获省市级优秀新闻专题片一等奖。

媒体行业不是"清水衙门"，如自律意识不强则容易滋生腐败。对于新闻人的机遇与危险，著名记者范长江（原名希天，1909—1970）这样描述：

我想世界上很少有像新闻工作者这样有更多诱惑与压迫的。一个稍有能力的记者，在他的旁边，一方面摆着：优越的现实政治地位，社会的虚荣，金钱与物质的享受，温柔美丽的女人，这些力量诱惑他出卖贞操，放弃认识，歪曲真理。另一方面摆着：诽谤、诬蔑、冷眼、贫穷、软禁、杀头，这些力量强迫他颠倒是非，出卖灵魂。[①]

近年来，有偿新闻、虚假新闻、低俗之风、不良广告这些媒体行业的"四大公害"屡禁不止，采访中的"封口"现象也屡有听闻，行业不正之风严重损害了记者和新闻媒体的公众形象。本节，我们就记者的职业道德和法律规范这一话题，重点谈三个方面的问题。

一、反对新闻腐败

新闻腐败可以分为两类：有偿新闻与有偿不闻。有偿新闻是指媒体或新闻从业人员接受报道对象的财物，并根据报道对象的意图和要求组织报道的新闻腐败现象。有偿新闻人人恶之，而"比有偿新闻更为恶劣的是有偿不闻，也就是以不曝光为条件换取好处"，[②]有偿不闻俗称封口费，它与有偿新闻一样，都将新闻作为了谋取利益的工具。

---

① 转引自《新闻职业道德教程》，复旦大学出版社1997年版，第45页。
② 曹鹏：《新闻职业道德与政策法律意识亟需升级》，《新闻记者》2006年第6期。

（一）有偿新闻

有偿新闻违反了职业道德，抛弃了新闻价值标准，牺牲了公众的知情权，主要表现形态有以下几种：

1. 广告式新闻，即平常所说的软广告

广告式新闻的行为主体一般是媒体，一些媒体为了创收，利用媒体的公信力，以新闻形式来替一些企事业单位或个人作宣传。而作为被宣传单位和个人，因相比直接的广告，广告式新闻的宣传效果更好，宣传经费更低，因此喜欢为媒体主动提供具有广告宣传价值的新闻材料，有时为达目的甚至不惜制造一些新闻事件来吸引记者的注意。

由于媒体对广告式新闻的把关越来越严，一般记者要出稿很困难，于是有些记者就在报道手法上进行种种"创新"，以保审稿过关。其形式多样，做法隐秘。但无论如何改头换面，巧妙伪装，只要我们仔细加以分辨，还是可以从中找出一些"蛛丝马迹"来。以下就是常见的几种报道手法：

一是迂回战术。记者要宣传某一企业或产品，不单刀直入，而是先说其他的事情，再转过弯来说"要说的事"。例如某地有一个规模很小的个体甲鱼养殖户，养殖了部分野生甲鱼，并开了个小型门市部，但问津者很少。做广告花不起钱，结果他找到了某电视台的记者。这位记者为了让片子过关，推出了题为《我市水产养殖结构亟待调整》这样一条新闻片。片子的开头是主持人在一家大型农贸市场出镜，"各位观众，我现在是在我市最大的农贸市场，记者看到，这里众多的甲鱼摊位前顾客稀少，门可罗雀。"随后主持人采访了几位摊主，摊主说："因为我们的甲鱼是温室养殖的，来买的人很少，30元1公斤还无人要。"接着画面上是一个水产养殖场的大全景，解说词是："目前我市甲鱼养殖总面积已达××亩，出现了供过于求的局面，因此，水产养殖结构亟待调整。"下面就进入"正题"了："位于我市某某县某某乡某某村的某某某，最近养殖的野生甲鱼一投放市场，虽然价格高达每公斤140元，但却仍然出现了供不应求的局面。"这时的画面是该养殖户的养殖点、门市部的位置及一大群来购买野生甲鱼的"消费者"（不排除是"托儿"）。该养殖户还面对着电视镜头，作了一番篇幅较长的自我介绍。这样，这位个体甲鱼养殖户虽然没做广告，但宣传效果已经达到了。

二是以贬诱人。记者从那些迫切需要宣传介绍的企业或商家的一些无关紧要的小事入手，进行形式上的批评，从而来提高该企业或商家的知名度。如某地有一家酒店开业后生意清淡，店家又拿不出巨额广告费来做宣传，于是就请来了一些传媒界的朋友"策划"。终于，传媒界的朋友找到了宣传的切入点，对该酒店内的一幅油画进行"炒作"。这幅油画是一只手掌上坐着一个半裸的女人。当地的媒体就对这幅油画进行了批评，说位于某市什么路几号一家新开业的酒店里有一幅油画内容不健康，有"玩女人于股掌之中"的意思，一些受众不知其中奥妙，还七嘴八舌地参与了讨论。媒体批评的不是这家酒店的餐饮、住宿和服务质量，只是对一幅油画进行了所谓的"批评"，真正起到了"小骂帮大忙"的效果。

三是"小头戴帽"。记者对"一厂一品"的宣传，如果太直露，明眼人一看就知道，稿件也比较难发出去。怎么办？只有来个"小头戴大帽"，就是把微观题材戴一顶"帽子"，使其在形式上让人看起来好像是宏观题材。例如，有一家个体小厂要做宣传，就给它带上一顶行业的帽子或地域的帽子。像一家做衬衫的小厂，在宣传时记者不会直接说这家厂的产品质量如何好、如何畅销，往往会以"某某县衬衫生产行业形成规模"或"某某镇村级经济红红火火"等形式进行报道。稿件的开头，特别是导语会采用一些全县或全镇性的宏观数据，接下来就全是这家小厂的生产情况介绍和产品介绍；而电视画面则完全是该厂的镜头，外加该厂厂长或经理、车间主任、销售科长之类的同期声采访。还有一种比较常见的做法是，把两家需要宣传的企业凑在一起，再戴上一顶"帽子"。如果行业不同，则更好，使人在画面上看起来更像宏观报道。以"戴帽子"的形式搞"有偿新闻"，表面上看起来好像是宏观报道，实际上里面全是宣传"一厂一品"的内容，只不过是欺蒙受众罢了。

另外，还必须引起人们重视的是，现在广告式新闻的报道对象已不仅仅局限于厂家和商家了。一些下层机关或事业单位的负责人为了职位升迁，也会托人请记者来"吹"一下自己的"政绩"，这类报道也属有偿新闻的范畴。[1]

2."三包"

"三包"就是被采访单位为前来采访的记者包吃、包住、包交通，这些费用有时美其名曰"车马费"。记者外出采访，媒体都有相应标准的吃、住和交通补贴，记者不能再让被采访单位报销吃住行产生的费用。如果是主动要求"三包"，就有新闻敲诈的嫌疑；如果是被动接受"三包"，就存在类似收受贿赂的嫌疑。

3. 红包

红包是一些企业、事业单位，甚至国家机关部门，为了与记者搞好关系，而给予记者一定数额的钱财。给予红包的目的，或是为了替其做正面宣传，或是替其掩盖某些负面事件，有时则是出于纯粹的礼仪目的，也可能是为了搞好与媒体的关系，为两者以后可能的合作奠定"感情"基础。不管给予红包的目的如何，记者都不应当收受。俗话说拿人手短、吃人嘴短，收受红包在一定程度上会影响新闻的客观真实性。

4. 纪念品

红包比较招眼，也违反纪律，因此很多单位会以纪念品的方式赠送记者。相比红包，纪念品更符合中国传统文化，利益诉求目的不像红包那样强烈，友谊表达更显自然合理。但同样，纪念品与"三包"、红包扮演的是相同的角色，只不过是呈现方式不同而已。

无论是哪一种有偿新闻方式，都是受访对象对记者的利益输送，从根本性质上来讲，都有"贿赂"特质。要想理直气壮地坚持独立报道，记者就不应该接受受访对象给予的各种名目的好处。

（二）有偿不闻

有偿不闻，指媒体或新闻从业人员因收受报道对象的财物，而放弃批评报道或编发

---

[1] 孙愈中：《"有偿新闻"报道手法种种》，载《新闻记者》，2005年第10期。

内参责任的新闻腐败现象。有偿不闻按记者是活动的施动者还是受动者,分为主动式和被动式两种。主动式有偿不闻,是记者以舆论监督、曝光等为名勒索财物。陈永洲事件[①],21世纪经济报道网事件[②]等,就属主动式有偿不闻事件类型。被动式有偿不闻,是记者因收受了报道对象的钱物,而对被报道对象不作报道或选择性报道。

主动式有偿不闻风险较大,一旦成为被告容易摊上"敲诈勒索"的罪名;后者则较为安全,一般表现为"封口费"形式,当事双方易结成攻守同盟,查处困难。河南商报曾对有偿不闻现象进行过报道,揭示了新闻界行风亟须整顿,新闻职业道德建设要常抓不懈的社会紧迫性。

真假记者大发矿难财

2005年7月31日,河南汝州市寄料镇一煤矿突发透水事故,正在井下作业的多名工人得以逃生,但还是有人员伤亡。事故发生后,矿主不见了踪影,此事被当地隐瞒。8月13日,寄料镇发生矿难的消息被知情人透露给省内多家媒体,而后这一信息又通过手机短信广泛传播开来。8月14日下午,得知这一信息的"记者"陆续来到汝州市。汝州市各大宾馆、饭店、小旅社都住满了闻讯而来的"领工资"人群——

8月15日,记者来到汝州大厦宾馆208房间,遇上3位自称省内"三农杂志"的记者正与寄料镇政府企业委的杨主任讨价还价。下面是他们之间的一段对话:

杨主任:你们既然来了,我们也不好说啥,但是钱真的让先来的人领走了。

媒体:你们看着办,反正我们来一次也不容易,又开着车,就车这一项花费就不少。

杨主任:来的都是朋友,但要按规矩办事。

媒体:这我们都知道,也不是第一次来,你们也不是第一次出事。

杨主任:你们"三农"的人今天就来了十几个,你们说咋办?既然来了也不能让你们空着手走,这样吧,每人100元。

媒体:你们是不是看不起我们,我们都这么大的年龄了,还有这么高的个子,朝这

---

① 陈永洲事件:2013年10月,《新快报》记者陈永洲以涉嫌损害企业商誉的罪名被长沙市公安局拘留。2012年9月到2013年6月,陈永洲被指控曾发表10篇有关中联重科"利润虚增""利益输送""畸形营销"及涉嫌造假等一系列批评性报道。2014年10月,陈永洲被判刑1年10个月。

② 2014年9月,21世纪网涉嫌通过有偿新闻非法获取巨额利益被立案侦查。警方调查发现,自2013年11月以来,21世纪网主编刘某、副主编周某以及部分采编经营人员,勾结数家财经类公关公司,对于愿意做"正面宣传"的企业收取高额费用,通过夸大正面事实或掩盖负面问题进行"正面报道";对不愿合作的企业,发布负面报道恶意攻击,以此要挟企业投放广告或签订合作协议。之后,事件进一步扩大至整个21世纪传媒有限公司,旗下的21经济报道、21世纪网、理财周刊家财经媒体接受警方调查,21世纪报系总编沈颢、总经理陈东阳被警方带走。调查显示,有200多家公司与其签订"合作"协议,并贡献了高额"广告费"。

儿一站也不能只给 100 元。

杨主任：要不照顾你们一下，每人 300 元咋样？

媒体：不行。

事后，记者在杨主任那里见到一张写满了 20 页稿纸的"工资表"。杨主任称各个媒体分级别发钱：凡是自称来自中央级大媒体的每人 500~1000 元；凡是自称来自省内各大媒体的标准是 200~500 元；其他市级媒体 200 元；跨行业、跨地区媒体每人 100 元。在此次的发放中，共有 100 多家媒体、480 人领走了 20 万元。杨称，汝州市太穷，在煤矿事故中这是最少的，与登封、新密二市的煤矿事故发红包相比，是小儿科。杨主任称，20 万现金是乡政府从农村信用社贷款，至于为何要贷款给"记者"发"工资"的原因，是因为市里有位领导对口管理这家煤矿……

8 月 3 日，汝州市小屯镇五·二煤矿又发生透水事故，据称有 1 人死亡。矿难发生后，当地政府再次采取瞒报手段。但是，与寄料矿难一样，事故还是被新闻线人获知并通知了媒体，媒体又通过手机信息传播开来。于是，大批"媒体记者"再次云集汝州。

8 月 18 日 14 时，记者来到汝州天鹅宾馆时，宾馆大门口已停满了挂着各式"新闻采访"字样的车辆，一楼大厅的沙发上也坐满了等待领钱的人。一位刚领了"工资"的女"记者"大声说："快上去领吧，不然的话就接不上趟了。"记者乘电梯来到宾馆 6 楼会议室，只见主席台上并排摆着两张桌子，在台上就座的据说是汝州市委的一位官员。经该官员介绍得知，与之同在台上的是小屯镇企业办白主任。白主任让大家静下来，然后说，"今日信息报的某某人，排了两次队，领了两次钱，刚才被我发现后把她的证件给扣了下来。你们中间若有已领过钱的，请走开。"

训话结束后，开始了有秩序的发放"工资"。每次 3 个人走向主席台，开始登记，然后再由一位工作人员负责发放钱，跨行业采访者每人 100 元，综合性媒体每人 200 元。一位与记者同坐一排的长相清秀的女"记者"拿出一张空白介绍信，填写后走向主席台，记者看到她领到了 200 元钱。一位男"记者"走到主席台，登记人员向这位"记者"要证件，这位记者笑着说，"我就不用出示证件了，我这张脸就是证件。"在官员的协调下，给了他 100 元，这人还是不走，负责发钱的人又补给了 100 元钱后，此人才离去。

汝州市委的这位官员对记者称，从上午到现在，共有 300 多人领走了 10 多万元。他称，这其中的真记者不到三分之一，尽管这样，这些被人们称为假记者的人也得罪不起。为什么呢？他说，假记者与真记者相互有牵连，他可能发不了稿子，但他可以找到真记者发稿件，这是最让人头痛的一件事。

（据 2005 年 8 月 19 日《河南商报》）

按照行为主体的不同，有偿不闻可以分为以媒体为主体的集体腐败和以从业者个人为主体的个体腐败两种。前者引发的更多是制度设计上的考虑，后者则会落入到要加强新闻工作者个人素质这个永恒话题。

1. 有偿新闻与有偿不闻的异同点

与有偿新闻相比，两者有一些共同点，二者都要求"有偿"，同属"以笔谋私"；行为主体都是"媒体或个别从业人员"。有偿新闻和有偿不闻存在以下几个方面的差异：

从行为对象方面看，有偿新闻的新闻当事人主要是广告商；有偿不闻的当事人则是负面新闻的主角。

从行为目的看，有偿新闻的目的是拿了好处就上稿；有偿不闻是给了好处就不上稿。

从行为本质上看，有偿新闻是对媒体议程设置功能的滥用；有偿不闻则属于对媒体舆论监督权的滥用。

从表现形式看，有偿新闻是不按新闻价值的大小选择新闻事实，而是以所得好处的多寡为标准来选择，它故意模糊新闻与宣传、新闻与广告的界限，人为地放大了新闻价值小的事实，浪费的是受众的注意力；有偿不闻则是将新闻价值大的事实屏蔽掉，中断公共信息通道，借此帮助事实当事人逃离应当承受的舆论压力，伤害的是受众的知情权。

2. 有偿新闻和有偿不闻的危害

首先，违反了职业道德。《中国新闻工作者职业道德准则》中明确要求："新闻工作者不得以任何名义索要、接受或借用采访报道对象的钱、物、有价证券、信用卡等；参加各种会议和活动不得索取和接受任何形式的礼金；不得在企事业单位兼职以获取报酬；不允许个人擅自组团进行采访报道活动；不得利用职务之便谋取私利。"

其次，影响了新闻的真实性。记者选择报道内容的新闻价值标准，被物质利益的左右，影响了拟态环境的真实性。俗话说"吃人嘴短、拿人手短"，记者如果对"偿"乐而受之，自然会被要求"曲笔"以对，记者难免会违反职业道德，严重时甚至惹火烧身，以致身陷囹圄。

再次，伤害了媒体的公信力，公信力是媒体的生命。马克思曾说过："人民的信任是报刊赖以生存的条件，没有这种信任，报刊便会萎靡不振。"①一家传媒欲对社会舆论产生强有力的影响，还需要提高媒介公信力。所谓媒介公信力（credibility），"是指传播媒介所具有的能够赢得受众信任与信赖的各种专业品质和能力的总和。它是受众在接触传播媒介的过程中，根据自己的切身体验所形成的对媒介信誉度和影响力的一种判断和评价"。②

最后，违背了新闻工作"全心全意为人民服务"的宗旨。媒体的专业主义精神体现为维护公众的知情权，作为党的新闻工作者，还承担了"二为"职能（即全心全意为人民服务，为社会主义服务），有偿新闻和有偿不闻都是对新闻工作宗旨和使命的背离。

二、尊重隐私权

在谈隐私保护这个问题时，不能不谈隐私保护与报道自由之间的关系问题，在展开这个话题之前，让我们来看一个案例。

2004年10月某日下午，结束了发布会前半截正式的采访后，冯小刚走下台坐在一群记者中间接受大家的专访。

---

① 转引自陈瑞苗：《人民的信任是报纸生存的条件》，载《新闻大学》，1998年第1期。
② 郑保卫：《公信力的客观评估标准》，载《新闻与写作》，2008年第10期。

这时北京某周刊一名男记者上前提问,他先礼貌地自我介绍:"我是某周刊的记者……"一听到刊物的名字,刚刚还面色镇定的冯小刚一下火了,他不等这名男记者把问题说出来,就开始连珠炮似的发泄心中的不满,指责该周刊曾登载了一篇关于他的稿子,不仅把他家的地址在报上公开了,还画了一张地图,惹得一个"神经病"读者根据报道找上他家,天天骚扰他们。

末了,冯小刚气愤地质问该记者:"你们为什么要这样报道?"也许没料到事情急转直下成眼前的局面,这名男记者回答了一句:"这么登也是为了增加报纸的发行量。"这个答案更让冯小刚火冒三丈,不仅大骂记者"混蛋",更站起身来一边嚷道"我他妈抽你",一边就准备出手。幸好旁边的工作人员反应及时,连忙将该男记者拉走了。

后来,在众人的劝说下,冯小刚才稍微平息了怒气,不过他还是态度强硬地表示:"今后不会接受该周刊的任何采访。"

在这一冲突中,某周刊该不该报道冯小刚的这些事?理由是什么?

(一)隐私权的法律确认概况

1890年,美国律师沃伦(Warren)和布兰迪斯(Brandeis)在《哈佛法学评论》上发表《论隐私权》,首次提出了隐私权这一法律概念,将隐私界定为不受干涉或免于侵害的独处的权利[①]。随着市场类媒体的不断发展和社会影响力的日益扩大,隐私权逐渐成长为一种积极的社会价值观念,发展成了公民的一项法定权利。

国内改革开放前,对个人隐私权注重不够,特别是在"文化大革命"时期,个人正当隐私更是遭到明目张胆的"窥探"和破坏,导致这个特殊时期的个体在集体中完全敞开,没有自我,更谈不上什么隐私。

改革开放后,我国宪法、民法、刑法、诉讼法对隐私权等问题有了越来越具体的保护,个人隐私日益受到重视。随着1987年初《民法通则》的施行,法律和一般意义上的公民的人格权和人格尊严意识成长起来。最高人民法院《关于贯彻执行〈中华人民共和国民法通则〉若干问题的意见》(1988年1月26日最高人民法院审判委员会讨论通过)第一百四十条规定:"以书面、口头等形式宣扬他人的隐私,或者捏造事实公然丑化他人人格,以及用侮辱、诽谤等方式损害他人名誉,造成一定影响的,应当认定为侵害公民名誉行为。"最高人民法院在《关于审理名誉权案件若干问题的解答》(1993年8月7日)中再次强调指出:"对未经他人同意,擅自公布他人的隐私材料或以书面、口头形式宣扬他人隐私,致人名誉受到损害的,应按照侵害他人名誉权处理。"所有这些,都为隐私权的保护提供了法律基础,记者在报道中,需要根据最新法律要求的变化,谨慎地在报道自由与保护隐私之间保持平衡。

在实践案例上,尹某某一案是目前有影响并得到公认的第一例有关传媒因侵犯隐私而被判败诉的司法案件。

[①] Warren, S. D., Brandeis, L. D. (1890). The right to privacy. Harvard law review, 4(5): 193-220。转引自黄雅兰:《名人隐私报道中的法律问题与伦理问题》,载《新闻春秋》,2014年第3期。

2003年1月，尹冬桂因涉嫌受贿被立案侦查，尹冬桂是湖北省枣阳市原市长。6月25日，宜城市法院公开审理此案，称尹收受贿赂，一审判决尹冬桂有期徒刑5年。

就在宜城市法院公开审理此案的当天，《武汉晨报》发表了两篇报道，分别题为"收受贿赂八万元，人称'女张二江'……""与多位男性有染，霸占司机长达六年，枣阳有个'女张二江'"。这两篇报道内容大量涉及了尹冬桂的私生活问题。

同时期也有许多媒体报道了尹的私生活问题，其中广州《新快报》的报道写道："曾与尹冬桂有过接触的襄樊当地官员吴文彬（化名），曾与尹冬桂在一些正式场合见过面。吴说她'长得一般，蛮黑，个子也不高，按说是没有男人缘的'。可传言中她与多位男性关系暧昧，当中有官员，有商人。'最典型的是，她在任枣阳市委副书记时，竟然在下面单位调了个帅气的小伙子来给她当司机。'两年后，司机想成家了，另谈了个对象。尹大发其火，令司机与恋人分手。就这样，司机为她服务了6年之久。"

当时尹冬桂正关押于看守所，听到社会上的传闻后，精神状况发生一些变化，不思饮食，胡言乱语，一度失去生活自理能力。转入武汉女子监狱后，甚至一度不能行走、说话和进食，精神明显异常，被武汉市精神病医院收治。该院2003年11月作出鉴定，认为尹在被告知关于自己私生活的问题见报和女儿自杀等重大应激事件后出现精神异常，诊断为创伤后应激性精神病，须加强治疗。

而在2003年9月19日，尹冬桂委托丈夫向《武汉晨报》所属的长江日报社索赔。法院经过终审后，裁定长江日报社在《武汉晨报》上公开向尹赔礼道歉，以消除影响，恢复名誉；并赔偿尹精神抚慰金及经济损失数万元。

法院审定指出，"张二江"是湖北乃至全国对男女关系问题的特殊代用语，含有贬义，《武汉晨报》报道的标题本身就涉及个人隐私，个人隐私属人格权利的一部分，不容侵犯，而报道的内容极少提及刑事案件的审判，更着重于尹冬桂的个人生活问题。因此，这两篇报道从标题到内容均严重侵犯了尹的人格权利，导致其社会评价降低，名誉受损。

在本案例中，媒体受到了法律的制裁，这对以民事诉讼的方式适度惩罚媒体对个人隐私的蔑视甚至无视，起到了法律威慑作用。曾任中央人民广播电台法制处处长的徐迅女士评论道："长期以来，在中国这个经历过十年动乱的国度里，人格尊严应当受到尊重与保护的观念缺少应有的地位与高度。不少人认为，如果是一个好人，他当然享有人格尊严；但如果是一个坏人，则其人格尊严便无从谈起。因此侮辱一个有罪、有错的人的人格，是理所当然的事情。有些媒体对有错、有罪的人使用有损人格的表现手法，如拍摄未穿裤子的嫖娼者；发表死刑犯五花大绑、被揪头发示众的照片等，而如同武汉该报将传言当作事实加以报道，对犯罪嫌疑人的两性关系大泼污水，则是一种最典型的、最突出的表现。"

人格权是每个人与生俱来的固有权利，不因人的任何背景而有所不同。这其中当然也包括有罪、有错者的人格尊严。一个人不因有错、有罪而丧失其正当权利。法院可以剥夺人的财产、自由乃至生命，但不可剥夺人的尊严。即使是死刑犯，当他被依法剥夺生命的时候，也有权利有尊严地死。在中国国内法中，人格尊严已经延伸到了包括贪官以及各种"坏蛋"和罪犯在内的所有人。当罪犯被剥夺了政治权利之后,他的民事权利还继续存在。他们作为公民的民事权利——如名誉权、隐私权、肖像权、婚配权、继承权、受教育权等——并没有因此丧失。[①]为此,媒体在报道时,要对所有人,包括罪犯在内的与公共利益无关的私人内容,予以尊重和保密。

(二)隐私权的内涵及其价值

个人隐私指公民个人生活中不愿为他人(一定范围以外的人)公开或知悉的秘密。隐私权是自然人享有的对其个人的、与公共利益无关的个人信息、私人活动和私有领域进行支配的一种人格权。

美国法学家查尔斯·弗里德(Charles Fried)说:"没有隐私权,人就失去了成其为人的重要要素。"[②]在现当代,一个社会走向或已经实现民主法治,就必然高度重视保护公民个人的隐私权。国外一个公民教育机构将隐私、正义、责任、权威列为民主的四大基础,认为隐私有六大益处:

- ◇ 自由:隐私帮助人们自由思考和行动,不受他人不合理的影响或控制。这种自由可以让一个社会避免沦为极权主义,臣服于独裁者的全盘控制。
- ◇ 安全:对隐私的尊重培养了一种安全感。
- ◇ 个体性:如果没有隐私,与他人相仿的压力也许会阻止个人形成他或她自己的价值观、信仰和意见。
- ◇ 保护经济利益:隐私使人们能够为自己的点子、计划和发明保密。这也许有助于他们创造和销售新产品,并与他人竞争。
- ◇ 创造性:隐私对于创造性思想和工作也许是必要的。
- ◇ 亲密:隐私对于人们发展与他人的热烈的关系是必要的。

在互联网逐渐侵蚀个人私生活领域的过程中,确有必要为公共领域和私人领域找到一个新的平衡点,隐私权保护在现代社会有下列正面功能:

- ◇ 积极促进个人生活的自我确定。
- ◇ 培养活泼而创造性的个人特质。
- ◇ 合理设置舒缓大众压力的安全阀。
- ◇ 提高社会对于失足者的容让度。

现代人日益重视隐私,除了凭借直觉努力寻找心灵的港湾之外,确有其理性的成分:"隐私是对人类自由和尊严的基本保障。隐私的价值不仅在于它本身,同时它对我们享有财产权,以及享有思想、言论、宗教和良知的自由都同样重要。没有隐私权,其他这些重要的权利对我们来说也就失去了意义。"[③]

---

① 周保秋,展江:《以民事诉讼矫正媒体妄为的可能性》,载《青年记者》,2014年6月(上)。
② 转引自蒋云蔚:《雇佣纠纷中的医疗隐私》,载《中国法学》,2012年第3期。
③ 展江:《艾滋病和同性恋可以被公开吗:——媒体道德与伦理经典案例评析(八)》,载《青年记者》,2015第1期。

（三）记者如何避免侵权

1. 实事求是，客观真实地报道事实

"真实是新闻的生命"，强调真实是针对所有的报道事件和报道对象。我们在报道一般新闻事件特别是纠纷类新闻事件时，容易做到实事求是，但在对一些犯罪嫌疑人，或一些弱势群体进行报道时，有时则因为觉得报道对象没有多大反击力，而放松对一些传言内容的严格核实，并逞一时之快，将这些内容写入新闻报道中。结果给当事人带来伤害的同时，也使自己陷入新闻诉讼中。

2001年8月31日，《中国青年报》发表了一篇题为"揭开刘涌保护伞：干爹干妈和姘头"的文章。文中写道："刘涌是如何'荣任'人大代表的？关键之处，绝不在于他有良好的群众基础，而在于他头上有'优质'的'保护伞'。刘涌的'保护伞'最直接的是3个人：原沈阳人民检察院检察长刘实是刘涌的'干爹'，和平区劳动局副局长高明贤是'干妈'，市中级法院副院长焦玫瑰则是他的'姘头'。"

2004年年底，焦玫瑰向法院状告中青报社。焦玫瑰称此文刊登之初自己并不知道，直到2002年10月，自己诉辽宁报社《半岛晨报》侵害名誉权一案审理时，《半岛晨报》披露其侵权行为是摘自全国发行的大型报刊时，才知道是《中国青年报》刊登了上述侵权文章。此后，焦玫瑰曾委托其姐与《中国青年报》进行交涉，又于2003年8月22日写书面材料向被告主张权利，但《中国青年报》置之不理，不予答复。为此她以侵犯名誉权为由向法院提起诉讼，要求在《中国青年报》向其公开赔礼道歉，并赔偿其精神损失费20万元。

焦玫瑰的代理律师认为，《中国青年报》报道公然使用"姘头"这一侮辱性语言行文，并被全国众多媒体纷纷转载，甚至在海外也广为流传，此行为给焦玫瑰精神上造成了极大的伤害，已构成对焦玫瑰名誉权的侵害，应依法承担相关的民事责任。

《中国青年报》称此文是自由撰稿人给报社的投稿，作者应该文责自负。在《中国青年报》发表之前，已有大量媒体报道都称焦为刘涌的"姘头"，并且在互联网上广为流传，所以并非凭空杜撰。当然，编辑审稿工作不够严谨，有疏于审查的责任，但并不构成名誉侵权。[1]

此案审判虽然最后没有对外公布审理结果，从判断侵犯名誉权的标准和双方当事人出示的证据来看，该案对《中国青年报》一方不利。这一案例也表明，罪犯虽然受到了法律惩处，但仍享有人格权、名誉权，媒体不能将街谈巷议作为报道素材，损害报道对象的名誉。

2. 征得采访对象同意认可

先读读下面这个案例。

1998年7月，王某在上海某医院做了变性手术后，被原单位解除了用工合同，后在甘肃阿克塞县某建筑单位打工。1999年5月，王某约某报社记者张某前往采访。

采访中，原告王某向被告张某提供了约3 000字关于自己身世的书面材料，张某并为

---

[1] 报道据《女贪官狱中状告媒体 不满自己被称为刘涌姘头》，载《法制晚报》，2004年11月7日。

王某拍摄了照片。尽管此文是王某主动邀请记者对其变性一事进行采访,并同意记者撰文发表,文中所涉及的情节和事实都是真实的,且遣词造句极尽美化与同情,但文章发表后,记者还是成了被告。

法院审理认为,被告张某依据原告王某提供的素材撰写的纪实性文章,虽无诽谤和侮辱之意,但所涉及的内容正是最容易引起关注的个人隐私。不能因为原告王某接受采访,而认为王某放弃了隐私权,可以将文章不经本人认可发表于公开刊物上。故此,被告张某应当承担侵权的责任。

从这起新闻官司中,我们应当吸取的教训是:在涉及对采访对象个人隐私时,报道前必须征得对方的同意,最好能签字同意。

3. 刊播前咨询法律专家

要避免侵权,记者应多了解相关法律条款,避免犯低级的司法错误。但术业有专攻,随着社会分工的细化和科学知识的日益复杂化,记者再怎么努力也只有24小时,不可能做到样样精通。因此在一些重要问题上,要善于借"外脑"。包括报道是否存在侵犯隐私权等诸多法律问题,应当多向相关法律专家请教,在报道正式刊播前给报道再加把"安全锁"。

三、严守国家秘密

新闻属公开信息,其传播范围广,传播速度快,社会影响广泛,如果有泄密信息社会后果会更严重。网络媒体特别是社交媒体勃兴以来,新闻从业人员滥用职务行为信息的现象时有出现。

为加强新闻从业人员职务行为信息的管理,2014年6月30日,国家新闻出版广电总局制定了《新闻从业人员职务行为信息管理办法》[①](以下简称《办法》),规定保密信息涉及的范围包括从事采访、参加会议、听取传达、阅读文件等职务活动中,获取的各类信息、素材以及所采制的新闻作品,其中包含国家秘密、商业秘密、未公开披露的信息等。

《办法》要求新闻单位须将签署保密承诺书和职务行为信息保密协议作为新闻从业人员劳动聘用和职务任用的必要条件。新闻采编人员申领、换领新闻记者证时,也必须按照《新闻记者证管理办法》的规定提交包含保密承诺书和职务行为信息保密协议在内的申报材料。

《办法》规定,新闻单位应对职务行为信息进行分类管理:属于国家秘密的,要按照保密法的要求与从业人员签订保密承诺书,纳入保密管理范畴;不属于国家秘密的,要按照劳动合同法的规定与从业人员签订保密协议,并建立职务行为信息统一管理制度。

除吸纳、重申保密法律法规的相关要求之外,《办法》还规定,新闻从业人员不得违反保密协议的约定,通过博客、微博、微信公众账号或个人账号等任何渠道,以及论坛、

---

① 据国家新闻出版广电总局2014年6月30日关于印发《新闻从业人员职务行为信息管理办法》的通知。

讲座等任何场所，透露、发布职务行为信息。①

媒体作为各种信息的采集者和传播者，其中不乏别有用心者感兴趣的信息。世界范围内，从公开的新闻信息中搜集情报，早已成为各国情报机构一种合法、有效的手段。英国的伦敦国际战略问题研究机构，美国的兰德公司等，都是利用公开资料进行研究工作的。记者因其职业的特殊性，更容易接触到各类涉密信息。记者如果不重视新闻保密工作或为利所控迷失自我，很容易造成新闻泄密，给国家和社会带来严重损失。要做好新闻保密工作，记者需要注意以下几个方面。

1. 熟知保密法，增强保密意识

就目前来讲，新闻工作人员应该熟悉《中华人民共和国保守国家秘密法》《中华人民共和国保守国家秘密法实施细则》《中华人民共和国军事设施保护法》《关于加强军事宣传纪律的规定和注意事项的通知》《关于不得擅自出版、发行涉及对台工作保密史料的通知》《新闻出版保密规定》《关于防止在出版物中泄露国家秘密的通知》《新闻出版从业人员保密须知》《国家安全法》及《宪法》《统计法》中的有关条款。其中，要特别注意《中华人民共和国保守国家秘密法》（保密法于1988年立法，2010年修订），该法第九条是指导新闻工作的重要条款：

下列涉及国家安全和利益的事项，泄露后可能损害国家在政治、经济、国防、外交等领域的安全和利益的，应当确定为国家秘密：

（一）国家事务重大决策中的秘密事项；

（二）国防建设和武装力量活动中的秘密事项；

（三）外交和外事活动中的秘密事项以及对外承担保密义务的秘密事项；

（四）国民经济和社会发展中的秘密事项；

（五）科学技术中的秘密事项；

（六）维护国家安全活动和追查刑事犯罪中的秘密事项；

（七）经国家保密行政管理部门确定的其他秘密事项。

随着新闻事业的快速发展，新闻保密工作面临着比以往更加复杂的新形势。科技、经济建设是新的保密领域，经济组织的经营、技术和金融信息的保密，与国家秘密、个人隐私一样，已成为新闻保密的重要内容，保密要求也越来越细致。记者要在法律专家的帮助下，自觉及时地学习保密方面的新法新规，不断增强保密意识。

2. 处理好保守秘密与信息公开之间的矛盾

社会主义民主建设逐步完善加强，倡导"公民知情权""阳光透明政府"的呼声日高，新闻保密与政务（厂务）公开、信息披露等政府和企业行为的关系如何协调成为一个难题。不同社会主体对信息保密的要求是不同的。对政府而言，显然不希望媒体泄露机密，影响决策，因此总是力求扩大保密范围，甚至建立新闻保密审查制度。对媒体而言，则

---

① 资料《新闻从业人员须绷紧保密弦：国家新闻出版广电总局印发〈新闻从业人员职务行为信息管理办法〉》，载《大视野》，2014年第7期。

希望报道范围尽可能的大，多宣传正面事实以赢得公众注意力实现自身价值。对公众而言，则不希望因为保密而让媒体丧失社会监督功能，损害自己的知情权。

2007年《中华人民共和国政府信息公开条例》出台，但法律效力层级要低于保密法和档案法，信息公开受到的法律保障比较弱。记者要广泛学习保密知识，掌握保密工作的性质、特点、法规以及保密等级、技术等常识，弄清密与非密界限，明确哪些稿子可以通过大众传播媒介广为宣传，哪些稿子只能登在内部刊物上；哪些事实可以详报，哪些事实只能略报或不能报。这样就能在宣传中做到秘宣有度，宣不失密。

国家有新闻保密的规定，记者不能因为有保密戒律就束手束脚，影响公众知情权的实现。有些权力部门为了维护自己的利益而故意以"保密"为理由剥夺公众的知情权，对此新闻从业者要积极甄别，要将真的秘密保守住，将借用"秘密"为名进行"丑闻"遮掩的行为公之于众。《南方周末》曾做过一篇《"国家机密"出笼记》的新闻，讲述了某市卫生局出台的一份曾四处传播的文件，在发出6年后摇身一变，成为"国家机密"。这是典型的权力部门利用"保密"为借口维护部门私利的案例。《南方周末》作为负责任的媒体，以自己的新闻良知与权力部门作斗争，勇于曝光，维护了公众的知情权，值得业界学习。

3. 新闻宣传口径要与中央及重要新闻授权单位（如新华社、外交部等）保持一致

我国媒体是党和政府的耳目喉舌，在报道立场上与中央保持高度一致是媒体性质的内在要求。中央各部门和国家新闻单位是新闻舆论的定调者，为发挥我国新闻宣传的共鸣效应，各媒体单位应在重大问题上与中央各部门和国家新闻单位保持高度一致。

要做好这一工作，记者应从三方面注意：首先，国家重要的内政外交决策、活动以及军事、科技、经济等方面的重要新闻，均由新华社和《人民日报》发表，各地区、各部门的宣传工具应以授权单位发布的消息为统一口径，既不得自行其是，更不能抢先报道。其次，重大节日、党和国家的重要会议、国内外重大事件的宣传报道。各地、各部门应按中央和中宣部等有关部门的指示、通知口径进行报道，不能自行其是。发表统计数字时应由统计部门统一发布或经统计部门同意后再发布。最后，对那些敏感而又容易引起矛盾和不良后果的问题，要不要宣传或怎样宣传，要按中央的方针政策和统一口径进行。

4. 要运用语言技巧，正确处理精确性与保密的关系

在撰写新闻稿件时对于涉及国家秘密的宣传内容，要采取删节、改编、隐名等保密措施，隐去其中的敏感内容。当新闻细节表达要求与保密发生矛盾时，可模糊处理。如用"前不久""最近"等模糊语言代替需要保密的具体时间；用"取得重大进展""有新突破"等模糊语言代替重大科研成果的具体研究过程、数据、结论。这样，既能彰显相关成就，又不会酿成泄密事故，运用模糊语言隐去部分新闻事实，这是宣传与保密工作的双重需要。[①]

5. 要严格遵守保密纪律，重点稿件及时送审

记者应坚持重大新闻送审制度，对一些自己把握不了的重大事件和敏感词汇，一定

---

① 李思广：《由稿件泄密谈新闻保密》，载《青年记者》，1994年第3期。

要坚持送审，得到有关部门的签字确认后才能发表，这是对社会负责，更是对自己负责。很多新闻单位为了规范保守秘密与信息公开的权责，也会与新闻从业人员签署保密承诺书和职务行为信息保密协议，记者作为媒体单位的一员，应当按照承诺书和协议要求，承担起自审职责，履行好保守秘密的职业责任。

6. 记者应主动征询采访对象与管理部门的保密要求

《新闻出版保密规定》要求"新闻出版的保密工作，坚持贯彻既保守国家秘密，又有利于新闻出版工作正常进行的方针"。这就是说，新闻保密工作表面上看是新闻单位的工作，实际上却并不完全是新闻单位单方面的事情，它还需要拥有信息资源的单位采取相应的措施加以配合，形成良性互动，才能达到既能保护各集团和个人正当权益，又不妨害新闻工作正常进行的目的。

曾有新闻报道某省破获中华人民共和国成立以来最大地下制毒加工厂，报道称犯罪嫌疑人的制毒技术来自某大学某图书馆某楼的某区。因记者编辑不谨慎，对这些信息没作模糊处理，在报道中公开了出来，为诱发社会犯罪埋下了隐患。记者如果对某些信息可不可以公开，能公开多少拿捏不准，可以向采访对象或相关部门人员请教，避免过度公开诱发不良社会后果。

至于其他方面，新闻工作者可根据保密要求和报道内容的实际情况，因时而定，据事而决。只要思想上绷紧保密这根弦，杜绝泄密事件是可以做到的。如果发现已经泄密或可能泄密时要及时报告有关部门和单位，以便及时采取措施补救。

附录

一、练习题。

请大家搜集相关资料，撰写一篇课程小论文。要求观点鲜明，论据完整有力。话题是"公务人员和公众人物隐私权的边界在哪里？"

二、阅读材料：《中国新闻工作者职业道德准则》。

中国新闻工作者职业道德准则

中华全国新闻工作者协会 2009 年 11 月 9 日修订

中国新闻事业是中国特色社会主义事业的重要组成部分。新闻工作者要坚持以马克思列宁主义、毛泽东思想、邓小平理论和"三个代表"重要思想为指导，深入贯彻落实科学发展观，高举旗帜、围绕大局、服务人民、改革创新，贴近实际、贴近生活、贴近群众，用马克思主义新闻观指导新闻实践，学习宣传贯彻党的理论、路线、方针、政策，继承和发扬党的新闻工作优良传统，积极传播社会主义核心价值体系，努力践行社会主义荣辱观，恪守新闻职业道德，自觉承担社会责任，敬业奉献、诚实公正、清正廉洁、团结协作、严守法纪,做到政治强、业务精、纪律严、作风正。

第一条 全心全意为人民服务。要忠于党、忠于祖国、忠于人民,把体现党的主张与反映人民心声统一起来,把坚持正确导向与通达社情民意统一起来,把坚持正面宣传为主与加强和改进舆论监督统一起来,发挥党和政府联系人民群众的桥梁纽带作用。

1. 积极宣传党和政府的重大决策部署,及时传播国内外各领域的信息,满足人民群众日益增长的新闻信息需求,保证人民群众的知情权、参与权、表达权、监督权。

2. 牢固树立群众观点,把人民群众作为报道主体和服务对象,多宣传基层群众的先进典型,多挖掘群众身边的具体事例,多反映平凡人物的工作生活,多运用群众的生动语言,使新闻报道为人民群众喜闻乐见。

3. 积极反映人民群众的正确意见和呼声,批评侵害人民利益的现象和行为,依法保护人民群众的正当权益。

第二条 坚持正确舆论导向。要坚持团结稳定鼓劲、正面宣传为主,唱响主旋律,不断巩固和壮大积极健康向上的舆论。

1. 始终坚持以经济建设为中心,服从服务于改革发展稳定大局不动摇,着力推动科学发展、促进社会和谐。

2. 宣传科学理论、传播先进文化、塑造美好心灵、弘扬社会正气,增强社会责任感,坚决抵制格调低俗、有害人们身心健康的内容。

3. 加强和改进舆论监督,着眼于解决问题、推动工作,坚持准确监督、科学监督、依法监督、建设性监督。

4. 采访报道突发事件要坚持导向正确、及时准确、公开透明,全面客观报道事件动态及处置进程,推动事件的妥善处理,维护社会稳定和人心安定。

第三条 坚持新闻真实性原则。要把真实作为新闻的生命,坚持深入调查研究,报道做到真实、准确、全面、客观。

1. 要通过合法途径和方式获取新闻素材,新闻采访要出示有效的新闻记者证。认真核实新闻信息来源,确保新闻要素及情节准确。

2. 报道新闻不夸大不缩小不歪曲事实,不摆布采访报道对象,禁止虚构或制造新闻。刊播新闻报道要署作者的真名。

3. 摘转其他媒体的报道要把好事实关,不刊播违反科学和生活常识的内容。

4. 刊播了失实报道要勇于承担责任,及时更正致歉,消除不良影响。

第四条 发扬优良作风。要树立正确的世界观、人生观、价值观,加强品德修养,提高综合素质,抵制不良风气,接受社会监督。

1. 强化学习意识,养成学习习惯,不断提高政治和业务素质,增强政治意识、大局意识、责任意识,努力成为专家型新闻工作者。

2. 深入基层、贴近群众、体验生活,在深入中了解社情民意,增进与群众的感情。

3. 坚决反对和抵制各种有偿新闻和有偿不闻行为,不利用职业之便谋取不正当利益,不利用新闻报道发泄私愤,不以任何名义索取、接受采访报道对象或利害关系人的财物或其他利益,不向采访报道对象提出工作以外的要求。

4. 尊重新闻同行，反对不正当竞争。尊重他人的著作权益，引用他人的作品要注明出处，反对抄袭和剽窃行为。

5. 严格执行新闻报道与经营活动分开的规定，不以新闻报道形式做任何广告性质的宣传，编辑记者不得从事创收等经营性活动。

第五条 坚持改革创新。要遵循新闻传播规律，提高舆论引导能力，创新观念、创新内容、创新形式、创新方法、创新手段，做到体现时代性、把握规律性、富于创造性。

1. 深入研究不同传播对象的接受习惯和信息需求，主动设置议题，善于因势利导，不断提高舆论引导能力和传播能力。

2. 认真研究传播艺术，利用现代传播手段，采用受众听得懂、易接受的方式，增强新闻报道的亲和力、吸引力、感染力。

3. 善于利用新载体、新技术收集信息、发布新闻，提高时效性，扩大覆盖面。

第六条 遵纪守法。要增强法治观念，遵守宪法和法律法规，遵守党的新闻工作纪律，维护国家利益和安全，保守国家秘密。

1. 严格遵守和正确宣传国家的民族区域自治制度、各民族平等团结和宗教信仰自由政策，维护国家主权和社会稳定。

2. 维护采访报道对象的合法权益，尊重采访报道对象的正当要求，不揭个人隐私，不诽谤他人。

3. 维护未成年人、妇女、老年人和残疾人等特殊人群的合法权益，注意保护其身心健康。

4. 维护司法尊严，依法做好案件报道，不干预依法进行的司法审判活动，在法庭判决前不做定性、定罪的报道和评论。

5. 涉外报道要遵守我国涉外法律、对外政策和我国加入的国际条约。

第七条 促进国际新闻同行的交流与合作。要努力培养世界眼光和国际视野，积极搭建中国与世界交流沟通的桥梁。

1. 在国际交往中维护祖国尊严和国家利益，维护中国新闻工作者的形象。

2. 积极传播中华民族的优秀文化，增进世界各国人民对中华文化的了解。

3. 尊重各国主权、民族传统、宗教信仰和文化多样性，报道各国经济社会发展变化和优秀民族文化。

4. 积极参加有组织开展的与各国媒体和国际（区域）新闻组织的交流合作，增进了解、加深友谊，为推动建设持久和平、共同繁荣的和谐世界多做工作。

三、阅读材料：《美国职业新闻记者协会（SPJ）职业伦理规范》。

美国职业新闻记者协会（SPJ）职业伦理规范

美国职业记者协会（Society of Professional Journalists——SPJ）1996年修订

前言

职业新闻记者协会的成员相信，公众启蒙是正义的前奏和民主的基础。新闻记者的责任是探究事实真相以及就事件和议题提供公正而全面的报道,进而实现上述目标。来自所有媒体的有良知的记者努力全面而诚实地为公众利益服务。职业廉正是新闻记者可信度的基石。

探究与报道事实真相

在采集、报道和解释信息时,新闻记者应该诚实、公正而勇敢。新闻记者应该:

根据所有的消息来源来检验信息的准确性,以谨慎行事来避免因疏忽而导致的差错。绝对不允许蓄意的歪曲。

努力找到新闻报道对象,向他们提供回应对其不正当行为的指陈的机会。

只要有可能就交代消息来源的身份。公众有权就消息来源的可靠性获得尽可能多的信息。

在允诺匿名之前,一律要质疑消息来源的动机。说明为获取信息而做出任何承诺的附带条件,信守诺言。

防止标题,新闻引子和宣传材料、图片、录像、录音、图表、同期声、引语失实。它们不能背离语境而过于简化或夸大事件。

杜绝扭曲新闻图片或录像的内容。为了提高技术清晰度而强化形象是允许的。使用蒙太奇或图片说明需要注明。

不得重现或导演新闻事件,以避免误导。如果为了讲述故事而有必要重现,必须加以说明。

避免暗中进行的或其他鬼鬼祟祟的信息采集方式,除非传统的公开方法不能产生对公众来说至关重要的信息。对这些方式的运用应当作为报道的一部分加以解释。

杜绝抄袭剽窃。

大胆地讲述关于人类经验的多样性和重要性的故事,即便这种做法不受欢迎。

审视自身的文化价值观,避免将这些价值观强加于人。

避免就种族、性别、年龄、宗教、族裔、地理、性取向、残障、体貌或社会地位形成刻板成见。

支持观点的公开交流,即便他们发现的观点是相互抵触的。

给无发言权者以发言权;官方和非官方的消息来源具有同等效用。

区分观点鼓吹与新闻报道。分析语评论应该标明出处,以避免歪曲事实或语境。

区分新闻与广告,警惕模糊二者界限的混合物。

认识到以下特殊责任:确保公众事物公开处理、政府记录公开审查。

将伤害最小化

有道德的新闻记者将消息来源、报道对象和同事奉为值得尊敬的人。新闻记者应该:

对那些可能受到新闻报道负面影响的人表示同情。在对待儿童和无经验的消息来源或报道对象时,具有特殊的敏感性。

在寻求和使用那些遭到悲剧或哀痛打击的人的访问记和照片时谨慎行事。

认识到采集和报道信息可能会造成的伤害和不适。追寻新闻不是傲慢无礼的许可证。

认识到与公共官员和其他努力寻求权力、影响力或注意力的人相比，私人有更大的权利控制关于自身的信息。只有压倒一切的公共需要才能证明侵犯个人隐私的正当性。

表现良好的品味。避免迎合耸人听闻的猎奇癖。

在交代青少年犯罪嫌疑人或性犯罪受害者的身份时谨慎从事。

在正式发出指控之前，明智地使用犯罪嫌疑人这一称谓。

在犯罪嫌疑人的公正审判权与公众的被告知权之间进行平衡。

独立行事

除了公众的知情权以外，新闻记者应不对任何利益负有责任。新闻记者应该：

避免利益冲突，无论这种冲突是真实的或是感知的。

摆脱各种可能危及诚实或损害可信度的社团或活动。

拒绝礼品、优惠、酬金、免费旅行和特殊待遇，回避在社区组织中的第二职业、政治涉入、公职和服务，如果它们危及新闻记者的诚实的话。

披露不可避免的冲突。

警觉而勇敢地向权势者问责。拒绝偏袒广告商和特殊利益集团，抵制他们影响新闻报道的压力。

警惕那些为获得好处或金钱而提供信息的消息来源；避免出价购买新闻。

具有责任心

新闻记者要对他们的读者、听众、观众以及其他人负责。新闻记者应该：

澄清与解释新闻报道，与公众就新闻记者的行为展开对话。

鼓励公众诉说对新闻媒体的不满。

承认错误，并及时改正。

揭露新闻记者和新闻媒体不合伦理的行为。

既以高标准要求别人，也以同样的高标准要求自己。

第二章 新闻活动的目标——线索与对象

新闻采访是记者为搜集新闻素材而进行的调查研究活动。新闻采访是根据获得的新闻线索的提示，通过现场观察、资料查阅以及在与采访对象的交流中获取新闻素材，并根据素材确定报道主题和报道内容的活动。本章，我们将针对新闻线索和采访对象两个话题，对采访活动的对象进行分析和研究。

第一节 新闻线索与新闻线人

新闻线索是新闻之源，一名记者要想在激烈的新闻"大战"中立于不败之地，需要有独家新闻素材，如何获得更多更新的作为"源头活水"的新闻线索，如何培养为自己提供新闻线索的新闻线人队伍，是获得独家新闻素材的关键。

一、新闻线索

新闻线索是为新闻采访报道提供的有待证实、扩展和深化的信息。新闻线索给记者提示新闻所在，提供新闻采访的方向。[①]新闻线索是新闻采访活动的起点。

（一）新闻线索的类别

根据记者获得的新闻线索来源的稳定性程度和获取方式的不同，可以将新闻线索分为三类。

第一类是固定型，固定型新闻线索主要指从具有稳定信息供给的新闻来源处获得的新闻线索。这类线索来源主要包括：部门活动、领导活动、重要会议、新闻发布会、报料线索、通讯员来稿、各党政部门和企事业单位的计划、总结和报告以及编辑部的宣传报道计划等。

固定型新闻线索来源比较稳定可靠，线索量也比较有规律，有利于提前对整体采访活动计划进行安排设计。固定型线索往往是"大路货"，各家媒体都容易获得，想出独家新闻较难。根据这一类报道线索进行的采访报道，要想在报道竞争中显现优势，更多的是靠在写作角度、写作水平和新闻细节的捕捉上下工夫。

第二类是再生型，这类线索是从其他信息载体中获取的新闻线索。我们采集新闻线

---

① 郭建斌，晋群编著：《新闻采访写作基础》，云南大学出版社 2009 年版，第 41 页。

索,判断是否有追踪报道、补充报道的必要,需要了解媒体对此是否有相关报道,报道角度如何。因此,关注媒体报道,从中了解搜寻新闻线索,也是媒体获得报道资料的线索来源地。

在今天这样一个移动网络应用终端形态越来越多样,网络平台信息越来越丰富的时代,越来越多的新闻线索汇集在各类网络平台上,如论坛、门户网站、微博、微信等平台,网络媒体已成长为记者发现再生型新闻线索最重要的媒体对象。

2013年刘志军受审,细心的记者看电视新闻时发现刘没穿囚服,联想到当年陈良宇、王立军也是如此(见图1)。记者想:"这些领导受审时为什么没穿囚服?是不是有什么特殊规定?"疑问有了,新闻线索也就有了,记者也就据此写出了公开报道,围绕受审的犯罪嫌疑人是否应该穿囚服这一核心问题进行了政策说明。这一报道的新闻线索就属于再生型新闻线索。

图1 从左到右受审人依次为刘志军、陈良宇、王立军

第三类是随机型,随机型新闻线索是记者在走访中偶然获得的新闻线索。街谈巷议、集市车站、酒吧茶楼等人群密集、环境特殊复杂之处,都是获取随机型新闻线索的重要场所。

随机型线索比较分散,这类线索的获取需要记者成为"户外动物",好社交,有好奇心。喜欢户外活动保证记者能深入生活,有更多机会发现新闻线索;好社交让记者能通过交流获得更多和新闻线索接触的机会;好奇心则是新闻敏感的重要体现,让记者不至于对新闻现象"熟视无睹",失去"深挖"新闻的心理动力。

随机型新闻线索最容易成为独家新闻,但也是获取成本最高的一类线索,他需要记者多"扫街""搜城"。为降低精力成本,好好培养新闻线人是记者自我减负的重要途径,这将在后文中论及。

在我们的日常生活中,如像图2所示,各种类型的雷人标语时有耳闻和目睹(交通警示标语如"劝君驾车不要忙,免得娇妻守空房";厕所提醒标语如"同志们……冲啊!";护林标语如"毁树一行,先死他娘";计划生育宣传标语如"宁添十座坟,不添一个人!")。这些用语是否有益公序良俗,是否显现合法执法、文明宣传,标语的背后折射了什么样的管理文化,如何治理不文明标语等,以这些雷人标语为线索,就可以扩展深化形成一篇很有思想意义的报道。生活中有些很有意思的细节,细心搜集归纳,可以写成娱人心、启人智的文化新闻。如新手新车上路时,一般都会在后车窗贴上标语,提醒来车注意。

完全可以将这些个性标语作为报道线索集成让人会心一笑的市民新闻，请看：

- ◆ 人老车破又磨合。
- ◆ 新车上路，内有杀手。
- ◆ 想同归于尽，就放马过来！
- ◆ 分不清倒车档，请保持车距！
- ◆ 吻我一次，毁你终生！
- ◆ 马路新秀，急刹天后。
- ◆ 驾校开除，自学成才；新手初驾，擅长急刹。

图2　某高中楼道上悬挂的"劝学"标语

以上论及的三类新闻线索，按照记者获取的主动性程度分，固定型新闻线索常被称为"喂养型"，后两种常被称为"觅食型"。喂养型线索集中、营养丰富，但出独家新闻难；觅食型线索太分散、隐藏较深，需要记者主动出击，充分发挥主观能动性。

（二）新闻线索利用时的几点注意

新闻线索有真假之分，指向的新闻事实也有轻重缓急之分，记者在利用时要有所甄别，善加利用，这里我们重点注意以下两个方面。

1. 要养成积累新闻线索的习惯

新闻线索是有待证实、扩展和深化的信息，这类信息很多，记者不可能一一去作证实、扩展和深化。对于没有明显价值的新闻线索，记者可以暂时搜集储存起来。具体做法是，记者在电脑里建立一个新闻线索库，每发现一条线索，就马上补充到线索库中。随着时间的推移，相关线索积累到一定数量后，信息品质会发生质变，产生报道价值。

叶辉是光明日报写人物报道最多的记者之一，在人物新闻线索的积累上较有心得。其将浙江大学数学中心主任刘克峰作为人物报道备选者，就是叶辉在餐桌上听到的一句玩笑话引起的。2004年香港第三届华人数学家大会上，刘克峰获得金奖。吃饭时，一位女记者问："刘老师，你的成才有什么经验？"中心副主任许洪伟接过话头调侃：刘克峰喜欢数学是从追求漂亮女同学开始的。上中学时班里来了一个漂亮女生，数学成绩特别好，为了赶上和超过她，刘克峰开始发奋，成绩扶摇直上，数学成绩上去了，女同学也追到手了。大家哄堂大笑，叶辉觉得这是个好题材，马上把这个细节记了下来。

刘克峰是世界著名数学家丘成桐的得意门生,曾破解过许多世界数学难题。叶辉在浙大多次接触到他,发现他很爱玩,打乒乓球几乎达到专业水平,一次与城运会冠军打让6分的友好赛,居然连赢两局,叶辉又把这个细节补充到人物信息中。当这两个细节集中到一个人身上时,叶辉马上想到了陈景润,徐迟的报告文学《哥德巴赫猜想》使中国人对数学家的印象是陈景润式的:只懂数学,不懂生活,走路碰在树上还会问谁碰了他。而刘克峰呢,会学会玩,与陈景润相比完全是个另类。这一比较,标题马上出来了——《另类数学家》。但叶辉还没产生写他的冲动。

机会在两年后到来。2006年,中山大学朱熹平教授破解了世界数学难题庞加莱猜想,叶辉在外围采访时先采访了刘克峰。谈完朱熹平,刘克峰谈起了自己的经历,越谈越起劲,听着听着,叶辉激动起来,觉得时机成熟了。结果是朱熹平还没采访,刘克峰的采访却意外地完成了。回家的路上便已有写作的冲动,一些句子和词语不断从脑子里冒出来。当天晚上就写了4 000多字,第二天就完成了8 000多字的人物通讯,发了一个整版。多年的积累,1个多钟头的采访,一个版的稿子就完成了。

叶辉认为,当记者要当"富记者",富记者很注意积累,善于积累。一个记者不能一天到晚等着被安排,得有自己的报道线索,可以写自选题目,而自选题目往往是原创性报道。①

2. 注意主动型新闻线索的隐性目的

有些新闻线索的提供者,目的是想引起媒体的注意,达到商业广告或个人宣传的目的。对这类线索,要多个心眼,避免被牵着鼻子走。像图中这则张贴在电线杆上的牛皮癣广告,内容构思较为新颖,有吸引力。

离婚协议

王大明:

你个王八蛋,当初你追老娘的时候是怎么说的,说要给老娘买房买车,嫁给你都五年了,你他妈连个凳子都没往家里买一个。

老娘跟你说,5月23—25日巴中后河桥东方鑫村C座1楼双虎家私要装修清仓,全场样品和少量库存亏本处理。以前贵,我还可以原谅你,要是这次你不去抢几样回来的话,我就坚决和你离婚。

另外我再给你说,人家双虎家私这次少量特价产品任你挑。原价4 000多的餐桌、2 000多的茶几,还有10 000多的沙发都拿出来搞特价了,全部通通亏本甩卖,不计成本,先抢

图3 张贴在电线杆上的广告

---

① 案例见报道《新闻敏感与素材积累》,载《光明日报》2015年01月25日08版。

先得!

　　王大明,老娘给你说,双虎家私这次真是动真格了,人家老板说了,不计成本,疯搞一回,你要是再不去给老娘抢购点东西回来,老娘马上跟你离婚,小明老娘也带走,你看着办!哼!

淑小芬
2015 年 5 月 9 日

　　这则户外张贴广告除了实现吸引路人驻足一乐,记住广告内容之外,还容易引起媒体的报道注意,实现在媒体上免费打广告的目的。类似的有免费新闻广告嫌疑的还有如女体盛现象、某公司资助贫困生新闻供稿等,都有可能是以"情色""慈善"等作为由头,吸引社会的关注和媒体的报道,进而实现低成本做广告宣传或企业形象塑造的目的。对这些既有广告宣传目的,又有新闻价值的线索,记者要注意鉴别。

二、新闻线人

　　记者不是超人,其视听范围是有限的,要捕捉周围世界的风吹草动,及时跟进调查核实,单靠自身是不够的。荀子在《劝学篇》说:"假舆马者,非利足也,而致千里;假舟楫者,非能水也,而绝江河;君子生非异也,善假于物也。"同样的道理,记者只有"善假于物"方能"视通万里,耳听八方"。要"假"之物,就是新闻线人队伍。

　　所谓新闻线人,是指主动给记者提供新闻线索和新闻素材的社会人员。新闻线人是记者的耳目延伸,可以帮助记者将感知触角伸向社会各个层面。随着通讯技术的不断进步,公众与记者之间从来信反映问题,到新闻热线电话,再到 QQ 报料、微博私信和微信互动,新闻线人向媒体报料的便捷性和有效性不断提高。

(一)新闻线人的类型

　　根据提供新闻的目的和经常性程度,可将新闻线人分为职业新闻线人、业余新闻线人、偶发新闻线人、举报新闻线人等。

　　职业新闻线人是将提供新闻线索作为个人收入的主要来源,专门以搜索新闻线索和新闻素材为主要工作任务,这部分人极少,其工作的主要动力是新闻线索奖。职业新闻线人在新闻竞争激烈,并且新闻媒体效益普遍较好时,才有存在的可能。在当前新媒体冲击下,已没有哪一类媒体能有绝对的垄断优势,媒体利润稀薄,新闻线索奖难以支撑职业新闻线人的生活,这一群体已日渐减少。

　　业余新闻线人是将线人职业作为副业,以个人兴趣和社会责任感为主要驱动力,如的士司机。各部门、单位、企业的通讯员也可以归为此类新闻线人,他们提供新闻线索的目的,在于借用媒体平台宣传本单位的工作业绩。通讯员常常手里掌握着一个单位、一个部门或一个社区的很有价值的新闻信息,这一群体往往能及时提供新鲜、重要的新闻素材,记者要重视通讯员的作用。

　　偶发新闻线人则是普通社会个体,在偶遇新闻事件时觉得有必要向媒体提供时,临时扮演的新闻报料人角色。

举报新闻线人一般是新闻事件的利益相关者，因希望通过媒体监督来实现自身利益诉求，主动向媒体提供新闻线索或素材，这类线索往往很有价值。如2002年，武汉市民杨先生带小孩到该市儿童医院诊治咳嗽，竟然花了1 065元。他对这种大处方现象十分不满，投诉到武汉晚报的"新闻110"。武汉晚报对此高度重视，经过周密策划与深入采访，推出了系列跟踪报道，报道也产生了良好的社会反响。要注意的是，举报新闻线人的媒体合作积极性最高，但因利益相关而可能对提供的信息做有意无意地夸大、缩小、遮蔽、扭曲处理，所以记者要多方调查，反复核实，才能写出全面客观的新闻报道。

（二）如何发展和维护新闻线人网络

每名记者都应编织自己的新闻线人网，为丰富新闻内容提供源头活水，这样才不至于新闻采访"吃了上顿没下顿"。在构建和维护覆盖面广、主动活跃的新闻线人网时，要注意五个方面的问题。

一是数量，要努力扩充数量。多一个新闻线人，就多了一个信息源，记者要广交朋友，可以利用同学、朋友、亲戚以及采访活动中结识的关系，不断发展新闻线人。在日常采访活动和各类社交活动中，记者可以广发名片，互留联系方式，为日后的合作埋下伏笔。

二是质量，要重点发展有信息资源、话语资源的新闻线人。的士司机、司法交通部门公务员、急救中心医生、明星经纪人等属于有信息资源的人群；专家、领导、宗教领袖、资本家、社会知名人士则是有话语资源的人群。

三是线人群的结构。要保证各个行业，各个地区，各个阶层，各类人群都有新闻线人。这样一旦有新闻发生，都会进入记者的视野。记者要制定自己的线人分布地图，越是新闻高发的领域，越要注意发展属于自己的新闻线人。为防止新闻线人漏报，每个领域都应至少两名以上的新闻线人。

四是要适度保持与线人的互动。只有经常互动，线人才会记得住记者，才愿意不怕麻烦为记者提供信息。人作为社会关系的产物，是有感情的，记者与线人一旦熟悉了，线人们就会更乐意帮忙。因此记者即使在平常生活中不能与线人经常见面，逢年过节时也应尽量多问候，这样对方提供新闻线索和素材的积极性才会被激发出来。记者要建立健全自己的线人档案，对那些经常提供线索的线人可向所在媒体申请在报料奖励上予以倾斜，以鼓励他们的积极性，提高记者的新闻雷达网的灵敏度。

在新闻线人队伍中，通讯员是一个非常重要的力量，记者要重视与通讯员的交往。与记者打交道，一般的通讯员的最大愿望就是能发稿，所以记者要重视通讯员的劳动，对他们提供的新闻线索一定要重视并认真处理。同时，不要随便在通讯员自采稿上加上自己的名字，抢通讯员的功劳。"相反，有的记者为了和通讯员处好关系，还给在比较容易出新闻的部门工作的通讯员送礼物甚至直接送'线索奖'"[①]

---

① 丁春凌，宋艳华：《如何获取更多的新闻线索》，载《记者摇篮》，2006年第7期。

五是必要时可给予新闻线人一定的酬劳。新闻线人的工作存在一定的风险，如在第一时间出现在一些危险场合时遭遇人身伤害，也可能因为挖掘黑幕遭受恐吓威胁，还有可能因为提供采访线索遭到打击报复。本着损益相抵的原则，记者和媒体单位要认真考虑线人酬劳，既要为他们提供的新闻线索给予精神、物质回报，也要为他们的人身安全提供相应保障，尽量为他们排除因提供新闻线索和素材而产生的顾虑。当然，记者能给予新闻线人的物质酬劳是相当有限的，更多时候，记者还是应通过加强联系，深化与线人之间的友谊，以"谈感情"的方式获得新闻线人的支持。

（三）对报料内容要做仔细调查核实

新闻线人之所以愿意为记者提供新闻线索，原因一般有这样几个：一是因为社会责任感而提供线索。当耳闻目睹一些新闻事实后，觉得有必要让其他人也知道，以此来彰良扬善，或是惩恶诫丑。二是因为与记者有私人关系，想帮助记者更好地开展工作。三是想获得一定的经济回报。很多媒体为了获取新闻线索，都开出了线索奖。新闻线人一旦有了新闻线索，自然愿意将信息透露给熟悉的记者。

一些"新闻线人"缺乏新闻把关意识，缺乏对信息真实性的足够重视，在提供新闻线索时存在夸大事实的可能。对此，媒体一定要仔细查证、反复甄别，切不可不经核实就直接将报料内容作为新闻传播，将媒体变成假新闻的传播平台。以下这个案例就是值得我们警醒的事例。

"从西安飞往武汉的客机在陕西商南县发生空难！"2006年4月28日上午10时30分，《楚天金报》热线电话骤然响起。

报料人段先生是一名商人，经常往返于西安与武汉间，当日10时18分，他在陕西商南县的朋友胡先生打电话称：一架飞往武汉的客机，早些时在商南县青山乡坠毁。

记者马上与胡先生取得了联系。胡称，坠机之事也是听说的，具体情况不详，但事发地点的确发生了巨响并有物体坠落，当地还传闻有一百多人遇难。

了解到此情况，编辑部立即派车直奔商南。但11时40分，连线民航的记者接到好消息：被疑失事的航班已到达武汉天河机场，飞机和乘客均安然无恙。

但记者的核实工作并没有至此为此。随后楚天金报记者又与离商南最近的省内媒体十堰日报社和十堰晚报联系，十堰媒体迅速让在河南紫荆关的朋友，骑摩托车赶到传闻坠机的事发点——商南县青山乡跃进村，发现事发地只有几块大小不一的金属碎片，并没有见到尸体及其他物品。

直到中午1时整，记者终于从陕西媒体及政府方面得到确切消息，坠物系头一天早上在太原卫星发射中心发射"遥感卫星一号"的运载火箭的推进器部件。经过调查，媒体不仅弄清了新闻线人提供的报料内容的真伪，也弄清了报料内容的源起。

消息传到编辑部，大家都长长地舒了一口气。幸亏反复核实，否则一则假新闻会流布开来，影响社会秩序。[1]

---

[1] 案例来源见陈力锋、王力凯：《亦喜亦忧的"新闻线人"》，载《青年记者》，2007年第10期。

在这个案例中，我们可以发现，报料人得到的消息是经过多次转手的信息，真实性难免受损。限于自身条件和职业素养，报料人提供消息时比较随意，报料者本人极少会在报料前反复核实。记者只能将报料内容作为有待核实和扩展的新闻线索，待多方调查核实后，才能将调查后形成的可靠结论转变成新闻报道。

附录

一、阅读当天的新闻，分析一下其可能的新闻线索属于何种类型。

二、你如果是该城市的一名记者，在收获以下这一信息后，会怎么处理？

2016年12月1日晚，一家餐馆的促销照片（见下图）在微信朋友圈传开，图中的餐馆打出"因本店老板今日成功离婚，心情愉快！啤酒免费畅饮！"的广告。

三、如果你是校园新闻网的记者，你会如何构建和维护自己的新闻线人队伍？

第二节　研究采访对象

成功的采访活动是由记者和采访对象共同配合完成的，"好记者+好采访对象＝成功的采访"。[①]在采访过程中，记者首先要了解采访对象，根据采访对象的特征选择恰当的采访方法和方式，引导采访对象配合采访，完成采访任务。

一、研究采访对象心理

新闻传播过程包含有三种心理现象，即记者的心理，受众的心理和采访对象的心理。常言说："人上一百，形形色色"，"一样米养百样人。"记者要采访各种各样的人，他们每个都会有不同的心理状态。但从总体来看，采访对象对待采访的原初心理状态可以分为三大类型。

[①] 艾丰：《新闻采访方法论》，人民日报出版社1996年版，第200页。

（一）积极配合型

积极配合型的采访对象是指乐意接受记者采访，甚至主动邀请记者前去采访，并在采访过程中积极向记者提供各种新闻素材的采访对象。

采访对象积极配合的原因往往是采访活动能满足采访对象的需要，或者说接受采访能带来好处。这种好处可能包括：认为接受名记者或知名媒体采访是一种荣誉，是一种受重视的表现；接受采访有利于个人或单位宣传，提高社会知名度，并能从新闻宣传中获得某种好处；提供情况有助于通达信息，或惩恶扬善，能够体现社会责任感。接下来，我们一起了解下几则与积极配合型采访对象有关的案例。

材料一：2006年，成都一方便粉丝生产企业公开炮轰"油炸方便面含可能致癌物质"，宣传活动中还用该方便粉丝以"以二换一"方式从消费者手中换取油炸方便面，并当场投入一个印有"油炸食品为垃圾食品"的类似于垃圾桶的巨型物体中，各路媒体纷纷报道，引得舆论哗然。

材料二：著名记者田流一次到某县采访，住在县委里面。早晨上班铃一响，就看到各个办公室的人全都开始学习了。他以为这个县的学习搞得不错呀！第二天、第三天也就不在意了。隔了五六天，再一观察，发现没人学习了。原来，他们是专门搞样子给记者看的，见记者不在意，自然无心再做样子了。这里，采访对象有意"导演"了一场活剧，呈现在记者眼中的是脱离生活常态的情况。

材料三：2007年8月22日，《大河报》以《弟弟被大学录取 哥哥徒步数百里返家（引）磨穿的鞋底，透出浓浓亲情（主）》为题，报道了郑州新密籍男子李某为见到求学成功的弟弟而徒步从安徽亳州赶到郑州落难被救助一事，并配发有图片。稿件见报后反响很大。但是，有市民看到报道后指证说，根据照片显示，李某是一个骗吃骗喝的职业流浪汉，一直待在郑州，根本就没有从亳州徒步数百里的事实！获知这一指证，记者十分诧异：记者报道的都是耳闻目睹的客观事实，怎么就成了一篇假新闻呢？现场目击的情况是，李某风尘仆仆，鞋子磨透，皮肤晒得黝黑，说到痛处还不停流泪。此外，李某还告知了确切的出生年月、家庭住址及父母双亡后打工供养弟弟上大学的不少患难故事。对徒步返郑的缘由，他也解释得头头是道。这在一般人眼中，除了同情、感慨之外，很少想到其中有诈，因善意本能也不愿把一个人往坏方面想。出于职业敏感，记者当时也就李某的身份证去向、与相隔两地的亲人如何联系、为何未通过救助站回家、打零工能否供应得起亲属求学、为何非要返家等细节问题进行了追问，但李某均能自圆其说。最终，记者打消了疑虑，还拿出了50元现金为其购买返家车票。从整篇报道上看，记者虽然也采访到了巡防队员深夜发现李某落难等情节，也有目击的事实，但主体部分仍是李某一家之言，缺乏强有力的佐证，这是新闻写作的一大忌讳，为不实新闻的出现埋下了伏笔。①

以上三个案例中，第一个案例是商家故意制造争议，吸引公众关注和媒体报道，从而在争议中提高知名度。第二个案例显见，即使是政府机关部门，为利用媒体的影响力也会故意制造报道素材，吸引媒体的关注。第三个案例则给我们提了个醒，采访对象出

---

① 杨青，许笑雨：《从正反几起报道看新闻失实的防范》，载《中国记者》，2007年第9期。

于私利考虑会刻意隐瞒真相，这不仅可能导致记者成为私人利益的工具，而且会使得新闻报道脱离真实。虽然记者都喜欢积极配合的采访对象，但俗话亦说："无事献殷勤，非奸即盗。"对过分热情的采访对象，要注意甄别，提高警惕。

（二）消极对抗型

消极对抗型采访对象主要指采访对象因为报道活动与其利益不一致，而拒绝、干扰、阻挠采访活动的进行。对抗方式可能是冷漠拒绝、辱骂、殴打，甚至通过警方将记者拘留、通缉，以各种不合法或"合法"的方式，最终达到阻止事实被报道的目的。主动配合型采访对象个个相似，消极对抗型采访对象各不相同，其中主要的对抗原因有以下几种。

1. 对记者不信任，怕记者乱说乱写

1979年著名华裔物理学家李政道来我国讲学，一来就声明不见记者。他谢绝记者采访的主要原因是对某些科学报道不讲科学，总爱用一些高级形容词的现象有意见。李政道非常反感这种不实事求是一味夸赞的报道。除了报道不实事求是以外，很多记者或者由于采访作风飘浮，或者为了报道更吸引眼球，对采访对象的话语或行为作有意无意地断章取义，或者故意误导受众的理解。很多人反感记者，拒绝采访，原因正在于此。

案例

冤枉刘仪伟

有一次去某地参加演出，刚下飞机有记者问我："你对本地的三陪小姐有什么看法？"我知道全国明文禁止三陪小姐，所以反问他说："你们这里还有三陪小姐吗？"可第二天报纸头条新闻的标题居然是这样的："千里迢迢，刘仪伟飞抵本地；心急火燎，脱口便问三陪小姐！"

这太不像话了，第二天又有记者采访我："刘仪伟先生你对本地的三陪小姐有什么看法？"这回我学乖了，我不上他的当，我说："我对三陪小姐不感兴趣。"第二天报纸又出来了，标题是"见多识广，刘仪伟夜间娱乐要求高；不屑一顾，本地三陪小姐遭冷遇！！"

真是冤枉啊，第三天又有记者来问，大家已经开炒啦。我干脆回答："什么三陪、四陪、五陪，我不知道！"以为这下可以太平了，可第三天报纸上更不像话啦："欲海无边，刘仪伟三陪已难满足；得寸进尺，四陪五陪才能过瘾！！！"文章里还有打油诗："革命小酒天天醉，刘仪伟要泡夜总会；一个姑娘嫌太少，两个姑娘才开胃；跑遍东西南北中，认识的美眉排成队。"

后来再有记者来问，我干脆什么都不说了。我不理他们，这总行了吧？结果报纸还是照出不误："面对三陪问题，刘仪伟无言以对！"

再后来我跟他们急了，我说："你们要再问三陪的问题，再这么乱写，我告你们。"结果，报纸上马上有新闻："刘仪伟一怒为三陪！"

哎哟，这麻烦惹得，不诉诸法律看样子是不行了，于是，我告到法庭，让法庭还我公道。这报纸上的标题就更不像话了："法庭将公开审理刘仪伟三陪小姐案！"

我算是彻底毁了。

这篇杂文是以文学的典型手法来表现记者片面报道，有意误导读者理解之弊，问题揭示得很深刻。虽然记者不可能像这样不怕背负"虚假报道""侵犯名誉权"的罪名而肆意歪曲报道，但在标题中故弄玄虚，有意误导的现象还是常见的。记者编辑常常有意用一些多义词句，将人们的理解引向负向性想象，借此提高点击率、阅读率。虽然很多时候在正文中会作误解矫正，但读题时代很多人只会浏览标题，造成误解是有可能的。再进一步说，即使读者通读全文，廓清了误解，但报道也可能成为公众"打趣"报道对象的材料，给报道对象的个人形象造成损害。

2. 担心透露信息的后果

很多报道内容与采访对象本人没有直接利益关系，采访对象接受采访，仅是出于社会责任感或对记者的信任。但由于记者的不守信或者其他外力迫使记者在报道中暴露了采访对象，采访对象会为此付出代价（这方面的警示性案例，可参见本节附录中阅读材料《愧对深喉》）。

也有些采访因为当事者担心舆论，不愿被报道。成都理工大学曾有一名在校生，通过组织一批拾荒者，回收学校及其周边的废弃品，收入还不错。但这名"垃圾王"大学生对记者的采访很是回避，并一再向记者表示毕业后要找一份"正当职业"。回收垃圾虽是一件有利社会的事情，但由于职业偏见，"垃圾王"大学生担心媒体的采访报道让自己"没面子"。

采访对象提供的事实信息很可能会引起相关人员的不快，甚至可能遭到打击报复，有些事实本身没有多大问题，但社会舆论不可预期，平常的事也可能带来激烈的社会反应。我们都知道说话很重要，说对了不会有什么实质性奖励，说错了后果却有可能相当严重。接受媒体采访，特别是面对电视镜头，采访对象对采访的顾虑会更多：语言是否流畅？表达是否准确？观点是否正确……所有这些都会成为影响采访的重要心理因素。

2010年6月21日晚，江西省防汛办副主任平其俊接受央视新闻频道一段3分钟的电话采访，孰料这3分钟的采访成为了平其俊的"噩梦"，让平其俊开始对媒体采访感到害怕。事情原委是这样的：6月21日18点30分，江西省抚州市境内的抚河唱凯堤决口，威胁到下游临川区5个乡镇10万人口、京福高速公路、316国道以及12万亩粮田的安全。当天23点42分，平其俊接受中央电视台新闻频道《24小时》栏目3分钟左右的连线采访。之前，当央视的导播打电话过来时，正在忙碌的平其俊希望过一会儿再接受采访。导播告诉他，马上就需要连线。平其俊表示，需要等溃口情况的材料整理好后才可以。"材料出来后，省防总领导审阅，并给了我。"针对采访内容，平其俊和央视的导播进行了简单的电话沟通，"我把材料上的内容讲了一下，并强调，溃口发生不久，第一时间告诉大家党和政府已采取措施，正在组织群众转移，让大家放心。她说：你可以简单一点。我说：可以"。几分钟后，电话连线采访正式开始。

主持人：唱凯堤位于抚河的什么位置？这次的决口面积有多大？

平其俊：……针对这次溃口，省委书记苏荣、省长吴新雄非常重视，多次打电话指示，苏书记当即提出了6条指示，最主要就是要求我们全力以赴，不惜任何代价，保护好群众生命安全……（被主持人打断）

主持人：现在下游的群众是否会受到威胁？

平其俊：……国家防总副总指挥、水利部部长陈雷也作出了重要指示。正在江西指导抗洪抢险的国家防总秘书长、水利部副部长刘宁第一时间赶赴事故现场。我们省防总副总指挥、水利厅厅长孙晓山，大批水利专家赶到现场抢险并……（被主持人打断）

第二天，平其俊接受央视采访的视频见诸各大网站，标题多为《主持人多次打断官员讲官话、套话》。"马屁精""最牛官话样板""讲官话不顾百姓死活"的批评铺天盖地而来。甚至他的家人的生活也深受干扰。平其俊反复看了这段视频，感觉自己没有讲错话："主持人问我当地群众有没有得到安全转移。我回答：正在组织转移，正在组织抢险。因为刚刚决口，无法进行统计。"

撇开平其俊的表达是否恰当的争议，他作为采访对象接受电视采访的这次经历让他"很受伤"是毋庸置疑的。可以想象的是，对于再次作为采访对象，他内心是排斥的，至少是不会主动的。①

3. 当事人所涉及的活动与社会、集体存在利益冲突

贩毒、卖假、非法拘禁、受贿、职务侵占……这些社会行为有害社会、危及集体，当事人是不愿接受新闻采访的。记者对此类事件进行采访，必招致当事人的强烈抵制，乃至人身威胁。

报道对象的采访对抗并不可怕，可怕的是报道对象是"公权力"，或与公权力结合在一起。舆论监督报道涉及报道对象的切身利益，对方必然拼尽死力来抵制采访报道。如果对方来"软"的，记者就有敲诈勒索罪或受贿罪（尽管这一罪名颇多争议，但事实上存在）的风险；如果对方来"硬"的，记者的人身安全就存在问题，也有可能被认定有"诽谤""侵犯名誉权"等罪名。经济观察报记者仇子明曾因连续报道浙江丽水上市公司凯恩股份关联交易内幕，2010年7月23日，被浙江省丽水市遂昌县警方以涉嫌"损害公司商业信誉罪"网上通缉。类似的事件记者在实际采访工作中会遇到很多，舆论监督报道难做，正在于它充满了各种诱惑，也有着各种陷阱，记者没有"铁肩担道义"的抱负，监督报道难有勇气承担；如果意志不坚定，则会沦为新闻腐败的宣传样本，被世人唾弃。

（三）一般配合型

绝大多数采访活动，采访对象态度是冷淡的，大多数人对记者的采访请求是排斥的。许多人与采访活动没有利益关系，对采访请求缺乏配合的动力；同时，接受采访需要时间精力，因此人们一般是不太愿意参与采访活动的。就接受采访需要付出的成本问题，张征作了这样的概括和归纳：一是时间成本；二是精力成本；三是承担舆论后果成本。

---

① 何志武：《新闻采访》，武汉大学出版社2012年版，第106、107页。

但是接受采访却没有任何报酬,且采访对象接受采访不是其必须履行的义务,记者无权强制。综合这些因素,一般采访对象对记者的采访请求是冷淡的。[①]

二、影响采访活动的要素分析

新闻采访是一种社会交换活动,社会交换就是个体之间的资源互换,作为人际传播类型的新闻采访活动也是建立在某种社会性的利益交换基础之上的。新闻采访不是一种经济交换。记者与采访对象之间交换的有信息、情感等,如媒体能为采访对象带来知名度、美誉度,采访对象就会愿意为媒体提供信息。

采访是双向的交流,在整个采访过程中,双方都在相互观察对方,双方心理活动也都是在互相感应着的。一次成功的采访,主要受以下四个元素的影响。

(一) 采访对象的个性

个性特征制约着人的行为,不同的人有不同的个性特征。有的性格外向、开朗、善于交际;有的内向、沉静、不善言谈。不同个性的采访对象,对待采访态度不同,采访对象的个性气质也影响他们接受采访的能力。

性格外向的采访对象一般容易接近,在访问中他们大方热情,有问必答,毫不拘束;而性格内向的采访对象在访问中则表现为情绪紧张,态度拘谨,说话吞吞吐吐,回答问题也常常缺乏条理。自我意识强的采访对象回答问题会坚持自己的看法,不太顾及记者有什么希望,甚至相关暗示;自我意识弱的采访对象在被采访时容易受暗示,自觉不自觉地会迎合记者。自信心强的采访对象话语肯定,回答问题直抒己见;自信心弱的人语气不坚定,态度模棱两可。这些都是不同个性对采访活动的不同影响的表现。

(二) 记者的个人形象和水平

采访对象的个性特征记者无法改变,唯一可改变的,就是记者本人的个人形象和自身水平。

记者的个人形象指记者长期的职业活动表现带给公众的印象。一般来说,采访对象对公众形象好的知名记者比较尊重,也愿意合作。但有名的记者毕竟是少数,很多时候采访对象对记者采访接受的乐意程度,跟其所在媒体的社会知名度有很大关系,中央电视台、新华社的记者肯定比市县级媒体的记者受欢迎,这是事实。

记者的水平包括记者的言谈能力、气质、风度和采访中的提问方式和采访态度。记者的提问水平、言谈能力、气质、风度这一类能力,需要长期的文化学习和社会实践体验,见多识广之后自然有一种与众不同的内涵;而提问方式和采访态度属于记者的临时性表现,需要记者自我调整。记者要克服欺下媚上的市侩表现,如有的记者在权贵面前毕恭毕敬,在普通采访对象面前则态度傲慢。这种表现既得不到权贵者的尊重,也得不到一般人的尊敬。

---

① 张征:《新闻采访教程》,中国人民大学出版社 2008 年版,第 215-217 页。

（三）新闻事件与采访对象的利害关系

采访中涉及的事实和采访对象的利害关系，对采访对象的心理影响也是至关重要的，它决定了采访对象的态度。涉及有利于采访对象的事实时，对方会无所顾忌地积极配合；涉及不利于他的事实时，采访对象一般会躲闪回避。

负面新闻的当事人当然不愿接受采访，正面新闻的当事人也不见得就愿意接受采访。有些人的工作有了成绩，但怕被树为典型后同事关系不好处理，所以想尽量低调以绝流言蜚语。也有一些经济效益比较好的企业，可能怕宣传出去增加经济负担，或者招来四乡八邻吃大户，对业绩宣传也保持谨慎态度。

（四）采访情境

采访情境是包括具体采访场所、采访时间和采访对象的具体心理背景等要素在内的综合情态。采访实践中，影响采访对象的多种心理因素交织在一起，记者要用心观察，用心思考，利用有利因素，避开不利因素。事实上，采访技巧的运用就是记者通过对采访对象心理规律的分析，准确地把握采访对象的心理，并针对不同的心理运用不同技巧去接近采访对象，从而打开采访局面，促使采访获得成功的一个过程。

采访本身作为一种影响因素，也会对采访对象产生作用力，这种作用力会产生霍桑效应（Hawthorne effect）。广泛意义上的霍桑效应，是指社会个体或团体由于受到额外注意而导致心理、言行产生变化的现象。采访活动中的霍桑效应指在采访活动中，采访对象因受采访活动的影响而导致心理、言行产生变化的现象。这种变化包括心理紧张，隐瞒或夸大事实等言行变化。

霍桑效应的概念来自一次失败的管理研究。1924年11月，美国国家研究委员会组织了一个研究小组进驻西屋电气公司的霍桑工厂，他们的初衷是试图通过改善工作条件与环境等外在因素，找到提高劳动生产率的途径。他们选定了继电器车间的六名女工作为观察对象。在七个阶段的试验中，主持人不断改变照明、工资、休息时间、午餐、环境等因素，希望能发现这些因素和生产率的关系——这是传统管理理论所坚持的观点。但是很遗憾，不管外在因素怎么改变，试验组的生产效率一直未上升。

后来这个令人困惑的结果引发了管理学上一场革命。历经多年研究，学者们终于意识到了人不仅仅受到外在因素的刺激，更有自身主观上的激励，从而诞生了管理行为理论，开始把人当作"人"而不是机器的附属物来看待了。就霍桑试验本身来看，当这六个女工被抽出来成为一组的时候，她们就意识到了自己是特殊的群体，是试验的对象，是这些专家一直关心的对象，这种受注意的感觉使得她们加倍努力工作，以证明自己是优秀的，是值得关注的。另一方面，这种特殊的地位使得六个女工团结得特别紧密，谁都不愿意拖后腿，她们之间形成了一种默契。就这样，个人微妙的心理和团队精神促使着她们的产量上升再上升！这种由于受到额外的关注而引起绩效或努力上升的情况我们称之为霍桑效应。

霍桑效应虽然是在科学研究中产生的一种现象，但它几乎存在于一切社会领域。只要是由受到注意引起的异常反应，都属于这一效应。在采访活动中，采访对象由于受到记者的注意，霍桑效应就会或多或少地产生。有位记者举过这样一个例子：

某电视台记者对下岗工人再就业进行专题采访，记者拿着话筒在街头随机采访了几个摆地摊的下岗工人："请问，生意还可以吗？"答曰："好呀，一天赚个十七八块没问题"……而一等记者走开，便对旁边人说："好什么呢？一天赚的还不够一天花的……"于是听众中有人笑而发问："那你刚才干嘛说得那么动听？""唉，记者就是想听这些好听的话，再说，我自己也不能在那么多电视观众面前掉价呀，说自己怎么怎么寒酸，不怕儿子将来难讨媳妇吗？"

在这个例子里，采访对象由于受到记者的注意，采访对象对记者和对旁边人所说不一致，采访中发生了霍桑效应。霍桑效应为什么会发生？美国心理学家库尔德·勒温的心理场论理论给出了解释。前面我们说过，由于采访活动，记者和采访对象之间临时搭建起了一个对话平台，我们可以把这个平台叫做采访心理场。在这个采访场内，记者和采访对象一个要取，一个要予，这一取一予构成了采访中的主要矛盾。记者由于工作角色，他的动机和行为一般都较确定，但采访对象的动机和行为却受到"采访心理场"的较大影响。

根据勒温的心理场论理论，处于心理场中的人的行为的发生有共同的规律可循，B（人的行为）是P（个体因素）与E（环境因素）的变量，用公式可以表示为：

$$B=F（P, E）$$

这表明，任何人的行为都是他个体的因素和环境因素相结合的特定产物。比如上面例子里的下岗工人，由于在大街上面对采访话筒（环境因素），又不愿当着那么多电视观众掉价，说自己寒酸（个体因素），因此他撒了谎（行为）；但他却对旁边的人实话实说，显然是采访这一环境因素和担心掉价的个体因素消失了。

由此可见，只要采访活动存在，霍桑效应也就会在不同程度上发生，因此我们可以认为，霍桑效应是新闻采访中不可避免的客观现象。

霍桑效应作为一种广为存在的社会现象，其本身是中性的，它的好坏取决于它对活动结果的影响。如电视谈话节目，霍桑效应也可能产生积极的结果，嘉宾意识到自己正在演播现场，进而高度重视自我表现，脑力大爆发，在节目中超水平发挥。但与此相对的是，由于霍桑效应，嘉宾的表现也可能让人失望。这种失望，主要表现为三个方面：一是采访对象接受采访成为一种表演，记者获得的是不真实的材料。上述"下岗工人"的例子里，由于采访中发生了霍桑效应，采访对象说了假话，直接后果是记者得到的是虚假材料。二是造成采访不到位、不深入。由于采访霍桑效应，采访对象有不同程度的紧张情绪，或本身不善言辞、不善社交、性格内向，典型精当的材料表达不出。特别是在随机采访中，采访对象对记者的提问没有心理准备，就会越紧张，越谈不成。三是造成新闻采访失败，采访对象拒绝采访。相信每个记者都曾经遭遇过这种头痛的事。由于采访对象的心理预存立场，或怕出头、或怕露富、或怕曝光、或有难言之隐等，使得记者吃了闭门羹，导致采访流产。①

三、制造良好的谈话氛围

新闻采访本质上是一种符号互动，确保新闻采访成功应基于双方对语言符号和非语言符号的共同理解开展交流活动，记者要结合采访的具体情境表现出合适的行为。按记者与采访对象的心理距离划分，双方关系密切程度可分为"接近→融洽→沟通"三个层次。记者要善于调整采访方式，运用一些必要的技巧，缩短采访活动交流双方的心理距离。

（一）调整相互关系，达到心理接近

"百样米养百样人"，采访对象的心理状态各不相同，无论对方是什么样的人，记者既然需要采访对象配合，就应当把对方当作平等交流者。即使是犯罪分子，也要平等友好相待，毕竟他们应受的惩罚只能来自法律。

大多数采访活动中，记者与采访对象是初次接触，初次接触要注意首因效应。所谓首因效应，也叫首次效应、优先效应或第一印象效应，指在第一次交往中给对方留下的印象，会主导和影响以后自己在对方心目中的形象的心理现象。第一印象不一定是正确的，但肯定是鲜明而深刻的，其作用力强，持续的时间也长，比以后得到的信息对于事物整体印象产生的影响更大。人际交往的最初接触中，留给交往对方的第一印象，包括交往双方见面第一眼——约半分钟，尤其是前3秒的时间获得对方的表情、姿态、身材、仪表、年龄、服装等方面的印象，在人的认知中发生一定的作用。

有这样一个故事：一个新闻系的毕业生正急于寻找工作。一天，他到某报社对总编说："你们需要一个编辑吗？""不需要！""那么记者呢？""不需要！""那么排字工人、校对呢？""不，我们什么空缺也没有了。""那么，你们一定需要这个东西。"说着他从公文包中拿出一块精致的小牌子，上面写着"额满，暂不雇佣"。总编看了看牌子，微笑着点了点头，说："如果你愿意，可以到我们广告部工作。"这个大学生通过自己制作的牌子表达了自己的机智和乐观，给总编留下了美好的"第一印象"，引起其兴趣，从而为自己赢得了一份满意的工作。这种"第一印象"的微妙作用，很多时候会决定我们是否会成功，甚至会成为影响我们人生的关键。

由于第一印象主要是针对性别、年龄、衣着、姿势、面部表情等"外部特征"产生的印象，因此记者要高度重视这些元素。只要记者稍加注意，是可以拉近与采访对象的距离的。在体态动作这类身体语言方面，大家可以看看下面几张图片来体会。

图4左边的这张图，"记者"左手插在裤兜里取暖，态度太过随意，明显地表现出了一个在校学生模拟记者采访时的生涩。右上图可见，女记者没有嫌弃水泥柱脏，与工人一样随地而坐。右下图可见，图片中间的采访记者们为了配合摄像师的需要，在地上或坐或蹲，也表现出了职业精神。

---

① 杨晓强：《探析新闻采访中的"霍桑效应"》，载《新闻与写作》，2004年第2期。

图 4　记者采访时的各类仪表行状

在衣着打扮上,讲究见什么人穿什么衣,但总体原则是整洁庄重不显得太另类。中国妇女报的一名女记者去采访在新华社工作多年的美国女专家艾琳。记者赶到艾琳家时,比约定的时间晚了 20 分钟。艾琳在记者坐下来后,提了五条意见,其中一条是:"你穿这么漂亮的红连衣裙来采访我这个老太太,恐怕不太合适吧?"艾琳的大实话,道出了老年人的心理活动。由此可见,记者的服饰打扮也能引起采访对象的好恶情绪。

记者在与采访对象接触时,其服饰打扮既不能马虎,也不要过分讲究。总之,记者采访时的仪表应淡雅、自然,衣着应该"合乎场景"。记者要牢记,不可在服饰上与对象抗衡,致使双方产生较大的落差感。

(二)寻找感情桥梁,达到关系融洽

新闻记者采访某个对象,大都是第一次接触,熟悉与信任无从谈起。在采访对象的心目中,记者就是一个陌生人。而怎样使得这个陌生人开口说话,吐露心思,这是记者们在每次采访中几乎都会遇上的问题。按照人际交往的原则,只有当人们彼此熟悉产生信任之后,才会向对方吐露自己的心事。向一个不熟悉的人透露自己的情况,人们会觉得极不安全。因此,有经验的记者在采访时并不急于提问,而是先着力于同采访对象建立亲近感。当双方心理上的距离拉近了后,再采访。

人民日报记者纪希晨曾谈过自己这方面的采访经历。有次在四川采访一个石油区的老干部,事先没托部门或熟人打招呼。见面向他说明了来意后,对方并不热情,老干部坐在那里,跷着二郎腿打官腔:"你从哪里来的呀?干什么事呀?"纪希晨赶紧调整策略,向其提问:"听你的口音,像是陕北人,是绥德米脂一带的?"一打听,果然是的,而纪希晨曾随部队在那里待过。老干部的感情马上起了变化,又是拿凳子,又是倒水,滔滔不绝地谈开了。这里,两人共同待过的地方,就成了连接记者和采访对象感情的"桥梁"。

新闻采访以平等沟通为手段。无论采访对象是国家领导人还是无业游民,对一个记者来说,他们与自己都是平等的。1985 年,记者艾丰采访湖南省地矿局高级技术人员骆正常。骆因其重大发现,成了当时地矿部第一个万元重奖得主。艾丰估计了骆的年龄,于是就先从其年龄开始发问,结果发现了对方和自己是同龄人,均于 1957 年考上大学。这种认知和感情上的拉近显然为后边的采访奠定了很好的基础,骆在以后的谈话中不断插入这样的话:"老艾,这事谁都不知道,别的记者我都没说过!""老艾,这事我们局长现在还不知道,头一次跟你说!"艾丰当然能在这样的对话中获得所需要的材料。而另一个记者也试图采访骆正常。他一开始就问:"你的科研成果名字叫什么呀?"这使骆很不愉快。这位记者接着又问:"请问,你的科研成果有什么经济价值啊?"骆回答说:"关于经济价值,我也说不清楚。"记者说:"连你都说不清楚,我怎么进行报道啊?"骆说:"你不报道就不报道。"结果是不欢而散。

记者要拉近与采访对象之间的心理距离,就要学会"套近乎",套近乎的办法,无外乎一靠聊地域、年龄、同学,共同认识的人,共同的兴趣爱好等共同话题这类"虚"的东西,二靠某种能唤起对方记忆或情感的实物媒介。这种套近乎的采访方法,在采访方法上叫做斯诺法。

所谓斯诺法,是指通过提出对方感兴趣的话题,或凭借某种实物媒介,缩短双方心理上、感情上的距离以消除或减缓采访对象的紧张或隔阂心理。斯诺法这一术语的起源,来自于 1978 年埃德加·斯诺(Edgar Snow,1905—1972)的前夫人海伦·福斯特·斯诺(Helen Foster Snow,1907—1997)接受记者提问时,谈及的自己的采访经验。她说,要善于搭桥,以此拉近双方的距离:

比如说,我那次见到毛主席,拿出了斯诺的一张毛主席照片。这张照片,就好比桥一样,把我和毛主席之间联系起来了。从这张照片里,毛主席可以引起丰富而有趣的联想,发生心灵的交感。当然,没有这张照片,也可以采访,但气氛就不会那么自然了。

又比如,最近一次在西安,我见到了王震。我说,我记得我们俩是同年的。我在延安的时候是二十八岁,现在七十二岁了,你是不是七十二岁了呢?这个问题引起了他会心的微笑。我们之间的气氛更加融洽了。当时,还有好些人在场。我就对大家说,我还会唱《南泥湾》,气氛更加活跃了。[①]

人们对与自己有类似经历,共同喜好,或者有共同熟悉的人或事物的对象之间,容易产生亲切感,在初次采访时,要提前查找这些共同点,作为尽快缩短与采访对象心理距离,建立信任感的有效手段,提升采访的质量和效率。

(三)建立互信,沟通心灵

记者首先要有一颗火热的心,扎扎实实地深入下去,做采访对象的知心朋友,而且还要设身处地去深入感受采访对象的欢乐、痛苦、愤怒、思念之情。只有通过在交往中建立信任,采访对象才愿意产生交流的意愿。增强互信,以心交心,不仅是一般人的待人原则,也是记者与采访对象人际关系处理的重要原则。记者杨长源在《关键是思想感情》[②]一文中,详谈了自己在采访过程中与采访对象沟通情感,建议互信的采访过程,他的这篇文章,值得我们揣摩。

---

① 艾北:《韦尔斯与〈续西行漫记〉》,载《新闻战线》,1979 年第 4 期。
② 采访案例来自杨长源:《关键是思想感情》,载《中国记者》,1995 年第 3 期。

过德生是湖南枚县田乡大洲村的一个普通的农民,为了帮助炎陵县中村乡三个村两千多户人家摆脱贫困,解决水的问题,他带领一家人在高山上安营扎寨,凿石开洞,顽强地战斗了11年,作出了巨大的牺牲。杨长源第一次见到他是1991年9月19日下午。他一开始就问:"县里怎么不派小车送你来?"杨说:"我没有到县里去,直接坐班车到你们乡政府的。"他说:"啊,从乡政府到我们这里有20多里路。以前也来过一些记者,都是县里上午派小车送来,问一问,在这里吃餐中饭,下午就回县里去了……"杨说:"我就住在您这里吧!"他连忙摆手说:"这,这里不好住呀!"杨说:"没关系。"

　　杨长源到房里一看,的确有点出乎他的意料,房里到处都是老鼠洞。杨默默地数了一下,一共有11个。因为他多年没有在家,老伴也不在了,加上早稻进了屋,老鼠也跟着到屋里来了。房里的柜子、床、桌子都是老掉牙的。晚上,他跟杨长源谈到了炎陵县承包隧洞工程的经过,其他的没有谈什么。他说:"对以前来的一些记者,我也谈这么多。"杨和他睡在一起。没有几分钟,他就呼呼入梦了。而杨长源却翻来覆去睡不着。杨想,记者下来采访,绝不能是我问你答,你讲我记的简单的工作关系,采访应该是记者和采访对象之间思想感情的交流。

　　第二天,过德生以为杨长源会走,便说:"今天太阳好,我晒晒谷子去。"杨说:"我也去。"过德生感到很意外。在晒谷坪上,两人各自谈了自己的家庭和身世,相互之间的距离慢慢近了一些。

　　第三天早上,过德生借钱买了一串油豆腐回来了。早餐除了油豆腐、芋头、白菜外,还有两个荷包蛋。过德生首先夹一个荷包蛋放在杨长源的碗里,另一个给了他的小孙女。那个四岁多的孙女两眼一直望着杨碗里的那个荷包蛋。开始,杨长源没有发现,当杨听到过德生恶了孙女一声,孙女哭了,才反应过来。杨赶忙把自己碗里那个蛋夹到他孙女碗里。过德生有气,就喊孙女出去。杨长源赶紧一边哄小孩,一边说:"来,咱俩一起吃!"说着,杨又从小女孩碗里分半个蛋过来,眯着眼睛,一口吃下去了。过德生看杨长源像在自己家里一样,心里很高兴,他说:"老杨,你到底是农村出去的。真是看得起我们农民呀……以前来过的个别记者,我同他们谈得流泪的时候,他们不理解我,还扭过头去捂着嘴巴笑我。"

　　晚上,过德生还特地邀请他的一些亲友来一起吃饭。三杯药酒下肚,话也就多了起来。他们谈了很多有关承包隧洞施工的精彩细节。杨长源便及时打开了录音机。当过德生谈到他母亲去世时,他正带着25个青年在洞子里放炮,不能及时回家给母亲送终时,他哭了。他说:"那天晚上,我坐立不安,我爬起来,站在高高的山顶上,面对着家乡攸县的方向,大喊三声妈妈呀,崽对不起您呀……"他放声痛哭,杨长源也哭了。

　　后来,杨长源如实地剪辑了这么一段录音放在作品里。大家听了也感动得流下了眼泪。从这里杨长源深深感到,记者的感情,记者的泪水,听众和读者都会感觉得到、看得到,因为新闻作品是记者的心血啊!记者只有扎扎实实地深入实际,老老实实地深入群众,才能够真正捕捉和运用群众的思想火花,去编织智慧的摇篮;才能发现为广大听众和读者所关注的热点,选准报道的最佳角度,才能正确地认识和准确地报道人民群众的不平凡的社会实践。

附录

讨论题。

材料：2016年9月15日凌晨，台风"莫兰蒂"在厦门登陆，最大风力达到17级，这也是新中国成立以来登陆闽南的最强台风。灾后重建过程中，9月20日新浪微博网友爆料，厦门电视台一女记者"戴着小墨镜，打着小洋伞，扭着小腰挎着包"采访志愿者，并贴出现场照片。

多数网友觉得这位女记者着装行为失当，应该给予处罚。如有意见认为"女记者在不恰当的时候，过分在意自己的形象，显得过分娇气，也表现了对灾难的冷漠"。该记者数小时后也被所在媒体给予了停职处理。

同样是采访，2016年7月，新乡电视台女记者瑛子来不及换衣服，穿着睡衣就跑到了暴雨现场采访。瑛子浑身被雨水淋透，大街上的积水淹没到了大腿，她在做报道的时候，还不忘去搀扶和帮助路人。新乡电视台女记者没有刻意注意个人形象，反而受到大家的喜爱，甚至成为了网红。

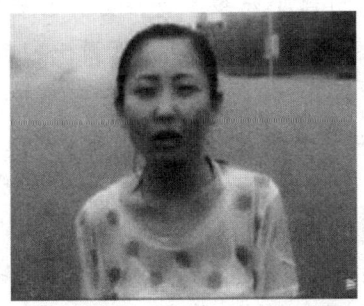

问题：对于以上这两则因采访着装问题引发的舆论，你怎么看？这提醒记者应该如何着装？

第三节　遵守采访礼仪

采访不是权力，"在市场经济的环境下，采访者与被采访者之间是一种平等、自愿、公平的民事关系,而不是行政隶属的上下级指令关系。新闻机构并无法律赋予的行政权力,所以对被采访对象不存在支配关系"。①采访活动要顺利进行,需要记者和采访对象互相配合;记者作为活动的发起者,应当在尊重采访对象的基础上,严守采访礼仪,构建起和谐的采访关系。

一、守时节时

遵守时间既包括守时;也包括节时(节约时间)。现代人生活节奏快,精神压力大,对"时间就是生命"这句格言有着最深刻的体会。

在守时方面,我们要遵守时间,不能迟到。采访活动很多时候是有求于人,作为采访交流活动中一般处于弱势地位的记者来说,更应注意礼仪,其中守时是重要的一条。在采访活动中,我们要事先短信或电话预约一下时间;约定时间后,要充分估计路途上可能的堵车等意外情况,提前做好时间预留,尽量做到记者等采访对象,而不是相反。

在节时方面,则是要求记者要提前告知采访对象可能要花费多少时间,让对方心中有数。此外,记者采访时还应要遵守约定的采访时间长度,尽量在规定时间内完成采访任务。如果要延长,也要首先征得对方的同意。有媒体曾因采访收费和采访时间问题,与知名学者李银河在网络上大打口水仗,以下是其中的两篇材料,值得一读。

新闻报道

学者李银河接受记者采访 一小时收费500元

日前,中国社科院研究员李银河向全国政协会议转交了一份同性婚姻法提案,成了全国两会期间的热点话题,并引起了众多争议。为什么要提交这一提案?中间有什么波折?8日,广州日报记者就这些问题采访了李银河博士,却遭遇了尴尬。

采访前,李博士的助手告诉我,"采访15分钟内免费,一小时以上按每小时500元收费。"说真的,这一点一开始我根本没预料到,因为我从没有这样的经历,但后来我理解了,这就是李银河的不同之处,一般人想要还开不了口呢。

一个小时的采访很顺利,和李博士谈了"同性恋婚姻",也聊过"女性维权",没谈论与采访无关的问题,没有浪费采访费。结束时,记者问她采访时间多长,她回答:"一个小时多一点,就算一个小时吧。"然后记者给了500元,但没好意思要发票和收据,因为那样的话她尴尬,记者也尴尬。

记者相信李银河不缺钱,内心也未必想收这笔钱,但她为什么要坚持收费呢?她解释说:"学者时间很宝贵,要求采访的人很多,收费可以推掉一些采访。另外,专家也不是政府官员,没有接受采访的义务。"记者想这话也有一些道理,毕竟是"周瑜打黄盖,

---

① 王军:《记者遭遇的"冷思考"》,载《中国记者》,2010年第9期。

一个愿打一个愿挨",没什么好说的。李博士还告诉记者,这几天采访她的人很多,都是付费的,国外的一些媒体"出手阔绰",采访一小时一般给50英镑。

博客回应

李银河在自己新浪网博客上的回应

最近有媒体记者在采访话题之外提到我采访收费的事,虽然表示理解,但是言外之意是,如果我不缺钱花,不应当提这样的要求。

我的动机一是屏蔽掉过多的采访,不然我什么事都做不了,二是我的时间和精力为什么就应当无偿付出?为什么我的劳动应当是无偿的?这和稿费是一个道理。你可以不登我的稿子,登了就要付稿费嘛。我为自己的言论要稿费没什么不好意思的。我理应提出这样的要求。

BBC 的采访不是一小时 50 英镑,是 5 分钟 50 英镑。凤凰卫视是 15 分钟 500 元。都是税后。我看到付费单上有十几位学者的签名,你们这些大惊小怪的人是不是应当对这些学者的收费一一报道一下,问问他们是不是缺钱花了?

顺便提一下,15 分钟以内的采访是免费的,希望以后你们把问题精练一下,既解决了问题,又不用我太多时间。

围观媒体与李银河的口角,我们从中可以收获很多东西。其中最主要的启发一是针对采访对象的付出,媒体与记者有没有付出报酬的义务?二是采访的时间成本。记者的采访很多时候是增加采访对象的负担,记者即使不付费,也应有节约时间的意识,尽量减少对采访对象的打扰。

二、尊重采访对象的表达自由权

表达自由权是"指公民享有的受法律规定、认可和保障的,使用各种媒介手段与方式公开发表、传递自己的意见、主张、观点、情感等内容而不受任何他人或组织干涉、限制或侵犯的权利"[①]。根据《中华人民共和国宪法》第三十五条规定:中华人民共和国公民有言论、出版、集会、结社、游行、示威的自由,表达自由就是《宪法》第三十五条规定的这些表达意见和态度的各种方式的自由,表达自由比言论自由涵盖更广的范围。表达自由权既包括表达权,也包括不表达权。表达权体现为媒体要给各种声音在媒体上呈现的机会,而不表达权则体现为媒体记者在和采访对象接触时,要尊重对方"拒绝采访"的权利。

(一)尊重采访对象的自主表达权

在二十世纪六十年代,美国学者巴隆提出传媒接近权[②](right of access to mass media)

[①] 张晓玲主编:《人权理论基本问题》,中共中央党校出版社 2006 年版,第 88-91 页。
[②] "传媒接近权"这一概念也被译作"媒介接近权""媒介近用权""受众接近权""近用媒体权"等。

作为表达自由的补充与保障。传媒接近权是指利用大众媒介表达思想、观点和意见以及发布信息的权利,属于表达权的一种;同时,这项权利也赋予传媒应该向受众开放的义务和责任。作为记者,在采访报道中应当给予所有人特别是弱势群体表达声音的权利,这是保障传媒接近权的要求。

在采访活动中,记者要对采访对象的表达权给予尊重,特别是尊重其自主表达权。新闻追求的是客观真实性,报道要做到客观真实,前提是新闻材料的提供者要提供客观真实的材料,而客观真实材料的提供,需要采访对象在没有任何压力或诱惑的自然状态下,进行实事求是的表达。因此,记者要努力营造让采访对象自然放松的采访环境,不搞导演式和诱导式采访,才能获得真实的材料。

给受访者写好说词,因错过采访最佳时机而事后组织和导演群众补拍现场画面,为达到宣传效果硬性要求信源按记者意图陈述观点……这些都是干预采访对象自主表达权的行为。这种行为虽会遭到鄙夷,但多数时候出于对媒体和记者的尊重,采访对象还是会配合,但媒体的公信力会因此受损。而如果是负面内容的采访,记者过度诱导采访对象说出想听的内容,则容易引发冲突。2010年引发社会关注的女记者挨打事件,就是记者参与过多,激怒了采访对象而引发冲突的媒介事件。2010年3月23日,贵阳电视台一位卢姓女记者,随同整治交通违法现象的贵阳市一交警支队,上街做"纠违"执法采访。活动中一女司机交通违法被查,处理过程中女司机极力回避镜头,拒绝采访。但当女司机听到卢记者问"现在贵阳市民正在积极参与'三创一办',你的行为是否给贵阳的城市形象丢脸啦"的提问时,这位一直回避镜头的女司机突然转身,狠狠地扇了女记者几耳光。

(二)尊重采访对象的不表达权

在日常新闻实践中,经常看到一些公众人物不想被公众关注,尽量回避着媒体记者的采访。但是,媒体记者为了报道需要,经常对采访对象围追堵截,就搞强迫式采访。

记者的人文关怀精神,除了体现在报道文本中外,也要体现在对采访对象采访意愿的尊重。记者的采访活动,应在不严重影响对方的工作生活、不给其带来不必要的伤害的前提下进行。记者应知道,并不是媒体想要获知、想要采访、想要发布采访的信息就是采访对象想要表达的内容。面对媒体的采访,人们有权利支配自己的想法与行为,有权利不接受媒体的采访。

换个角度想,尊重受众的不表达权也是更高层次、更加完全意义上地尊重受众的表达权,记者不能强迫采访对象接受采访,更不能强迫采访对象按记者的倾向进行表达。因此,在进行新闻活动的过程中,媒体从业人员应尊重、保护人们的不表达权,做到真正为采访对象考虑,在采访对象心目中树立良好的形象。

在2008年四川汶川"5·12"大地震中,被救出的3岁男孩郎铮主动向解放军行礼,此画面被电视台报道后,感动无数中国人,郎铮也被国人关注。后郎铮无论走到哪里,都被一大群媒体记者关注,三岁的男孩被一遍又一遍地要求回忆当时的具体情景,以及为什么要敬礼,当时心里是怎样想的等等问题,受到记者反复打扰的郎铮本因地震而情绪不稳定需要静养,却因受频繁的采访活动影响产生心理障碍。类似这种灾难受害人被过度采访，采访对象被要求反复回忆灾难情景而造成的身心伤害，可以被称为记者制造的灾难"次生灾害"。这类现象反映了记者不顾忌采访对象的心理感受，只顾自己完成采访对象的媒介本位主义，反映了记者的自私。对强迫式采访的思考，一篇评论媒体强迫采访2011年深圳强奸案受害人的文章很有启发价值。

媒体强迫式采访联防队员强奸事件受害人遭质疑[①]

这两天，一张照片（见文后附图5）和一段视频在网上疯传。

照片的背景很杂乱，上面堆满了衣物和床单。照片的右侧，一个女子向里侧卧在床上，两手抓着床单，将脸捂得严严实实。左侧，有好几只指甲涂得鲜红的手握着话筒，将它们凑到女子的头边。话筒上，南方电视、广东卫视"今日关注"栏目、深圳电视台"公共频道"的标识清晰可见。

视频上，也是一群手持话筒的人走进了一间堆满废旧电视机的房子，他们围着一个身材瘦小的男子，这名男子跪在地上，头深深地埋了下去，用带着哭腔的声音说，"我忍受的是所有男人不能忍受的耻辱和压力，我不愿意回忆，求求你们了，出去好吗？"

这一张照片、一段视频，在网络上激起了普遍的反感，许多人都直呼这是"最残忍的采访"。清华大学新闻与传播学院教授陈昌凤对此冷峻评论道："有一种现场，呈现的不是专业性，而是无德、无知、利益至上。"也有网友在微博愤言："谁知道那些媒体的投诉电话？真想臭骂他们一顿。"

11月8日，《南方都市报》记者成希发表题为《妻子遭联防队员毒打强奸 丈夫躲隔壁"忍辱"一小时》的报道。报道称，31岁的安徽阜阳人杨武与妻子王娟（均系化名）在深圳宝安区西乡街道租房开了间修电器的小店，10月23日晚，杨武的同乡、西乡街道社区治安联防队员杨喜利来到他们家，毒打并强奸了王娟，杨武出于恐惧，在杨喜利对妻子施暴的过程中始终躲在杂物间报警，未敢出来制止。面对后来的责骂，杨武称自己"软弱、窝囊、没用，是世界上最窝囊和最没用的丈夫"。

这篇报道引起了社会的广泛关注。据报道，为了报道这条新闻，多家媒体的记者找到杨武家，用摄像机、相机、话筒和录音笔将杨武及王娟团团围住，一遍又一遍地向他们逼问事件的经过，尽管《南方都市报》此前的报道已经描述了受害人王娟的精神状态，称她"自事发后一直躺在家中不愿见人，也不愿与人对话，不吃不喝，精神失常，还时常撞墙"，并有自杀行为，但蜂拥而至的媒体依然找上门，一直逼问到王娟用被子捂住脸，杨武痛哭流涕地下跪哀求。

这些媒体的表现受到了强烈的非议，许多声音都质疑媒体道德的底线到底在哪里，

[①]《媒体强迫式采访联防队员强奸事件受害人遭质疑》，载《中国青年报》，2011年11月12日。

甚至连首发该报道的《南方都市报》内也有记者（纪某某）在微博上质疑："这样长枪短炮地对着一个刚刚遭遇不幸的女人，于心何忍？"他呼吁："忏悔吧！记者首先必须是一个具有基本道德判断的人！而不是冰冷的信息传播机器。"

作为首个报道者，《南方都市报》记者成希也被网友呼吁道歉，但成希在接受天涯论坛的访谈时称："事发十几天，杨武跟很多媒体求助过，但都没有得到任何回应……他找到了南都，我立即赶到现场进行采访报道，应他的请求报道此案。至于其他媒体粗暴采访，跟南方都市报无关。"

他还声称："在新闻伦理上，南都做了很大克制。……原本我们是有机会跟他妻子对话的，但看她情绪过于悲伤，根本不忍打扰，只是看了一眼她。"

但他承认，他在报道中个别表述在报纸上呈现"确实有所不妥"，比如他在与杨武的对话中直接对他说："你太懦弱了。"

一些媒体备受诟病，不仅因为报道方式，还因为报道内容。从视频上看，一些电视台报道此事时，呈现在读者和观众面前的是一种强迫式的采访，并强调女受害人处于崩溃边缘。"一有陌生人靠近，她立即就会惊恐地往后缩，并发出尖叫声"。同时，受害者虽然化名了，但他们痛哭流涕的表情却没做任何遮掩地呈现在画面上。11月9日的《江淮晨报》对此事的整版报道更是配上了这样的报道标题：《"我是世界上最窝囊的丈夫"是的，你还好意思说！》

这些报道让许多读者和观众感到愤怒，也引发了恶劣效应，女受害人因此而多次寻求自杀。

11月10日，《江淮晨报》在官方微博上作出道歉："在制作标题时，我们只是浅薄地对受害人杨某'哀其不幸，怒其不争'，未能做到应有的公正、公平，给受害人及读者带来了伤害，在此表示道歉。"

在许多人看来，媒体在报道此事件中的表现足以让人警醒和反思。微博上的一项关于此事件中"最该反思的是什么"的调查显示，截至11日17时45分，2 853名投票者中，有43%的人将票投给了"媒体不应泄露受害人隐私，并造成二次伤害"，另有22%的人认为"媒体报道失当，如指责丈夫杨武窝囊怯懦等"。

资深媒体人、珠海联合国际学院国际新闻学专业副教授阮纪宏长期关注新闻伦理规范，他说，新闻报道不应该考虑读者或许想看强奸案受害者的感受，更不应该引导读者谴责受害人丈夫未尽责任。"这样的事件中，无论新闻元素有多丰富，新闻工作者都应该遵循一条金科玉律，那就是保护受害人的权利，特别是性侵犯受害人的权利。因为任何泄露他们身份的做法都意味着第二次伤害。"

事实上，此事件在新闻界内部也引起了广泛评论，许多记者也都将这些媒体的做法斥之为"媒体暴力"。中央电视台记者柴静在博客中认为这是媒体的羞辱，她写道："这样一个新闻，被毫无尊严地、粗暴地曝光于他们的邻居、父母、孩子面前。他们确实不知道怎么反抗暴力，对自己最脆弱的保护，只能用袖子掩住脸，来避开采访。是的，这是一场羞辱，但不是他们的。"

《新民周刊》记者杨江也认为："我们一些同行像狼外婆一样对受害人表演同情，生硬揭开伤疤,'循循善诱'刺激受害人痛苦回忆、掩面而泣甚至精神失常,这样做很不道德。"对于媒体究竟该如何报道此事件,杨江认为:"这种新闻除非当事人自愿讲述,否则还是采访丈夫、看视频吧,当事实已基本还原后再去采访的同行应尽量避免重复采访,尤其是避免让女受害者不断回忆。"他认为,强奸时的过多细节,如时间、动作、声音等压根就不是新闻所需要的,"这个事件中,案犯反倒不是新闻核心,很荒谬"。

图5　媒体采访王娟现场

在这篇报道中提到的强迫式采访案例中,有很多值得探讨的话题。除了采访伦理外,媒体的报道角度选择等写作方面的问题也值得深思,一些媒体将角度聚焦到弱势者的懦弱上,如《深圳联防队员强奸案凸显出底层的懦弱》《"我是世界上最窝囊的丈夫"是的,你还好意思说!》;一些则将角度确定在了性侵问题上,如《深圳联防队员闯民宅施暴强奸一个小时》;一些媒体甚至将矛盾指向了关注此案的公众,如《集体偷窥扯下谁的遮羞布?》,角度决定视野,视野源于理念,理念指导方向,新闻采写中的礼仪伦理,值得重视。

(三)慎作陷阱式采访

所谓陷阱式采访,是指媒体利用非自然发生的事件,来考验观察对象的反应,并将采访中搜集的材料作为报道素材的采访活动。按照记者在采访过程中的主动性程度,陷阱式采访可以分为主动式和被动式两类。

主动陷阱式采访是指媒体在欺骗采访的过程中主动出击,引导事件的发展,诱使被报道者进入圈套的采访活动。2001年轰动一时的印度"武器门"属于这类事件的典型。印度泰赫卡网站(Tehelka.com)的两名调查记者假扮军火交易商推销一种子虚乌有的武器。他们历时8个月,一路从级别较低的官员接触到国家的最高领导层,前进的道路都是通过卢比、金条和应召女郎铺就的。尽管泰赫卡网站宣称,因为对印度军界与不法商人相互勾结的状况深恶痛绝,才用这种方式予以曝光。但在64次的行贿中,记者毕竟不可能对每一个行贿对象进行调查,确认他们经常接受这种贿赂,因此也无法排除自己"犯意诱发"的嫌疑。

被动陷阱式采访是指媒体在设下圈套之后,并不主动干涉事件的进展,而是静观被报道者反应的采访活动。相比主动陷阱式采访,被动陷阱式采访方式更容易被公众接受。2007年,在意大利一家电视台精心设计的"采访"中,十余名意大利议员被检测出曾服用可卡因和大麻等毒品。这一结果引发了意大利国内民众的强烈反应。设计此次突击调查的是意大利电视一台的著名讽刺系列节目"鬣狗秀"。该节目派出一组人员假装采访意大利议员,并趁其不备,安排一名漂亮的女化妆师假装为其擦汗而获取了这些议员的汗液样本。药检结果显示,在被"采访"的50名议员中,有12名议员曾吸食大麻,另有4名则被检出曾服用可卡因。"鬣狗秀"节目称,上述结果表明,至少有三分之一的意大利议员曾在最近36小时内服用过毒品。这起采访属于被动陷阱式采访,记者在采访中并没有引诱采访对象做出错误反应,而是利用这次采访目的,达到获取采访对象另一方面的真实信息。

有学者将陷阱式采访的特征概括为三个,即导演事件、欺骗式采访和以审判者自居。[1]欺骗式采访和以审判者自居的采访行为应不应该允许?思考这一问题前,我们可以参考一篇文章。

千万别考验人性 人性是经不起考验的

一对年轻夫妻感情很好,但妻子仍不放心丈夫的忠诚度,于是就让自己的闺蜜出马,考验丈夫是否花心。

在一个中秋月圆之夜,妻子"出差"在外,闺蜜"偶遇"丈夫,于是闺蜜与丈夫双双中招,睡到了同一张床上。结果是夫妻离异。

一个做房地产的老板,感激于一个部下的忠诚,打算奖励这位部下一套房子。他让这位员工在公司自己开发的一个小区里任选一套。结果这位部下选了一个120平方的大套,让这位老板很是不爽。

他以为这位部下会自觉地选择一个80平方的小套,"没想到他这么贪"。他改变主意,自作主张地送给这位部下一个80平方的小套。于是这位部下心怀不满,这位老板也失去了一个好员工。

丹麦著名医学家、诺贝尔得主芬森晚年想培养一个接班人,在众多候选者中,芬森选中了一个叫哈里的年轻医生。但芬森担心这个年轻人不能在十分枯燥的医学研究中坚守。芬森的助理乔治提出建议:让芬森的一个朋友假意出高薪聘请哈里,看他会不会动心。

然而,芬森却拒绝了乔治的建议。他说:"不要站在道德的高制点上俯瞰别人,也永远别去考验人性。哈里出身于贫民窟,怎么会不对金钱有所渴望。如果我们一定要设置难题考验他,一方面要给他一个轻松的高薪工作,另一方面希望他选择拒绝,这就要求他必须是一个圣人……"

最终,哈里成了芬森的弟子。若干年后,哈里成为丹麦医学家,当他听说了芬森当

---

[1] 王辰瑶:《试论"陷阱新闻"》,载《国际新闻界》,2006年第10期。

年拒绝考验自己人性的事，老泪纵横地说："假如当年恩师用巨大的利益做诱饵，来评估我的人格，我肯定会掉进那个陷阱。因为当时我母亲患病在床需要医治，而我的弟妹们也等着我供他们上学，如果那样，我就没有现在的成就了……"

对一个嗜吃者端出美味，让一个美女对一个正值壮年的男人频送秋波，结果是可想而知的，因为"食色，性也"。对于普通人来说，都是会有在乎的事物，基本没有任何人说能无私为他人付出而不奢求回报，这种情况似乎只有父母与子女之间（不否认有出现无私的情况，但为特例），然而大部分上仍然是自私的。所以说，人性经不起考验。人性本就是有善有恶，矛盾且复杂，如果抱着"得到善的结果的期望"来考验人性，很多时候都会令我们失望，这是正常的。所以千万别刻意去考验人性，人性是经不起考验的。[①]

对于人性是不是应该被考验，并不是所有人都认可上文观点，对此，一位网友的补充评论也值得我们参考：

人性不是永恒不变的，实际上它是一个不断变化和摇摆的过程。

1. 考验人性，只能在极端环境下测试出那个瞬间人的决定，并不能代表常态（甚至在高压下，人的反应是极易扭曲的）。而在漫长的人生中，我们不能为了小概率事件而放弃森林，比如你能因为有车祸就不过马路吗？

2. 考验人性，样本太少，不具有代表性。甚至在相同的条件下，相同的人做出的决定也是不一样的。试想一种情况，你考验了某人两次，他做出了相反的行为，请问你如何判断？

3. 考验人性，本身就是恶意的，就像先假定人有罪，然后创造环境来诱发罪的产生。实际上，人的行为是受环境影响的，比如在垃圾堆上，绝大多数人都会乱扔垃圾，而在干净明亮的大厅里，绝大多数人不会扔垃圾。

所以，考验人性的测试结果，实际上还不如多做观察来的准确。又何必做费力不讨好的事情呢。

记者的工作就是观察并记录人的各种现实遭遇，以及人在各种遭遇中的人性反应。我们可以观察记录人在各种情境中的人性，却没必要为了验证人性而刻意制造一些情境。我们必须承认，人不是上帝，也不是没有缺陷的完美自在体，人是社会关系的产物，但首先是一个自然存在物。因此人性，也体现为是一系列变动不居的应激反应，作为记者，也应常怀宽人恕己之心，才能写出温情脉脉的新闻报道，新闻工作才会成为温暖人心的工作。陷阱式采访，特别是以探知采访对象缺点为目的的主动陷阱式采访，不应当被允许，因为我们绝大多数人是经不起考验的。当然，任何事物都有两面性，除了恶意诱发的主动陷阱式采访方式外，其他类型的陷阱式采访是可以适度运用的。

三、注意交谈礼仪

很多时候，采访活动是一次性活动，采访对象向记者信息提供的程度，与记者的言

---

① 南怀瑾：《千万别考验人性 人性是经不起考验的》，http://www.xinli001.com/info/12747581/。

谈举止息息相关。"话不投机半句多",记者的话题内容和谈话方式等谈话艺术,对采访成功很重要。

（一）尊重对方的风俗习惯

常言道"入乡问禁",了解各地风俗习惯是包括记者在内的任何人进入陌生地方,与陌生打交道时都要注意的准备性内容。"十里不同音,百里不同俗",世界之大,无奇不有。一样的表达一样的动作在不同地方可能有不同的含义,到一个地方要提前做功课,弄清楚某地某群体甚至某个具体的采访对象究竟有什么禁忌和偏好,对采访成功很有帮助。

如果是驻外记者或是有机会采访外国人的记者,就应熟悉各国礼仪。在不同国家和地区,不同的事物和言行,往往蕴含着不同的象征意义,引发着不同的联想,因此代表的礼仪文化有可能是不一样的,甚至是完全相反的。

如交谈距离,中东人、意大利人一般保持在10英寸,而美国人则是17英寸。如到别人家做客,中国人一般是在用餐前一两个小时前到达,以表示乐意前往,主人家会觉得邀请被重视而高兴。西方人则是按时到达,以便减轻主人家一面要准备食物,一面还要照顾客人的辛苦。

同一个手势、动作,在不同的国家里表示不同的意义。比如拇指和食指合成一个圈,其余三个手指向上立起,在美国这表示OK,但在巴西,这是不文明的手势。在中国表示赞赏,我们会跷起大拇指表示"真棒!"但是在伊朗,这个手势对别人是一种侮辱。在我国一般摇头表示不赞同,但在尼泊尔正相反,摇头表示很高兴、很赞同。

在见面致意时,欧美国家就有七种不同的表达方式,具体包括鞠躬礼、点头礼、举手注目礼、握手礼、吻手礼、亲吻礼、拥抱礼。不同的礼仪适用于不同的场合。同样一种礼仪,在不同国家具体要求也是不一样的。如在美国,握手时男女之间由女方先伸手,男子握女子的手不可太紧,如果女方没有伸手表示出握手意向,男子就只能点头鞠躬致意;长幼之间,年长的先伸手;上下级之间,上级先伸手;宾主之间,主人先伸手。

世界是很大的,风俗习惯各不相同,要想同他们打交道,就要了解他们。做涉外新闻的记者要对各国的风俗习惯应有所了解,作为国内新闻的记者则要注意关注各地各民族的风俗,和各职业群体的行业性禁忌。我国幅员辽阔,民族众多,人们的职业、宗教信仰、地方风俗各不相同,对不熟悉的采访对象类型一定要提前做好礼仪知识准备。民俗的根本属性是模式化、类型性,模式化的必定不是个别的,而是一定范围内共同的,这就是民俗的集体性：民俗是群体共同创造或接受并共同遵循的。另一方面,民俗又具有变异性。民俗是生活文化,不是典籍文化,它没有一个文本权威,主要靠耳濡目染、言传身教的途径在人际和代际之间传承,即使在基本相同的条件下,它也不可能毫发不爽地被重复。在千变万化的生活情境中,活动主体必定要进行适当地调适,民俗也就随即发生了变化。这种差异表现为个人的,也表现为群体的,包括职业群体的、地区群体的、阶级群体的,这就出现了民俗的行业性、地区性、阶级性。如果把时间因素突出一下,一代人或一个时代对以前的民俗都会有所继承,有所改变,有所创新,民俗又会呈现出时代性特征。

如穆斯林一般都认为左手是脏的，忌讳用左手给人传递物品，特别是食物。接受主人递茶的时候，我们一般都认为用双手接比较文明，但在和穆斯林接触时要注意不要双手接，要用右手接。

为增加对其他人群风俗习惯的了解，除了在平时要注意积累这方面的普遍性知识外，如可以通过收看金正昆的礼仪讲座视频，查查百度百科等方式积累；也要在采访前做足功课，提前向了解的人打听，了解一些细节性要求。

（二）注意对象特征

在采访交往中除了要注意普泛性的礼仪之外，还要根据不同采访对象的年龄、性别、职业以及性格特征，采取与之相应的采访方式、采访方法、措辞以及采访姿态等。

记者要照顾采访对象的情感脆弱区，避免问一些让对方窘迫的问题。当然，采访不是讨好对方，但如果因为冒犯了跟采访主题无关的其他个人忌讳性内容，影响了采访活动，那就有点得不偿失了。如采访对象失独了，你就应在孩子这个问题上回避；采访对象被抛弃了，你就要在爱情这个话题上谨慎；采访对象职场失意了，你就要推敲下成功学这个主题是否适宜了。

采访对象的个性是不同的，对交流对象性格类型的偏好也不相同。有些人喜欢与幽默风趣的人打交道，你就可以以机灵俏皮的风格接近；有些人喜欢成熟睿智点的，你就可以庄重严肃点；有人喜欢随性真实一点，你就可以不用装……总之，记者要当"百变星君"，具有角色扮演的广谱性能力。当然，这也跟采访对象的临时心态有关，如对方升职了、生小孩了、亲人或好友离世了等，采访对象的心理状态和脾性也不一样，记者在采访前要多了解，以便调整采访姿态。

（三）注意谈话礼节

采访既是一种语言交流，也是一种交友活动。因此在采访中要注意基本的谈话礼节。在此，我们简要地谈一下最基本的一些要求。

首先，谈话要表情自然，动作大方。采访时不必太拘谨，太客气，太紧张，否则，记者的自身表现会影响采访对象，对方会同样显得拘谨、客气和紧张。但太过热情、表情夸张，又显得太假，引发采访对象警惕。因此，"内在慎重，外在自然"才是最好的采访表现。

其次，采访对象如果不止一人，则要注意不要只与某一个人说话，不理会其他人。如果其他人是你只关注的某位采访对象的下属，情况还好点；如果不是，那么记者在这些人的心目中就不会有好的印象，会为以后的可能再次需要的采访活动埋下障碍。

再次，要多聆听，少争辩。记者采访是为了搜集信息，不是为了显学问，或是为了说服采访对象，因此在采访中不要夸夸其谈自我表现（除非是为了刺激采访对象的谈话兴趣，实现特殊采访目的），要做一个安静的聆听者。当然，安静的聆听者不是要求做纯粹的听话人。如果记者不参与话题互动，没有眼神的鼓励，表情的专注，那谈话者就会觉得孤独，影响持续谈话的兴趣。此外，记者不要与采访对象争论，除非这种争论是为了刺激对象继续谈话的兴趣，否则争论对采访是没有帮助的。

最后，注意身体语言。行姿、站姿、坐姿，都能给人不同的感受，礼仪人员的行走坐卧，总显得优雅别致，给人以清新温爽之感。作为记者，也可以学一些基本的仪表规范，用良好的身体语言营造愉快的谈话氛围。

四、信守采访活动中作出的承诺

为了解除采访对象接受采访的心理负担，记者有时会许下承诺，这些承诺主要包括：为新闻来源保密的承诺；不得发表的承诺；不得透露姓名的承诺；送审稿件的承诺。

在保护新闻来源方面，我们还有许多工作要做。有的记者在发生新闻官司后，或者有关部门对所报道问题进行调查时，往往选择把消息提供者即新闻线人的情况和盘托出，导致线人受到打击报复。

我们明白，要求被曝光者善待作为"深喉"的新闻线人是不可能的。作为记者，无论从职业道德层面看，还是自身发展需要角度看，都应该负起保护新闻线人的责任。但是在实际操作中，新闻线人的保护存在着制度困惑。目前我国还没有这方面的法律规定，现行的《中国新闻工作者职业道德准则》中也找不到保护新闻线人、消息来源方面的内容。因此，在保护新闻线人方面，记者如何做才对，仍是一个颇费思量的问题。

在保护信息源的问题上，美国媒体的做法值得我们思考。2006年6月2日，此前7年被诬为"中国核间谍"的美国华裔科学家李文和诉美国能源部、司法部"侵犯个人隐私"一案，达成了最终和解——美国能源部、司法部，以及美联社、《纽约时报》《华盛顿邮报》《洛杉矶时报》和美国广播公司五大媒体，共向李文和赔偿160万美元，开了美国主流媒体因"新闻来源保密权"而向受害人高额赔偿的先例。尽管不是本案的被告，但这五家媒体却一致同意集体支付给李文和75万美元，以免五家媒体的记者被迫走上法庭交代"新闻来源"。美国媒体在信源保护上的决心和勇气，的确值得我们反思和学习。

而采访现实中，不乏因为不守诺言，致使信息提供者招受打击报复，媒体声誉受损的反面案例。曾有城市里的下水道井盖或者电线电缆常常不翼而飞，被人偷走当作废品卖掉了。那么，怎样才能拍到违法"收赃"的窝点呢？记者找到一个收废品的老大爷，让他带路。记者承诺给老大爷一点钱，并且信誓旦旦地保证：您的声音和图像一定会技术处理，谁也没办法分辨出来，我们是电视台的，还会说瞎话吗？——大爷动了心，领着摄像机一直来到窝点的围墙外面……采访圆满完成，节目顺利播出。不过，占据镜头的大爷的背影和他那未经任何处理、乡音浓郁的大嗓门，已经足以让他"暴露"了。试想，等待老大爷的会是什么后果？

除了要替新闻来源保守秘密外，记者还要履行不得发表的承诺、不得透露姓名的承诺、送审稿件的承诺。有些采访对象接受采访了，但并不表示就同意记者据此形成新闻报道发表，采访的内容，主要是作为其他新闻事件的报道背景，采访对象提供出来，仅仅是让记者作为背景了解，使记者的认识更全面。如果采访对象提出不得发表的承诺，记者就应兑现承诺。也有些采访对象不希望在报道中因透露姓名惹来是非，如果记者同意了，也应履行诺言。还有些采访，报道内容现实利害重大，采访对象对采访报道高度紧张，为确保事实万无一失，可能提出正式刊登前审下稿件的要求，对这类要求记者也必须满足。

总之，记者不能因为许多采访对象是一次性的合作，对承诺就抱无所谓的态度。否则，记者的个人信誉就会受损，在口碑效应和网络的助力下，记者的个人负面信息会广泛扩散，职业之路会越走越窄。

附录

一、延伸阅读材料。

愧对"深喉"

南方周末　　2006-03-16　　《新民周刊》记者　胡展奋

如果没有医生"王雪原"勇敢地站出来作证，我们很难想象"哈尔滨天价医药费"的丑闻能被媒体如此彻底地揭发出来。

为了公众利益而奋不顾身地作证，我们做新闻调查的通常恭称他们为"深喉"。

是的。我们对他们充满敬意，因为无论职业的勇敢还是道德的勇气，他们的水准都在我们之上。

在"揭"与"捂"的生死对峙中，谁是最勇敢的人？不是记者，而是"深喉"！

然而王雪原失踪了。没人知道2006年的春节他究竟是怎么过的。由此，我常常想着，我们愧对"深喉"。

2003年的秋天，我因采写《湘鄂赣血吸虫惊悚调查》而跋涉于湘鄂赣三省湖沼地带，见所未见，闻所未闻，发现许多被掩盖的真相，血吸虫根本不是"死灰复燃"的问题，它只是被挑战过，但是"从来未被消灭过"！

导致血吸虫病重新大流行的一个重要原因就是"基层血防队伍"被解散或者"雪藏"了，不过在疫区的官场，这却是一个"做得而说不得的事"——"血防"毕竟是一面"旗"，虽说现在也"弱化"了，但是公开承认"砍旗"毕竟犯忌，所以只是笼统地告诉你有"解散"这么回事，可作为实证，你到哪里去找一个愿意被你解剖的"麻雀"呢？

我在疫区滞留多日，终于得到当地一位上层朋友的帮助，为我引见了一位愿意说出真相的"血防站站长"，我再三保证，一定不会披露他的真实姓名和照片。

他叫袁德里（化名），五短身材，在得到我们的保密承诺后，他用圆鼓鼓的手慢吞吞地打开"血防站"大门的锈锁，推上闸刀，接通照明，为自己辩护似的嗫嚅着：我们全散了,湖南湖北乡镇一级的(血防)基本瘫痪了……

所有的医疗用房都空空荡荡,走廊里,到处是烂纱布、破药瓶、旧病案,秋风不识字,乱翻病历卡,一派大溃退的景象。

"我有什么办法",袁德里胖嘟嘟的脸上挤满了无奈,指指一排排的空房,"老百姓的家还没有来得及'鬼唱歌',我这里已经'鬼唱歌'了。"

没有一分工资,大家要走,我拽也拽不住。什么坚守岗位?你不给人薪水,说话就没有底气。原有编制16人,现在只剩我和统计员两人算是留守,1月到9月,我们俩总共只拿了360元,"我想把它给卖了",他指指血防站的屋顶,满不在乎的模样像是一个农民要卖他的牲口。

"血防站"关了一年了。他补充说,副站长自己开门诊了;一个护士到广西打工去了;一名女医生改行,到药厂去搞包装了;另有一医一护去了318国道边开血防门诊……就剩我了,转业军人,没有一技之长,没有任何收入,现在靠老婆养活,明年得自找出路了,总不能老吃"软饭"吧。

"你们这个乡的疫情怎么样?"我问。

还能怎么样,一对钉螺一年半以后就能繁殖25万只,我们这个乡本来就疫情严重,现在它们怕是要"计划生育"了。"卫生部实行血吸虫病急性感染'疫情周'报告和零报告制度以来,你们怎么执行?"我又问。

填数字呀。数字出干部啊。灭螺队解散多年了,上面那些干部早就习惯"估报"、虚报了。这,还不是公开秘密?

……

这是一个率真得像孩子一样的血防干部,中午请我吃饭,我不肯让他埋单,他却拍拍口袋:老婆不倒,酒钱不少,我来!

然而发稿时,我们最终还是把他暴露了,因为报社"有人"坚持说,重大报道必须"真名实姓",更何况是"为民请命",虚报姓名还有什么分量?

他的真名就这么捅了出去,以后的日子我天天像蹲油锅一样地焦灼,希望这篇文章的影响越小越好,最好北京没人看到,湖北没人看到,荆州没人看到,甚至——最好看到的人无动于衷……

然而,他的电话还是打过来了,一听他带着哭腔,我就脚踝发酥:"……你可把我害苦了!上面现在天天追着审我,老婆也要和我离……你!你不是说好不公开的嘛……"

我已经记不得我是怎么放下电话的了。他的前途也许从此就完了,我的诚信纪录也从此改写了。

两年了。我常想起他。做调查难,但其实做"深喉"更难!

二、各地风俗习惯交流。

请同学们结合自己的亲身见闻,交流对不同风俗习惯的体认。

三、上网搜看"百家讲坛"金正昆的礼仪讲座,学习社交基本礼仪。

第四节 采访准备

我们的新闻生涯中往往有这样的经历：当一项采访任务来临的时候，懵了。为什么？因为对采访对象一无所知。这不要紧，人类对世界的认识不都是这样吗？由一无所知到少许知之，再到知之许多，最后达到完全了解的程度。记者对采访对象的认识，也要经历这样的过程。但记者的采访总是有时间要求的，有时时间会很紧张，如果等到接触了采访对象再开始认识采访对象，那样就太仓促了。一般情况下，我们可以把接触采访对象的时间提前——提前从资料上认识他、熟悉他，这就是我们要说的新闻采访准备。准备得愈是充分，采访起来便愈是得心应手，也愈能做到采访时的随机应变。

意大利著名女记者、作家奥丽亚娜·法拉奇（Oriana Fallaci，1929—2006）谈到对邓小平的采访时说："那次采访很深入、很详细，用了两天时间，很有意思。对于记者来说，那是一次很成功的采访，不太难。对方合作得很好，应该说是一次很成功的采访。我想提的问题全都提了。"这次被法拉奇认为成功的采访与她访前的充分准备是分不开的。她在访问邓小平以前，看了好几公斤的材料。从她的新闻稿中可以看到她对邓小平、毛泽东、林彪等人，"四人帮"概况，中苏、中越、中柬关系都有一定了解。

同样的，美国哥伦比亚广播公司记者迈克·华莱士（Mike Wallace，1918—2012）给自己定的规矩是在进行专访前，至少准备好三十至四十个"扎实"的问题；而在通常情况下，他在纸上会记上一百个问题。这些名记者的经验，都是在强调采访准备的重要性。

一、采访准备的必要性

毛泽东曾讲"不打无准备之仗，不打无把握之仗"；古语也有言如"凡事预则立，不预则废""工欲善其事，必先利其器"；日常谚语"磨刀不误砍柴工"说的也是做任何事之前都要有所准备。采访前的准备，是每次采访必不可少的一道程序，其作为工作步骤的必要性，也是显而易见的。

（一）能缩短心理距离，赢得对方合作

熟悉是影响谈话双方合作程度的重要心理因素。作为记者一方来讲，记者熟悉了采访对象，才有话可说，才能消除因陌生带来的恐惧感、神秘感，采访对象才会显得更亲切。对采访对象而言，觉得记者如此了解自己，有一种被重视感和尊重感，才会更主动地接近与记者的心理距离。请看一青年记者采访一位中年女科学家的案例，谈谈你的看法。

记者：解放30多年来我国的高等学府培育了许多人才。请问：你毕业于哪所大学？

科学家：对不起，我没有上过大学，我搞科研全靠自学。我以为自学也能成才。

记者：听说你又成功地完成了一个科研项目。请问：你的新课题是什么？

科学家：事实上我一直致力于这个项目的科学研究，只是目前又有了一些新的突破，

但远远没有成功,所以谈不上什么新课题。

记者:你的孩子在哪儿学习?

科学家:我早已决定把毕生的精力贡献给自己的事业,因此我一直独身至今。请原谅,我不想多谈这个问题。

如果你是文中这位科学家,你的感受如何?类似的因为准备不周而导致采访对象愤怒的经典案例还很多。一位美国记者在采访因主演《乱世佳人》而名噪一时的好莱坞影星费雯丽时,因一句"请问,您在《乱世佳人》中扮演什么角色"的提问,影星便拂袖而去,拒绝了这位"无知人"的采访。另一位刚入门的记者去采访有名的作家德·拢沃托。他彬彬有礼地说:"对不起,德·托先生,我实在没时间去查,请您确切地自我介绍一下好吗?""年轻人,如果你没有时间在书房里把它查清楚,我也没工夫跟你谈。"采访就此告终。

(二)能够按计划办事,提高工作效率

外出旅游时,我们都习惯在网上看一些旅游攻略,如此我们可以根据别人的经验教训,制定出合理省钱的旅游计划。采访同样如此,什么时候采访对象才有充足的时间来接受采访,以怎样的采访方式才能削弱采访对象的戒备心理,哪些问题可能会激怒采访对象等,只有把这些基本问题弄清楚了,才不会导致采访失败。

准备充分,记者对采访对象才会"熟悉",采访起来就容易"上手",共同语言就多,起点也高,而不至于事事都从"履历"问起,从 ABC 谈起,那样既浪费时间,又会引起对方不快。

(三)采访情况复杂,有助于随机应变

访前准备是采访中很重要的一环,被称为"静态采访"。有人把采访比作"面对面的短兵相接的战斗",意指采访是记者与采访对象在思维上的交锋。要想取胜必须知己知彼。这种"战斗"往往在一两小时,甚至几十分钟内结束;而为了这短暂的一瞬,记者往往准备了几天、几星期、几个月,甚至更长。现实情况是复杂多变的,记者不可能预料到所有可能发生的情况,提前设计好所有细节。但采访准备充分,在采访情况发生变化时,记者能够有心理准备,不至于慌乱无措。

二、采访准备的内容

有些记者采访前根本不做任何功课,既不对采访对象进行了解,也不对相关背景提前熟悉,心中没有具体问题,匆忙上阵。采访时往往不是提的问题不具体,就是所提问题数量有限,甚至找不到话题,采访中出现"冷场"。采访准备工作既要"平时烧香",临时也要"抱佛脚",这是由采访工作的具体需要决定的。"平时烧香"指要做好日常准备工作,"抱佛脚"指有具体采访任务时,要根据采访任务的需要及时做好细节准备工作。

（一）日常准备工作

"养兵千日用兵一时"，日常准备工作充分了，采访时才能"平时多流汗，采时少流泪"。日常准备主要是理论知识和宏观社会情况的了解熟悉准备，具体包括以下几个方面。

1. 学习理论，学习政策

理论是人类文化知识的系统总结，任何有创见性的大家，无不是在对前人经验、理论学习的基础上提出自己的创见。记者作为采访活动的主体，如在第一章所讲，需要与各种人，各种现象打交道，而且这些现象都是"最新的"，更需要记者去学习了解影响我们日常生活，并对我们的日常生活有指导意义的新观点、新理论。

党委政府的方针政策是针对现实环境变化，社会发展需要制定的。这些方针政策，乃至社会发展的新理论、新观念，都是影响社会发展的重要思想源头。理论是政策的基础，政策是指导现实工作的要求，因此记者学习理论，了解政策是天经地义的事情。

2. 了解情况，熟悉全局

记者要了解采访对象有关的所有东西，"包括正面的、反面的；上面的，下面的；本地的，外地的；自己经历的，别人介绍的；已经做了的，计划实行的，等等。实践证明，积累、熟悉这些情况，采写新闻时能更好地了解过去，认识现在，使新闻报道有新意、见深度、上水平。"[①]只有总体情况和相关情况充分掌握了，记者才能对照这些背景材料，知道什么是新的，什么是有价值的，"不谋万世者，不足谋一时；不谋全局者，不足谋一域。"了解情况、熟悉全局是增进记者敏感，提高新闻发现力的重要手段，也是记者日常准备工作的重要内容。

3. 积累相关领域的知识

记者报道都有自己的领域，在负责的领域，要养成积累相关知识的习惯。"书到用时方恨少"，每位记者对这句话的体会都是相当深刻的。实践经验是一种学习，理论学习也是重要的补充，作为记者，不能仅仅陷于日常业务中，抽出时间读读书，静下心来反思反思，都有助于记者采访能力的提升。

如有媒体宣传"一家引进，遍地开花"的报道，讲某家企业从国外引进某项先进技术，为帮助其他兄弟企业共同提高产品质量，引进技术的单位无偿与他们分享，这是不懂《产权法》《专利法》的法盲表现。还有媒体把铁树开花当成稀奇来报道，这是记者不懂生物科技发展的表现。假鸡蛋新闻层出不穷，这也是不了解化生技术发展的现状表现。凡此种种，都证明记者需要成为报道领域的"百事通"，成为新知识的敏感者，成为不断吸收新知识的一块海绵。

4. 做好资料的收集整理工作

任何事实要成为新闻，都是在背景中呈现其意义和价值的，作为新闻根本特性的新

---

① 刘海贵：《中国新闻采访写作学》，复旦大学出版社2013年版，第52页。

鲜性，其实也是相对于背景材料而言的。要能迅速发掘出新近发生的事实的新闻价值，需要记者平时多积累相关材料。积累资料，"有利于记者在采写新闻时了解过去、指导现在和预测将来；有利于新闻报道更有新意和深度；有利于记者从中产生联想、获取新闻线索。"①

"不积小流，无以成江海"，资料积累是记者的一项基本工作。记者在平日采访中获得的材料只有小部分能进入公开报道，大量材料派不上用场，对其中有价值的材料，记者要留存下来备日后选用。此外，在日常生活中，记者也要养成随时把发现的与自己报道领域有关的材料收存下来，建立自己的资料库。

在前网络时代，记者的资料收集多是剪报、笔记等。这种资料储存方式既占空间，也容易遭虫蛀、水浸或失火造成资料损失。在信息网络化的今天，资料储存的方式可以尽量数字化，这样信息不容易毁损，信息的保真度也更好。为防止储存的物理介质意外损毁，记者数字化储存时要注意多备份，如可以将资料复制在多个硬盘和电脑上，或者将资料定期更新存储在若干网络硬盘上。为使资料易于收藏和使用方便，要定期对资料进行整理、分类。否则随着时间的推移，自己都不知道自己需要的某个材料存在什么地方，会对资料使用留下麻烦。此外，事物是发展变化的，有些资料经过时间的验证，其内容的可靠性会产生变化，有些是虚假的、过时的，要及时清理；有些不太完整，要补充新资料；有些不确切或存在小错误，要尽量修正。

总之，资料积累是一件需要持之以恒长期坚持的工作，资料分类整理要根据自己的需要和习惯灵活处理。

（二）临时准备工作

采访活动具有突击性，许多新闻特别是突发性新闻让记者猝不及防，需要记者在接到采访任务时，立即停下手中的事务，尽快投入到采访活动中去。尽管具有突发性，但记者也不能仓促应战，有些"枪"是临阵时需要磨磨的。针对具体的采访任务，记者需要做好以下几个方面的具体工作。

1. 明确采访目的

采访目的是采访的指导思想，目的不同，采访涉及的采访对象和采访路径就不一样。为此，采访前要先根据新闻线索确立采访目的。当然，采访目的是随着采访活动的深入，新闻事实逐渐清晰的过程而逐渐调整，最后才确定的。

采访目的受制于报道目的，报道写给哪些人看，主要应该告诉他们些什么，要达到什么样的传播效果等，只有这些问题弄清楚了，才能最后确定采访的具体目的。当然，采访目的和报道目的，都是在采访过程中逐渐确定的。

2. 熟悉采访对象

采访活动正式开始前，要想方设法提前作一些外围采访，提前从资料上熟悉采访对

---

① 高宁远，蔡罕，等：《新编现代新闻采访写作教程》，浙江大学出版社2010年第1版，第99页。

象。要熟悉的内容包括采访对象的基本情况，是否有相关报道，相关报道的内容主要是什么，等等。熟悉采访对象的基本情况是为了避免问同样的问题，重复报道相同的新闻人物和事件。

对采访对象有所研究，能让采访对象觉得自己被重视，有一种被尊重的感觉。任何采访对象都反感那些对自己专业领域一无所知的记者。曾有两位实习记者前往山东掖县镁矿采访，采访前，两位女记者没有做任何准备工作。到了采访单位后，当晚也没有熟悉采访单位送来的相关资料，而是跑到电影院娱乐去了。第二天，与镁矿领导们座谈时，竟问"请问你们矿的年煤产量及开采设备，与山西大同煤矿、安徽淮南煤矿相比有什么不同"，记者将镁矿当成煤矿，问得在座矿领导很是无语，友好的采访氛围瞬间冰冻。

一般情况下，采访对象对采访不会特别在意，回答问题也很随便。但当记者对采访对象关注的东西有充分了解，所提问题很具体并有独到见解时，会令采访对象肃然起敬，产生主动交流的兴趣。曾在凤凰卫视主持节目多年的记者杨澜1999年在上海采访过《财富》杂志主编。这位主编开始的态度并不积极，但聊着聊着，发现杨澜提的问题非常具体，不得不耗费心思才能回答出来时，就开始认真对待了。如杨澜问道："在您就任主编之后的这十几年当中，世界财富前10名的排列有过什么样的变化？这些又集中反映出国际产业结构什么样的调整？那些被换下去和换上来的大企业领导，又是怎样面对这种变换的？"在采访活动结束时，《财富》主编赞赏地说：真没想到你的"家庭作业"做得这么好。在你之前，别的记者都在不断重复着这样的问题："你对中国是什么感觉""你对上海有何感想"。

3. 党委政府相关的具体政策

政策是处理日常事务的依据。受众消费新闻不仅讲究增广见闻，也在乎实用性，很多新闻在叙述完新闻事件后，会附上"专家评论""法律专家观点"一类的评述，注重的就是新闻事件对受众的启发性、教育性、指导性。党委政府与某个新闻事件的相关政策，是我们评判事件是非对错和事件处置的依据，要提高报道的启发性、教育性、指导性，就要及时了解相关的具体政策。高考改革、利率调整、油气价格调整等与民生直接相关的政策影响着千家万户，社会关注度最高，是记者应当保持高度关注的政策类型。而很多政策的影响直接性和广度是不及民生类政策的。但这些政策在涉及具体的新闻事件时，会显现出它的影响力，了解这些政策，有助于提高报道的深度。

成都9路公交自燃事件，造成重大伤亡的原因之一是乘客太多。事后针对公交是否超载的社会质疑，有记者进行了调查报道。据记者了解，公交管理沿用的是1987年国家颁布的《机动车安全运行技术条件》，该文件规定城市公共汽车容量按站立地板面积计算，每人不小于0.125平方米的标准，也就是除了座位外，每平方米可站立8人。这条规定实际上否定了公交超载的可能，因为每平方米不可能站得下正常出行的9名乘客，换句话讲，公交车不存在超载问题。报道引发了人们对公交超载法规修改问题的关注，产生了很好的社会影响。试想，如果记者不及时学习了解这些政策，仅凭想象能写出这样的报道吗？

4. 充实新知识

新闻是新近发生或发现的事实的报道，具有新鲜性。既然是新鲜事物，就要求记者要首先了解它、熟悉它，并准备判断是不是新鲜事物，具不具有新闻价值。是不是具有"新"的特性，需要记者要有对"旧"的了解。平时的知识准备是普泛性知识的准备，更多追求的是知识面的"广博"，知识体系较宏观。针对具体采访活动的需要，记者还需要及时恶补具体知识，以使采访交流更深入，问题更具体，此时记者追求的是知识的"精深"。

如记者获悉莫言获得2012年诺贝尔文学奖后，肯定要及时报道评奖委员会授奖的主要理由，以及作为评奖主要依据的作品是哪些等信息。获得这些信息后，记者如果发现其中还有自己未阅读过的重要作品，此时就需要及时了解，并参看以往的相关研究文章，以加深对这些作品的理解。这种准备内容，就属于充实新知识的临时准备范畴。

再如记者获知屠呦呦与另两位科学家共同获得2015年诺贝尔生理学或医学奖时，主要获奖理由是发明了青蒿素和双氢青蒿素。此时，记者就可以通过专家的帮忙和资料查阅，及时了解青蒿素的医学贡献，这样才能向受众阐明屠呦呦的贡献。在报道屠的医学成就的同时，有记者还及时报道了中国在青蒿素产业转化中的工作欠佳："中国在青蒿素原料源头上有绝对控制优势，却只是廉价原料的供应国，最多只是制剂产品市场的配角和补充。"①该项医学带来的市场效益被国际医药巨头攫取。从知识转化这个角度来讲，这种报道内容也需要新知识的及时恶补。

5. 物质准备

物质准备指采访活动涉及的器物准备。器物包括记者户外采访可能涉及的指南针、登山鞋、雨具、常用药品等一类。而登山报道、原始森林护林员报道或深山电力巡线员一类的野外报道，更要在这类器物准备上下足工夫。

日常采访要准备的一般性器物，主要有摄像机、录音设备、相机、充电电池、纸笔等。采访前，记者要及时充好电，做到设备完好，以备突发采访活动的需要，以免临时手足无措。这些器物最好有备份，避免采访活动过密来不及充电，或信息来不及导出，影响信息的编录和下一个采访活动的进行。此外，器材的不可预见的故障，也需要有备份的器材予以保障。特殊采访任务，有时需要特别的器材准备。2008年"5·12"汶川地震发生后，如果不准备海事卫星电话和移动卫星地面微波站，在地震灾区是无法进行数据传输的，个别媒体为了完成采访任务，还依靠军方支持，用直升机投送记者，以及完成航拍任务，还需要及时和相关部门沟通，争取支持。这些临时工作的支持请求，也要建立在平时关系的协调和对相关资源分布情况的了解之上，这样临时有需要时，才知道哪个部门有自己需要的物资，应当向谁申请。

---

① 牛亚皓：《业内人士称青蒿素产业成本倒挂全面亏损》，载《成都商报》，2015年10月11日。

6. 制订采访计划

采访计划（也可称为采访提纲）相当于建筑设计图，只要有了图，房子才能按图纸要求一个工序一个工序地进行下去；否则，工人们就无法组织起来，工人也无法确定自己该干什么，如何干。但与建设设计不同的是，采访活动多变，采访计划不可能像建筑设计图一样，一旦定稿后就不允许再作调整。采访过程难以准确预见，记者不可拘泥于采访计划，要随时根据情况随机应变，及时调整计划。

采访计划的主要内容包括：采访角度和选题，采访对象，提问内容，采访时间，采访方式，采访步骤，报道体裁和容量等。采访计划以要"问题"为核心，也就是记者期待从采访对象那里获取答案的问题，计划的其他部分是围绕要解决的问题而拟定的。一般的采访计划可如下表拟定。

采访提纲

采访主题	
采访时间安排	
采访方式	
报道体裁、容量	
采访步骤	包括背景资料准备、外围采访、采访地点安排、采访对象联系等内容设计
采访对象及问题	采访对象甲 问题1： 问题2： …… 采访对象乙 问题1： 问题2： ……

记者制订采访计划时，可以根据具体情况制订详略不等的计划。如果是一名老记者，采访的又是一个比较熟悉的简单题材，那就可以在采访本上简单拟几个问题即可，甚至可以只打打腹稿。如果是重要的采访活动或陌生的采访内容，或者记者是一名新手，则需要制订一份详细的采访计划。采访计划不像公文写作，有严格的格式要求和内容模式，采访计划可根据上文提及的具体情况作"私人订制"。做采访计划的最终目的只有一个，那就是借此整理采访思路，作为采访活动的备忘录。

任何采访都要有所准备，但准备程度有所不同，特别是对重要的事和人、陌生的事和人，记者更要重点准备。对于新手来说，任何采访对象都是陌生的，做更多的准备工作更是必要。

附录

练习：请根据学校所在城市的情况，由班委集体策划，拟定若干行业人物系列主题（如交警、画师、船工、玩空竹的大爷等），每个人物主题由一个采访小组负责，在两周内完成采写任务。

第三章 采访方式及技巧（一）

第三章和第四章，我们将按照记者与采访对象之间是否有交流中介和中介类型的不同，对采访方式进行分类，并重点谈几种常见的采访方式。

第一节 直面采访

直面采访指记者直接面对采访对象进行的采访，又称面对面采访，简称面访。在这种采访方式中，记者通过口头提问，以一问一答的方式来了解客观情况、搜集新闻素材。这是最早出现的一种采访方式，也是最常用的一种采访方式。

一、面访需要处理的几个选择

采访过程中，记者会面临各种选择。首要的一个选择便是解决采访谁的问题。找准了采访对象，还要考虑如何选择最佳的谈话环境、如何营造融洽的谈话氛围。只有当这些细节工作做好之后，记者才能打开采访对象的话匣子，采访对象才会说出记者"想听的话"。记者在采访活动中要处理的重要选择，主要有以下几种。

（一）面访对象的选择

只有找准了掌握所需信息的人，才能获得所需的信息。如何选准采访对象？这点中央人民广播电台的曹仁义概括得非常好："（1）最有发言权的人。其中包括新闻事实的参与者、目击者或直接关系人。（2）围绕新闻事实的知情人。（3）对采访的事实有研究、有见解的人。这样的人有助于我们认识、评价新闻事实。"[1]

前两类人是新闻事实的知情者，采访他们可以了解新闻事实；第三类人对新闻事实所反映的社会现象、时代背景有专门研究，采访他们可以加深对事实的理解，能透过现象看本质，提高新闻报道的舆论引导力。现在很多报道都有"权威解读""专家支招"之类的板块，这部分信息正是由第三类采访对象提供的。

新闻采访中如果没能采访到所有跟新闻有关的对象，新闻来源单一化，就会违反了新闻"平衡性"的要求，削弱新闻的公正性、客观性、可信性，如下面这条新闻。

---

[1] 转引自田志友，王薇薇：《采写编实训教程》，清华大学出版社2007年第1版，第32页。

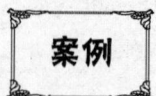

4家报社记者站记者涉嫌敲诈被拘捕

新闻出版总署发出通报 要求各媒体汲取教训严查管理制度

新华网北京5月15日电 新闻出版总署近日对《中国食品质量报》社等4家报社记者站记者汪启明、孟怀虎、卜军、陈金良以新闻报道为名,向基层单位和群众敲诈或诈骗财物的违法违规活动发出通报。通报严肃指出,这几起记者涉嫌敲诈或诈骗案件,在群众中造成了恶劣影响,严重影响了新闻出版行业的声誉。要求各地有关管理部门和各报社针对记者站管理中存在的问题,逐一进行检查,对存在的问题逐一纠正,将各项管理措施落到实处。

《通报》主要内容如下:

1. 《中国食品质量报》社原四川记者站副站长汪启明涉嫌敲诈被捕

2004年6月,《中国食品质量报》社未经新闻出版行政部门批准,擅自设立四川记者站,并于2005年7月任命汪启明(刑满释放人员)为该非法记者站的副站长,在四川非法从事新闻采访活动。

2006年1月3日,汪启明指使其在四川非法聘用的人员,将20头生猪拖到乐山市井研县城郊某猪场内注水后转运到井研食品公司销售,并将注水、转运、销售的整个过程及井研食品公司外部环境拍摄成录像带。随后汪启明利用录像带以"曝光"相要挟,对井研食品公司敲诈30万元,在仅获得井研食品公司2万元"差旅费"的情况下,汪启明将所谓《井研生猪注水触目惊心》一文传真给乐山市委、市政府,企图通过行政手段向企业施加压力。

2006年1月23日,当汪启明向该企业索要10万元"宣传赞助费"时,被公安机关现场抓获,3月1日,汪启明等人被检察机关批准逮捕。

2. 《中华工商时报》社原浙江记者站站长孟怀虎涉嫌敲诈被逮捕

……

从这篇报道的内容我们可以看出,记者没有采访跟通报内容直接相关的涉案记者"汪启明",完全剥夺了他说话的权利,将部门所作的通报内容作为"不证自明"的绝对真理,没有"求证"意识,罔顾"平衡"法则,这种"文抄公"式新闻的说服力难免会大打折扣。

(二)采访时机的选择

新闻报道强调及时性,要求记者要快速反应、及时采访。许多新闻现场转瞬即逝,如不迅速出击,现场的生动细节便抓取不到,新闻价值的"及时性"也得不到体现。

但并不是所有的新闻现象都是越早采访越好,清华大学的刘建明教授认为,有些新闻就需要"养"。"所谓'养'新闻,就是对一条有价值的新闻并不急于马上报道,而是根据其新闻特点,或放长线钓大鱼,或待时机成熟时再抛出,以求挖掘潜在的更大的新闻价值，争取达到意想不到的深度和影响力。"①邓小平百年诞辰时，成都某都市报当天推出了 48 个整版的纪念专题。试想，如果没有扎实的采访准备工作和"养新闻"意识，纪念日当天怎么可能推出如此规模的纪念专题？事实上，纪念专题中出现的很多采访对象是记者在诞辰纪念日之前三四个月甚至半年前就寻找好并"养"起来，等到活动时间到来之前才集中采访报道的。

除了以上这个案例以外，下面还有一个放长线钓大鱼，"养"新闻的典型案例②。

1999 年 5 月 17 日，《生活报》在一版显要位置发出一篇题为《房屋中介公然买卖驾驶证》的报道，这篇暗访式的报道不仅引起读者的强烈共鸣，也受到新闻同行的好评。其实，这是一篇"养"了几个月才凸显新闻价值的成功报道。在记者接到新闻线索进行初步采访时，这条新闻仅仅露出了冰山一角。当时，一位读者通过新闻热线向记者反映，他在哈尔滨市道里区一家房屋中介所办理房屋中介时，听说该中介所能代办驾驶证，只要交钱就办，啥手续都不用。记者随后以顾客的身份对这家中介所进行了暗访。中介所的业务员证实："交 3 500 元钱，带身份证复印件和照片，过一个月就可取驾驶证。"业务员还保证，交钱可以打收条，他们已经办了多少批了，每批几十个驾驶证。

按常规，这时报道就可以写了。但记者联系到当前各种假证泛滥的现实，认为房屋中介代办驾驶证的幕后有两种可能，一是办的是假证，背后有一个造假黑窝点；二是办的是真证，背后有一笔不可告人的黑幕交易。如果急于发出报道，就会打草惊蛇，让"大鱼"溜掉，潜在的巨大新闻价值也将白白地浪费掉。因此，记者感到发稿时机不当，应该做更深入的采访和更充分的准备，将这条新闻"养"起来。此后，记者扮作要办驾驶证的人再次对房屋中介所进行暗访，并在耐心等待了一个月后，"如愿"拿到了驾驶证。

这时，这条新闻终于到了可以揭开"黑盖头"的时候了。记者会同有关部门又到外省取证，不仅一举端掉了这个非法代办驾驶证的黑窝点，而且牵出了有关部门中竟有为造假、售假者开绿灯的"蛀虫"。

（三）采访场合的选择

选择一个理想的采访环境，对消除采访对象的顾忌，激发谈话兴趣，有显著的调节作用。一般而言，采访对象更愿意在非正式的场合接受采访，而且会提供更多的信息；而在正式场合采访对象对记者常常存有戒心，或者存在着这样那样的顾虑。为此，记者在采访中要注意选择容易营造轻松谈话气氛的环境，"常用的方法是私下约采访对象下班以后出来喝茶，或者在采访对象有空的时候到他们家去坐坐、聊聊，这样采访对象很难拒绝记者的采访"。③

但是，如果采访纯属工作方面的内容，那么最好选择在工作场所采访。如采访教师，最好能在其上课的教室或批改作业的办公室进行；采访法官，最好选在法院进行。之所以这样做，是因为采访地点能够引发采访对象的联想，激发对方的谈兴，寻找到更多的

---

① 刘建明：《当代新闻学原理》，清华大学出版社 2005 年第 1 版，第 166 页。
② 案例来源：刘建明：《当代新闻学原理》，清华大学出版社 2005 年第 1 版，第 166 页。
③ 丁柏铨：《新闻采访与写作》，高等教育出版社 2004 年第 1 版，第 82、83 页。

话题。如果聊天内容属于个人隐私或出于采访对象匿名要求，那么采访地点应选择在不被人注意和打扰的场所。

在采访要有场所意识这一问题上，美联社记者休·马利根认为："假如让你选择访问的场所，要设法做到在后台约见演员，在车站约见侦探，在会议室约见法官，在室外竞选讲台约见政治家，在栏圈里约见野牛骑士。这样如果没有恰当的话可供引用，你至少也可以从他所在的自然环境中找到主题。"这实际上也是认为记者的采访要选择一个比较合适的采访场所，让双方都静下心来，形成融洽的谈话气氛，保证采访的顺利进行。

（四）记者自身形象的选择

新闻记者采访某个对象，大都是第一次接触，熟悉与信任无从谈起。在采访对象的心目中，记者就是一个陌生人。怎样让采访对象愿意对记者这个陌生人开口说话，吐露心思，这是记者每次采访都会思考的问题。按照人际交往的原则，只有当人们彼此熟悉产生信任之后，才肯向对方吐露心事。向一个不熟悉的人透露自己的情况，人们会觉得极不安全。因此，有经验的记者在采访时总是使用各种手段与对方拉近心理距离。

与受访者初次见面，记者要注意第二章所提到的首因效应，就是尽力给对方良好的第一印象。要给对方良好的第一印象，记者要做的准备包括服饰、妆容、言行等。服饰与妆容，要"因人而异，因事而异"，一要考虑适当减少与采访对象的形象落差，如见领导要西装革履，到工地要身着便装。二要注重以"朴实稳重"为美，这样更能给人以成熟稳重之感。三是要适应场合。如采访一次葬礼，与采访一次家族聚会，记者的衣着与妆容风格肯定是不一样的。至于言行，一般要求是"落落大方，不卑不亢"，以一种朋友的姿态应对各种采访对象。

（五）记者交往身份的选择

记者交往身份的选择，是指记者在采访活动中，对自己与采访对象的关系的自我定位。综合名记者的经验，身份定位应当符合下面三条标准。

1. 采访对象的平等交流者

采访要平视采访对象，当你面对强者的时候，你要给他压下去，当你面对弱者的时候，要给他扶一下。这样才能做到平衡，才能把事情展现得清楚真实。

在"平视"这个问题的论述上，中央电视台记者王志的表述很通俗，他说："别把自己太当回事，也别把自己不当回事。"王志在面对像胡长清这样的死刑犯时，他也能将心比心，以诚相待，给胡长清端水，维护对方作为人的基本尊严，并获得他的信任，最终成功地完成了采访任务。作为央视名牌节目主持人，王志遇到过的名人无数。在面对地位、学识比自己高的人时，王志依旧镇定自若，游刃有余。"我是一个主动者，对方是被采访者，对方把我问住了就是我的失败。哪怕答案已经知道了，也要通过对方的口说出来。始终记住对方无论是什么样的人，在我面前都只是'采访对象'这一种身份。"王志的这种采访理念与法拉奇的采访名言如出一辙，法拉奇说："在我的面前只有被采访者，没有国王、总统和首相。"

2. 采访对象的质疑者

记者在采访中,不能采访对象说什么,记者就相信什么,记者要综合各方面的情况,质疑采访对象谈话内容中的疑点。质疑是一种态度,更是一种手段,它把记者和采访对象联系起来,把这个过程充分地展示给受众,用排除法解决受众心目中的疑问。质疑是从常识出发,而不是没有道理的尖锐,要合情合理,不是刻意刁难。当疑问都解决了,常识的问题解决了,观点也就出来了。质疑不是要从语言、气势上压倒别人,而是一种客观、真实的立场;采访不是献媚,质疑只是一种交流、沟通的方式,如果对方觉得记者的提问很不好回答,他就必须要提醒自己认真对待采访,而不是信口开河。

记者采访提问时,也只有带着疑问进入,才能避免信息的单边化,使新闻的内容更公正、更客观。央视"面对面"节目在做余秋雨专访时,对于余秋雨,许多观众都有很多问题要问。比如:"青歌赛要求参赛选手必须通过文化素质测试这一规定是否合理?""作为评委的余秋雨对选手作长篇大论的点评,这是否有自我表现之嫌?""作为一个作家,不好好钻研学术,在媒体上频频抛头露面,这是不是炒作?"带着这些疑问,王志代表受众以质疑者身份提问,这样既制造了紧张,也激发了新闻人物的个性表现,从而得到了客观的信息。

王志认为:"质疑是揭示真相的捷径。""采访中一团和气是不行的,有很多东西必须像挤牙膏一样用力去挤才行,记者得去撞他,刺激他,采访对象才能有话说。"当然,质疑是有底线的,这个底线就是保证采访对象不愤然离开,或沉默以对,实行冷对抗。

3. 公众的代言人

记者在采访时不是在代表个人或所在媒体说话,而是在为受众说话。所以,在向有地位有身份的采访对象提尖锐的问题时,记者无须犹豫、胆怯。记者此时的使命就是把受众心里没有机会提出的各种想法说出来,让采访对象去答疑释惑,而不是用那种主观想象的无关痛痒的提问去换取事先精心准备的滴水不漏的官话、套话。也就是说,记者在采访时要有"受众意识",牢记采访是为解决公众心中的疑问,而不是满足自己的好奇心。

二、讲究提问技巧

杰克·海敦曾说:"新闻事业是一个跟人打交道的行业。大约有99%的新闻是部分或者全部以访问——也就是向人提问题——为基础写成的。"[①]提问技巧,是采访技能的重要组成部分。研究提问技巧,也是新闻学子重要的学习内容要求。

(一)看对象确定提问内容

俗话说:"一把钥匙开一把锁。"记者采访提问应根据采访对象的特点提不同的问题;反过来说,就是根据不同的问题选择不同的采访对象,或同一类问题根据不同的人而采取不同的问法。一般规则是问全局性的问题要找负责这方面工作的领导或职能部门工作

---

① [美]杰克·海敦:《怎样当好新闻记者》,新华出版社1980年第1版,第23页。

人员，要问点上的情况就要找基层普通干部和一般群众，要问知识性的内容就应找专家学者。

（二）抓要害问题问具体问题

在采访过程中，记者要确立主题，围绕主题事先精心设计几个问题。一些问题可以现场发挥，但关键的问题一定要提前准备好。记者在采访前主题明确既可保证采访有的放矢，也能减少时间浪费。记者必须要有几个直奔主题的问题，事先要有充分的估计，不打无准备之战。有些口才不太好的记者，用这种方法效果更好。一是可以做到心中有底，临阵不会慌乱。二是也可以事先练习问话。几个问题其实也就是采访的大纲和思路。有助于记者控制局面，把采访者引到主题上来。有记者在采访一位见多识广的女企业家时，由于这位"女汉子"表现欲望强，人很热情，话也很多，但却总跑题。这时笔者事先设计的几个问题就用上了，一跑题，就用一个问题把她问回来，这样就保证了谈话内容的有效性，提高了采访的效率。

著名新闻专家艾泼斯坦说道："要问的是只有他本人才能告诉你的问题，或者他能够陈述他的观点的问题。这样你就进行了一次丰富多彩的采访，充分利用了时间，给了人家一个好的印象。"新闻作品生动处的来源之一是细节。就是说记者在采访时要挖出那些细微的闪耀点，积累丰富具体的素材。新闻是用事实说话的，有了具体的东西，才能深入认识事物。没有一个个具体的事实，具体的数据，全是一般性的材料是难以写出好新闻的。因此记者提问要具体，不能漫无边际，也不能大而不当。那种不分场合、时机，动不动举起话筒就问："你现在感想如何""喜欢成都这个地方吗"一类的空洞的、千篇一律的问题是不可取的。因为这样的问题太宽泛，对方往往不知从何答起，只能说"我太高兴""太激动"之类尽人皆知的答案。

（三）采用"两面问"方式

提问要坚持辩证唯物主义，问问题既问正面，也问反面；问主要问题，也要问次要问题；问优点，也要问缺点。这是全面了解一个事物和一个人所需要的。如采访一个罪犯，我们要了解他的主要犯罪事实，犯罪缘由，也要了解他在家庭责任承担，同事关系处理方面的表现。只有这样，罪犯的人物形象才是立体的，有血有肉的。同样，我们采访一位一心扑在工作上的某先进教师，就可以了解下他/她是否处理好了家庭和工作之间的关系，子女教育和学生教育之间的关系，默默地付出是否得到家人的支持。只有这样，我们才能理解模范人物的自我牺牲精神，才能理解先进之所以先进要付出的代价。当然，两面问不是对正面事件或人物挑刺，从丑陋事件或落后人物中寻找优点制造同情。我们在坚持联系的全面地看问题的同时，也要坚持主要矛盾次要矛盾之分的视角。

（四）采用交谈式提问法

有的记者在提问时，先将问题写在本子上，然后向采访对象一一提出。这样做当然能对提问的结构作充分的考虑，但极容易将整个提问过程弄成"一问一答"，缺乏人情味，使人觉得像是在审讯犯人，自然会使得采访对象不情愿作回答。其实，人一般都是乐于交谈的，因为与人谈话往往即是对他的一种尊重。有的人沉默寡言，并不是因为他不愿意说话，而是因为他得不到别人的尊重。

照单提问这种"一问一答"式的采访，记者居高临下，采访对象的自尊心得不到满足，又哪来回答问题的热情？因此，记者最好将要问的问题记在心里，以"聊天"方式脱稿提问，将精心准备的问题融入到谈话内容中。这样谈话过程显得自然亲切，采访对象也乐于配合了。

在交谈过程中，可以适当地运用"沉默技巧"来套取信息。美国电视记者麦克·华莱士（Mike Wallace，1918—2012）的采访技巧就是"沉默如金"。"他发现在电视采访中，提一个巧妙的问题，在对方答复之后，停止它三四秒钟，好像你还在等待他再说点什么，往往采访对象会因窘迫而谈出更多的东西。沉默会使你得到意想不到的新闻。"①

（五）不要诱导式提问

记者有时为了策划主题的需要，有意无意地提一些诱导性问题，但诱导式提问不能变成强加于人观点的提问，因为这种提问方法是在拐弯抹角地引出一个特定的回答，而不是客观地探问被采访者内心的想法。这既无助于了解提问对象的真实态度，也会引起对方的反感。以下就是诱导式提问引发冲突的一个典型案例。

2006年1月4日上午，国内三大导演——陈凯歌、冯小刚、张纪中联袂出席"2006雅虎搜索创意盛典"启动仪式。与陈凯歌、张纪中的严肃相比，身穿红色夹克的冯小刚在现场嬉笑怒骂，表现轻松。席间，某记者提出的观看贺岁片问题惹怒冯小刚，他斥责该记者挑拨离间。

记者："我想问一下冯导演，就是听说《千里走单骑》和《无极》同时上映的时候，您首先选择了去看《千里走单骑》，我想问一下为什么您会首选《千里走单骑》呢？"

冯小刚："我这俩是一块看的。"

记者："肯定是一个在前，一个在后。"

冯小刚："这个，我只有拍摄插一空回来，那个时候在放，我就去了华星。可是，我觉得这个无所谓，反正这些电影都要看，包括《如果·爱》，我现在没看的反而是我们华谊弄的《情癫大圣》，这个还没看呢，其他的我都看了。我觉得你问的这话有点挑拨离间的感觉，很不友好，这不是你们这样的节目应该问的话。这个，对不起，我话说得有点糙，因为我很不高兴，你这么问问题。我觉得现在什么都和世界接轨了，就记者的素质还差这么多，你问的问题是在挑拨关系，简直太操蛋！"

记者："其实……"

冯小刚："因为你让我不高兴，我必须让你不高兴，这是我的做人方式。"

记者："没有，我没有觉着不高兴，因为我觉着作为一个媒体，我们很想知道这样一个问题的答案。"

冯小刚："我觉得你不能做一个烂媒体，只能做一个好媒体。我是这样的，我就这样，至于你，我这么回答你高不高兴我也无所谓。"

---

① 卢瑞华：《美国记者的采访方法——读〈采访技巧〉》，载《新闻记者》，1987年第9期。

从这个案例反映出来的矛盾来看，虽冯小刚骂人不对，有失名人风范，但从另外一个角度看，记者也的确是在讨骂。记者试图根据冯小刚对两部电影的观影先后顺序入手，来"折射"冯小刚对两部电影的态度，以此"以小见大"地反映一个冯小刚对两部电影高下的判断。冯小刚足够机敏，警觉性高，觉得正面回答问题会引发和其他导演的矛盾，在感觉到记者有意"挖坑陷害"后压抑不住怒火，控制不住情绪也是情理中的事了。

（六）妥善处理"问题"之间的组合关系

采访需要解决的"问题"，基本上是以向采访对象提问的方式来求解的，问题与问题的组合，要科学合理。

首先，对问题要作适当归类，提问时才能一类问题一类问题的解决，避免遗忘。采访快结束时，记者要对照自己的采访提纲，核对一下自己想问的问题是否问完。如果有遗漏，可以及时补充提问以免造成采访不完整。

其次，问题间要有层次感，问题组合要由浅入深，层层深入。同时，问题组合要逻辑自然，要有恰当的过渡性问题，避免问题转换突兀。问题类型转换太快，采访对象的思路容易被打乱，回答质量会受损。

再次，软问题与硬问题要有机结合，软问题让报道内容有人情味，硬问题让报道有实质性信息。软硬问题的结合有助于全面地了解一个人物或事件，获得的信息更完整全面。

最后，问题要有点冲突性。冲突性问题也就是尖锐性问题，这类问题往往直奔对方的"缺点"或不愿意公开的敏感性内容，这类问题容易引起采访对象的反感，但这些问题往往是受众迫切想了解的问题。特别是电视采访节目的受众，他们更希望看到记者与采访对象因问题对峙而产生的现场紧张感，完全和风细雨式的提问内容虽看起来一团和气，但于信息传播而言，显然是失败的。尖锐性问题要提问成功，需要把这些问题融入到一般性问题之中，用过渡性问题层层引近，自然导入，方能降低记者与采访对象的对抗程度。

（七）提问的方式要讲究

记者采访时面对的是各种各样的话题，面对的是复杂多变的采访对象，要挑战的是深邃易变的人心。提问方式的选择，是根据采访对象和提问内容来确定的。如对工作繁忙的对象、经常接受采访的对象以及教师等表达能力强的对象要单刀直入，对其他对象则要先暖场。如何通过提问消除陌生感，激发对方的谈话交流欲望，获得需要的信息，提问方式是记者需要了解并能灵活运用重要内容。

1. 正问

正问即直接提出问题。这种提问方式适合于领导、企业家、明星、律师等习惯于与陌生人打交道的人群，或者和记者比较熟悉的对象。其好处是开题见山、直奔主题，节约时间，采访效率高。在提问内容简单，没有冲突性时，也可以用正问方式。

2. 侧问

侧问是与正问相对的概念，因某些问题可能是对方不太愿意交流的内容，正面提问容易被拒绝，此时就可以问一些与想问的问题有相关性，但比较柔和的问题，通过这些间接性问题的回答，我们通过简单推理同样可以获得答案。如了解对方收入状况，可以这样开始："哎！现在生活不容易呀，物价长得太快了""我想你们应该生活条件不错"……通过这些间接性问题，逐步诱使对方聊下收入问题。

侧问常以聊天攀谈的形式稍作迂回，然后逐步将谈话引上正题。这种访问一般时间性不太强，谈话也不受特定场合与报道方式的限制。当采访对象感到紧张拘束，或者思想有所顾虑不大愿意交谈，或者虽然愿意谈，却又一时不知该怎么谈的情况下，记者就可以采用侧问法。有些时候，记者不太了解情况，想先试探一番，也可以侧面提问。

侧面提问的内容，应该是采访对象熟悉的、感兴趣的，甚至是最简单、最平常的，对方几乎无需思考，张口即答。这样，双方就能搭建起进一步交谈的基础。应当强调的是，记者旁敲侧击只是一种手段而不是目的。聊天的内容应当是有目的，有选择的，表面上似乎和采访主题无关，实质上应该是有关联的。

3. 追问

所谓追问，就是按照对方回答问题的内容和逻辑线索，一个接一个问题的问下去。追问是记者把握事物的矛盾法则，抓住重点，循着某种思路、某种逻辑，连珠炮式的提问。这种提问既要按照事物的内在联系，把基本情况和事实真相了解清楚，又要抓住重点，深入挖掘，达到应有的深度，追问是记者常用的提问方法。

一般来说，记者对于骨干事实及其来龙去脉，对于触及事物本质的关键性材料，对于典型事例和典型细节，对于对方谈话中的疑点以及记者从对方谈话中发现的有价值的新情况、新线索，往往会抓住不放，打破砂锅问到底，直至水落石出。

记者要善于把握事物的内在矛盾，循着对方谈话线索，打破砂锅问到底，弄个水落石出。美国著名电视记者迈克·华莱士素以强硬派作风著称，他总是开门见山，单刀直入，穷追不舍。一次他采访里根竞选总统时的种族主义问题。里根无意中谈到竞选班子时，华莱士紧追不舍："里根先生，你的竞选班子里有多少黑人职员？""我不能老实地告诉你。""这句话本身就说明问题。""不对，因为我不能告诉你有多少职员，我们有……""你应该说清楚是白人还是黑人！""哦，对！我的意思是我们有，我们有志愿者和正式职员。""我指的是竞选班子里的高级黑人职员。""那么我们这么来说这件事……"最后，华莱士打断里根的话："我们不要绕圈子了。"里根结结巴巴，无以应付。[①]

追问既要问得对方开动脑筋，又要让对方越谈越有兴趣。即使是批评性报道，也要让对方感到追问得合情合理。因此，记者态度、语气都要与谈话的气氛协调一致，不要把追问搞成追逼，更不要变成变相"审问"。

4. 故问

有些问题记者知道答案，但想通过对方口中说出来，这样比通过记者之口说出来，有时因为对方是新闻事件的当事人或知情人身份，采访内容的可靠性显得更高。

---

① 郑智斌：《中外采访趣谈》，载《声屏世界》，1995 年第 7 期。

另一种运用场合是故意问错，目的是诱惑对方主动纠正，借此打开对方的话匣子，推动话题深入下去。记者以故意提出错误问题的方式，来考察、试探、激发采访对象，以便了解真实的材料，探求事实真相，这种方法可称之为"以误求正法"。

1936年斯诺在陕北采访，有一次几个青年人说四川老家附近有土匪活动，斯诺反问："你是说红军吗？"答："不，不是红军，虽然四川也有红军。我是说土匪。"斯诺连续发问："可是红军不也就是土匪吗！报纸上总是把他们称为共匪或赤匪的。""报纸编辑不得不把他们称作土匪。""但四川，大家害怕红军不是像害怕土匪一样吗？"得到的回答是："这个么，就要看情况了。有些人是怕他们的……可是农民并不怕他们。有时候他们还欢迎他们呢！"斯诺在此采用的，就是故意问错法，目的正在于试探、了解采访对象的真实观点。

5. 借问

有些对采访对象不利的信息和意见，如果记者以第一人称表达出来，容易让采访对象觉得这是记者的个人意见和态度的嫌疑，影响采访对象对记者的好感。如果这些问题是记者不得不问的内容，那么，记者可以在问题前加上信源的方式，避免记者自己陷入争议中。如可以加上"据某某网站报道""曾有网友认为""某某曾在某会议上，批评你的某某观点，对此，你怎么看"等内容，以此防止与采访对象产生冲突。

6. 激问

所谓激问，就是用激将法方式，迫使对方不得不回答记者提出的问题。这种提问法有风险，有可能煽动起对方的愤怒情绪，易使采访对象将情绪发泄到记者身上，引发冲突。因此用这种方式时，需要察言观色，把握分寸。激问通过适当刺激对方，促使对方的心态由"要我说"变为"我要说"，从而不能不说，甚至欲罢不能。

曾有记者1987年在采制专题片《重访大寨录》时，她先和郭凤莲聊天。郭凤莲一听说要采访当年大寨的模范人物，就急切地说："采访别人我没意见，我是不愿意接受采访，我再也不想上电视上报纸了。"记者问她为什么，她说："前几次有的记者找我，我正好有急事要办不在家，就说我拒绝采访，躲着不见，还有人说我对三中全会的政策不满。我根本没意见，大寨人现在不就是靠三中全会的富民政策富起来的吗？一听他们那样说我，我就生气。"

记者看到对方说到这里，还是一副气鼓鼓的样子，就对她说："我理解你的心情。可我觉得要让人们真正了解你和大寨人今天的情况，就得你们自己出面说话，大家才信。现在你又不接受我的电视采访，观众怎么能知道你是如何看待三中全会的政策，更不知道你的近况如何了，你说呢？"果然，这入情入理的一激很有效，郭凤莲马上就说："那好，你就采吧。"郭凤莲爽快地接受了采访。

运用激将法时，记者要考虑自己的身份是否得当，刺激的强度是否适中，还要考虑谈话的气氛怎样。这种提问要让采访对象既受到激发，又感到合乎情理。

7. 质问

质问即指记者对持有敌意或持对立观点的以及固守错误的采访对象提出疑问的方法。这种提问，无论对方是什么态度，也不管对方怎么回答，甚至对方拒绝回答均能构成新闻材料。当然，记者在质问时，即使问题提得尖锐，态度仍然要冷静，要出言严谨，无懈可击。

除了以上归纳的几种常见提问方式外，也有人把采访技巧归纳为"九要九不要"，即"要启发，不要逼问；要求教，不要审问；要引导，不要急躁；要灵活，不要死板；要热情，不要冷场；要稳重，不要惊叹；要谦虚，不要浮夸；要掌舵，不要放马；要求实，不要强加"。这些经验概括也值得我们参考学习。

三、面访中的倾听技巧

"不要在采访的第一阶段过多地谈论自己，你的主要目的是使你的采访对象无拘无束、津津乐道，而你这时只消注意打量他和他所谈论的问题。"[①]约翰·布雷迪的这段话要求记者在采访活动中不要太关注自己的表现，而是要多倾听、多关注采访对象的表现。在采访活动中，记者如何才能成为一个善听者呢？

（一）专心听

在采访中，记者应集中注意力，排除各种干扰，认真听、用心理解采访对象的谈话内容。专心听取采访对象的谈话，既能体现对采访对象的尊重，也是记者引导谈话内容，促使话题深入的必要条件。记者只有认真听、仔细想，才能跟上采访对象的谈话思路，提出更有价值的问题；有时甚至能发现对方谈话内容中自相矛盾的内容或一些隐晦的信息，记者追踪这部分信息往往能刺探出新的信息，发现新的线索。

2003年4月3日，在防治非典型肺炎的记者招待会上，法国记者这样向张文康提问："您刚才提到现在非典型肺炎已经得到了控制，但是您又讲疫情问题还要作进一步调查。现在，每天不同的国家，加拿大、法国等都有人死于这个疾病，您不觉得这样有点矛盾吗？"这个问题抓住张文康的逻辑漏洞直插进去，迫使张文康回答。而张文康的回答则有点强词夺理："我说的是有效控制，没有说有效消灭。而且我说的是在中国大陆有效控制，没有说在世界各地有效控制和完全消灭。"

其后德国的一位记者就张文康认为中国是安全的，外国朋友可以放心来旅游进行了提问。他说："在过去的几个星期里，中国在非典问题上讲的很少，这让我们对非典不大了解。但现在你又讲，到中国旅游是安全的。世界卫生组织已经发布了一个警告，就是让大家不要去香港和华南地区。但刚才您是邀请这些人到这些地方去。您能不能给我们澄清一下，现在游客和商人真的可以去香港和华南地区吗？"这明显给张文康出了难题，叫他不好回答。因为如果继续认为中国是安全的，那外国游客去旅游染上非典，中国政

---

① [美]约翰·布雷迪：《采访技巧》，中国新闻出版社1985年第1版，第68页。

府将摊上国际纠纷，国际形象会极大受损；但如果建议游客不要去该地旅游，那又无异于承认自己是在撒谎。

试想，上面案例中提及的两位记者如果没有认真听，没有认真分析，他们会发现张文康谈话内容的逻辑错误吗？

（二）全面听

记者在交谈中，全面听有两个方面要注意。

一是既要注意谈话的具体内容，也要注意采访对象的口吻、语气、语调，注意其谈吐特点和谈话内容的侧重点等方面。"锣鼓听声，听话听音。"同样一句话，在不同的场合，不同的时间，不同的人，说出来的含义可能是完全不一样的。"听话听音"，一方面指要听出人家有意义的弦外之音；还有一点，就是要听出说话者本人也不一定意识到的含义。法拉奇一次采访基辛格时，基辛格极力回避并否认和南越政府领导人阮文绍的关系紧张，他坚称："我过去与阮文绍的关系很好。"但法拉奇注意到，"每当我表示反对阮文绍时，他点头表示赞同或会心微笑。"当法拉奇一次用到"您的朋友阮文绍"这样的措辞时，基辛格马上大声反问："我的朋友？"透过这些细节变化，不难看出，基辛格和阮文绍之间关系的真实状态了。

二是既要注意谈话内容，还要注意采访现场的音响信息。现场音响信息的采集，不但能弥补谈话内容的不足，还能增强报道的现场感，从而提高作品的生动性，增强作品的可读性。如新闻名篇《我军横渡长江情景》。

我军横渡长江情景

新华社长江前线 1949 年 4 月 23 日电　前线记者阎吾报道人民解放军在安庆、芜湖间某地敌前强渡长江时的情景称：21 日黄昏，江北某地解放军的阵地上空，突然升起银光四射的发光弹，顷刻，整个北岸阵地发出了震天动地的雷鸣，从解放军的炮兵阵地上，无数道火线飞向南岸，接着整个南岸国民党军的阵地就完全陷于一片火海中。炽烈的炮火映红了江面和天空。接着，从各个港口涌出了无数只大小船只。它们立即散布江面，像箭似地向南飞驶而去。北岸的江边，站满了当地的居民、民工和解放军的指战员们，大家都屏息凝视着火光掩映的江面，等候着。忽然，在南岸飞起了登陆的信号，枪炮声、喊杀声连续不断。北岸所有的人们立时迸发出一片欢呼："过去了！""过去了！"无数船只继续从各港口涌出来，加速向对岸驶去。对岸的解放军则开始不断发出前进的信号，和响起前后各部队间联络的号音。在宽阔的江面上，解放军的指挥灯不断闪耀着，渐渐枪炮声、喊杀声越来越远了。工兵们紧张地搭起许多码头，无数民工忙着把无数的弹药、器材、粮食、蔬菜送到船上，随着大军运过江去。这时，在大江南岸，布满着无数匆匆登岸的解放军，到处可以听到船工们和解放军战士们兴奋而亲热的告别声："同志们，再见了！""老乡们，辛苦了！南京再见！"

——原载 1949 年 4 月 25 日《东北日报》

这篇报道中，记者阎吾将在渡江现场听到的枪炮声、喊杀声、欢呼声、各部队相互间联系的号音、告别声等现场音响写进报道中，这样就使得报道有声有色，富有阅读感染力。

（三）听时要作出恰当的反应

采访是一种交流，要求双方互动。"这一阶段你必须故意流露出感兴趣、表赞同或有好奇心之类的神情"。[①]这样，交流才可能得以继续。如果一方口若悬河，另一方无动于衷，讲述者会觉得索然无味，交流便不会顺畅进行下去。

为激发谈话兴趣，记者在采访对象回答问题时，必须对对方的谈话保持高度的关注和浓厚的兴趣，给予适时的回应，促使对方继续谈下去。当然作出反应的方式有很多，可以是简短的插话，也可以以肢体语言如眼神、身体姿势等表示自己对对方所谈内容感兴趣。比如，与对方谈话时，如果身体保持适度前倾，眼睛看着对方，这样就表示对对方所谈内容感兴趣，对方就会受到鼓励继续谈话内容。如果身体懒懒地靠在沙发或座椅靠背上，无精打采或频繁地环顾四周，半天不发一言或只是"嗯、嗯"的应付，给人的感觉就是漫不经心，对方会因自己的谈话内容受到冷遇而匆匆结束谈话。

在倾听时，记者也要有适当的话题参与度，不能只作一个只会"嗯""哦"简单反应的"收音机"，也要适度地对采访对象谈话内容进行质疑、追问，因为任何一个谈话者，都更喜欢交流者，而不是孤独地讲述。当然，记者的参与度和参与方式要有所讲究，太顺从对方的态度互动，会让对方觉得自己没思想、缺少交流价值而轻视自己；太咄咄逼人则会引发冲突而导致采访中止。

（四）注意文化差异

"十里不同音，百里不同俗"。不同职业、不同性别、不同地区、不同年龄等因素的差异，都会造成用语习惯的不同。记者在听取采访对象的谈话内容时，要留意对方的用语习惯和不同的理解方式。如下例，记者因和采访对象对"媳妇"一词的不同理解，导致了一个让人啼笑皆非的结果。

"文化大革命"前，一位农村红色饲养员老汉爱牲口像爱护自己的娃娃。一次母马下仔，他睡在牲口棚里不肯出来，他的媳妇给他送去一大碗小米粥，也让他喂了小马。记者写稿时想当然的把"媳妇"改为"老伴"。报纸发到该生产队，生产队长就在社员大会上宣读，当念到"老伴"时，惹得全体社员笑得直不起腰，那位老汉气得一跺脚走了，好长时间不出来见人。后来，他特意找了一张登有那条消息的报纸，撕碎了寄到报社表示抗议。原来，在当地农村，"媳妇"一词特指"儿媳妇"，并非配偶。

[①] [美]约翰·布雷迪：《采访技巧》，中国新闻出版社 1985 年第 1 版，第 68 页。

四、记录艺术

采访记录的形式一般分为三种，即录音设备记录、心记和笔记。

在使用采访录音设备如录音笔或手机时，要注意设备的收音范围，如果不熟悉收音范围，有可能导致录音失败，浪费工夫。录音设备记录属现代化的记录手段。它主要有记录速度快、准确性高的长处。现在的录音笔，录音时间长，音质保真度高，小巧便于携带，同时，由于录音设备"有闻必录"，也便于记者在采访中能将注意力集中在听和问两方面，这一点在采访权威人士或重大活动时尤显重要；除此之外，采写的广播稿中需要配发同期声时，录音设备就更有不可取代的价值了。在采访录音时，如果要将录音作为新闻真实性的物证，应保障通话录音的真实性和完整性，所保全的录音严格满足证据的真实性、合法性要求，使其真正可成为被司法机关认可呈堂证供的通话录音。

在这里，我们要多谈一下现场采访时手机录音的一些要求。一些记者嫌携带录音笔麻烦，常用手机代替。我们相信随着手机功能的不断完善和优化，在一般采访中，手机最终会取代相机和录音笔，成为功能强大的采访神器。现在手机都有自带的录音功能，很多人觉得自带录音功能不够好，会根据需要，下载适用的手机录音软件，常见的此类软件有果冻录音、Audio Recorder、匹诺曹通话录音等多达百种。一些软件支持录音的朗读功能，可以添加内容标签，这些是选择手机录音软件时要考虑的重要因素。用手机录音并不难，但是要获取一段高质量的录音的确是一件复杂的事，在录音时，可以注意以下一些方面：录音时可将手机调到飞行模式，以免有电话打进时，手机录音自行停止。把手机放在离嘴巴稍远的距离，如下巴处，以免呼吸和爆破音产生杂音，影响录音的质量。在室外录音时，可在内置麦克风上套一个防风套，或者把一个话筒的接线端插入手机的耳机孔，然后用话筒采访。

虽然录音设备备受记者喜爱，但用录音设备记录，也有其致命弱点：（1）在采访到写作这一过程中增加了一个环节——重放、整理所录内容，这既费时又费力，有些报道的时效也往往因此而延误。（2）易使被访者紧张或做作。（3）过多运用录音设备，容易使记者在采访中过多依赖录音，减少对谈话内容中的关键数字、人名、地名等易误听误解信息的留意，造成重复采访现象的产生。采访中作适当的笔录，还有助于记者思考。为此，国内外许多新闻学专家指出：不管采访设备如何先进，记好采访笔记永远是记者的一项基本功。下面，我们将就"笔记"谈一下记录要求。

（一）记内容要点、关键点

采访中作笔记时不是从头至尾全记下来，如果记者只知埋头苦记，就会减少思考的时间和互动的机会，采访对象就会因缺少互动而丧失谈话兴趣。再说，笔记的速度很难跟上嘴巴的速度，一字不落的记录下来也没有可能，一般内容，用心记住就可以了，笔记只记事实要点如关键数字、关键语句、精彩语言和一些专用名词、术语等内容。记者记要点，不仅可以节省时间，更可以帮助记者理清思路。另外，记者记录时，如果对方语速较快，或内容不太重要，记者可以用自己的语言概括记录对方的讲话内容。

（二）掌握速记法

"我国的汉字繁体字，平均每字 11.4 画，简化汉字平均每字也有 7.2 画，而汉语速记符号平均每字则为 1.5 画。"[①]速记比普通记录快 4 倍多。因此，一个记者如能掌握速记技术，无疑他较一般记者而言，就多了一种优势。

现在采访在现代录音器材的帮助下，对记者笔记速度的要求就不是那么迫切了，许多记者也很少有耐心和时间去熟练掌握一门速记符号系统。即便如此，记者掌握一些实用的速记小技巧，却是必需的。这些小技巧主要有：图画法（如劫匪逃跑路线可用简略地图说明）、简化符号法（如"中国人民解放军"用"~"表示）、省略法（如采访对象重复的内容用"同上"表示）。

随着笔记本电脑的小巧化，除了笔录以外，现在许多记者在采访活动中也喜欢用电脑来记录。与笔录一样，电脑记录也要求记者要掌握一门快捷的输入法，力争打字速度能上升到每分钟 120 个以上，达到"文字与声音齐飞"的境界，减少录入迟缓对采访产生的不利影响。

（三）关键的采访笔记应请对方签字确认

《最高人民法院关于民事诉讼证据的若干规定》第二条规定："当事人对自己提出的诉讼请求所依据的事实或者反驳对方诉讼请求所依据的事实有责任提供证据。没有证据或者证据不足以证明当事人的事实主张的，由负有举证责任的当事人承担不利后果。"新闻，特别是批评性新闻很容易引发诉讼，为保护自己，记者应当有意识地收集各种证据，为自己报道的真实性作好辩护准备。证据是整个诉讼活动的基础和核心，全部诉讼活动实际上都是围绕证据的搜集和运用进行，所以想要以法律手段来维权，证据是关键。记者要在采访中时刻注意证据的保留，为避免采访对象事后对自己提供的材料矢口否认，要请采访对象对关键的采访笔记进行确认。

这里所说的"关键"，既指重要新闻事件，也指容易引发诉讼的新闻报道。对这两类报道，采访结束后，应请对方在记录下来的重要材料上签字确认。这一是为了核实采访记录是否有误，避免写出假新闻；二是为了以后发生纠纷时能以签字材料作证，避免采访对象事后否认。

（四）事后立即整理

采访活动结束之后，不管有多疲劳，记者都应及时整理采访记录。一般采访记录都是在匆忙之间草就的，记录的内容庞杂、组织无序，如不及时整理，心记的内容就会遗忘，也会忘记笔记中即兴创造的简写省写内容的完整内涵。及时整理记录内容还有一个好处是可以及时发现可能存在的材料缺漏，以便根据需要补充采访。同时，通过笔记的整理，还可以使记者更好的消化新闻材料，加深对新闻事实的理解。

---

① 罗以澄：《新闻采访学新论》，武汉大学出版社 2005 年版，第 232 页

附录

直面采访的10条建议。

1. 见面首先表明身份，如对方有要求，可出示记者证以证明身份。
2. 简要说明采访目的，告知对方采访可能会花多少时间。
3. 提问简短具体，不拖泥带水。
4. 遇到没听明白或听不懂的内容要提出来，不要不懂装懂。
5. 除非为了激发采访对象的兴趣，不要因为想卖弄学识，或想用自己的意见说服对方而与采访对象争辩，影响对象的表达真实。
6. 采访是套"话"，目的是尽量从对方口中得到你需要的信息；采访不是献媚，没必要对采访对象的言论见解一味的因为客气而总是表示赞赏。
7. 如对方对采访报道内容不放心而影响配合程度，可事先承诺样稿请对方审阅。
8. 要用采访中其他信息来源获取的信息与采访对象提供的信息互证，如有出入应请采访对象解释。
9. 采访结束后，要争取留下采访对象的联系方式，以备补充采访之需。
10. 不接受采访对象的任何财物。

第二节　观察采访

"耳听为虚，眼见为实"。记者在采访过程中，不仅要善于问、善于听，还要善于观察，只有通过感官的综合运用，才能获得全面生动的新闻素材。

观察采访又称视觉采访，是记者通过细心观察捕捉新闻事实、搜集新闻素材、认识客观事物的一种采访方法。穆青曾说：人身上最灵敏的器官是眼睛，十八般武器，眼睛是最锐利的武器。采访对象可以不回答记者的问题，但不能蒙住记者的眼睛。观察采访能使报道生动、形象、立体化，使报道有声有色。

大多数传播学者认为，在正式的面对面的相互交往中，只有大约35%的信息是通过语言交流获得的，其余的65%则是通过非语言行为获得的，这些非语言行为包括人物的服饰、仪表、神态、习惯性动作等，也包括新闻事实发生的环境。

新闻采访活动要求记者要有一双慧眼，通过对现场环境、对采访对象的仔细观察，来捕捉最生动、最真实、也最能打动人的细节信息。读者读了这种新闻作品，能获得一种入其境、见其人的现场感。

新闻史上许多名篇均来自细致入微的观察与缜密全面地思考。如范长江的《中国的西北角》，埃得加·斯诺（Edgar Snow）的《西行漫记》（*Red Star Over China*），这些报道中的感人的现场气氛，鲜明、生动的人物活动，均是通过仔细观察获取的。

一、观察采访的目标

采访活动中进入记者观察范围的对象很多，记者应站得高、看得远，全面审视周围总体环境，但也必须对观察对象作轻重区分，区别对待。这是因为记者观察的目的在于及时地报道新闻，为此观察采访中要特别留意那些与报道对象密切相关的新闻素材。在有限的时间内，记者要重点留意两个方面。

（一）采访对象

记者在采访中要注意观察人物的外貌、衣着、动作、神态等。采访对象在采访活动中往往更注意修饰其语言符号而忽略其体态符号（如动作、手势、表情、视线、姿势等）的表达，其外在的装束和一些细微的动作神情变化往往能反映出比其语言更真实的信息，也更能体现人物的个性特征。

（二）采访对象活动的环境

这里的环境既包括社会环境，也包括自然环境。任何一个新闻人物，都不可能脱离其活动环境孤立存在，人物存在的意义只有联系其环境来讨论，才会显示出一个新闻人物的与众不同。报道一则新闻事件，道理亦然，只有联系其发生的环境，才能探寻出其发生的缘由，解读出其在现实社会中的意义。

美国新闻学家梅兹勒说："要特别注意人物周围的环境，被采访者办公室有多大？书架上有什么书？从书架上取了什么书？摆在桌上的书哪一页被打开？有哪段被圈点了？桌子上摆了什么？是摆得井然有序呢，还是乱七八糟？废纸筐里有什么东西……"[①]这些细节，往往与人物的爱好、兴趣、文化素养、性格等紧密地联系在一起。记者在采访时，就应如梅兹勒所说的一样，有刑侦人员一样的细腻，善于从细节中发现线索，然后循线追踪，最终还原出事实真相。

二、观察采访的要求

在选准观察的重点目标之后，我们还必须注意观察的方法。方法对了，才会事半功倍，才会观察到有价值的事实材料。

（一）选择好观察角度：角度独特，感受才会独特

同一个事物，观察的角度不同，观察的结果和获得的感受就不一样。正所谓"横看成岭侧成峰，远近高低各不同"。同是一个鸟巢体育馆，在晚上看和在白天看的感觉不可能相同，从近处看和从远处看的感受也不会一样。

---

① 转引自邱沛篁主编：《新闻采访论》，四川大学出版社 2001 年第一版，第 177 页。

图1 夜色中的鸟巢

图2 破晓后的鸟巢

观察角度的选择有两个要求。一是要选择能够看得清主体的位置。如看舞台上演员的表演,只有选择前排座位,才能看清演员表演的每个动作,甚至其面部表情变化这些细节,这样我们获得的信息也就更丰富,写出的报道也才会更动人。二是要选择一种常人常常忽略的观察角度。阎吾曾经讲到一位老记者在前沿阵地观察采访时,这位老记者指着炮火对他说:"文化人写文章,常常爱说'炮弹击起缕缕青烟',这是站在老远地方看到的情况,站在近处,你看到是滚滚的尘土。战斗越激烈,尘土越浓。"为理解"观察角度"的意义,图片仍是一种很好的说明方式,请看下面的图片。

图3 月·景·意

月亮，亘古不变，但从不同角度审视，在不同环境中审视，将不同的景物组合在一起审视，会引发不同的想象，产生不同的意义。从以上两幅月色图中，你又品味到什么了呢？

（二）全景式观察：掌握全局，注意观察对象与背景千丝万缕的联系

记者观察一件事物，首先要进行全景式观察，获得总体印象。这个总体既指观察对象整体，也指观察对象所处的背景。虽然我们所观察的事物是具体的局部的事物，但是这个局部是整体中的局部。不然，我们的观察就可能陷入盲人摸象的境地。所以，观察要有全局意识。接下来我们就分别以人和事为例，谈一下如何进行全景式观察。

1. 对人的全景式观察

我们观察一个人时，要先对这个人上下打量一番，注意其身材胖瘦，衣着整洁与否，动作是否协调麻利，身处怎样的工作和生活环境等，以此对这个人有一个基本的判断。然后才谈得上对他的音容笑貌、姿态神情和声调举止的认真观察。也就是说，观察时一般应遵循先全景后细节的观察程序。

"记者是在朋胜二村的一个交叉路口碰到排勒寨的。因长期吸食海洛因，排勒寨神情木然，他的左腿有点跛，走路一晃一晃的，连站着时也是歪着身子。排勒寨27岁，身材瘦小，天气很热，却穿着长袖衣，从露出的手臂和胸部看，他的身上刺满了文身。"①

在这段文字中，记者用素描笔法宏观勾勒出了排勒寨的大体形象："神情木然，走路一晃一晃的，歪着身子，身材瘦小，刺满了文身。"寥寥几笔便入木三分地刻画出了一个吸毒者的病态形象，刻画出了一个鲜明的人物形象。

2. 对事物的全景式观察

与观察人物一样，我们观察一个事物或一个活动的场面，也要先对事物、活动的全貌进行观察。

在2008年3月27日出版的《南方周末》A7版，有一篇报道叫《天山果子沟雪崩事故前后》，文中有这样一段描写雪崩的文字。

这是一座几乎无法征服的雪山，即便是在夏季，雪线以上也是常年积雪，哈萨克族的牧人大都不敢走进山内太深。

3月14日早上7点左右。"杨春化他们上不来了。"站在工地高处的云南工人们不得不面对现实。

20个小时之前，150万立方的积雪突然崩塌，伴随着隆隆的呼啸声从海拔2 700米的高处冒着白烟冲下雪山，在仅仅七八秒钟的时间里，就有近50米厚的积雪将果子沟一号隧道作业面上的21个农民工彻底掩埋，同时将这个山谷填满抹平，随即又恢复了千万年来的寂静。

"即便是在夏季，雪线以上也是常年积雪""冒着白烟冲下雪山""同时将这个山谷填

---

① 《南方周末》主编：《经典头版及背后的故事》，珠海出版社2002年版，第344页。

满抹平",这些描写像一个远镜头一样,向读者宏观地清晰展示了果子沟恶劣的自然环境和可怖的雪崩场景。

(三)特写式观察:抓生动的、富有个性的细节

我们的观察不是无重点的观察,观察既需要把客观事物当作一个整体予以全景式观察,也需要对观察对象进行细致深入的局部特写式观察,记者应有一种"特写"意识。特写式观察有利于记者掌握更多的细节,表现新闻主题的材料也会因此更丰富、更生动。在这里,我们仍从人物和事件这两个方面阐述一下特写式观察。

1. 对人的特写式观察

人物的表情、动作,反映着一个人的性格和特点,也反映着一个人对某个人、某件事的态度。对人物的表情、动作观察,是许多新闻报道中不可缺少的内容;通过观察,有意识地抓住一些有特点的表情、动作,并把它呈现出来,这样不仅能充实、丰富新闻报道的内容,也能增强新闻报道的可读性。我们同样以上文提到的《天山果子沟雪崩事故前后》中的一段文字为例。

"带班工长安徽人王志伟呆坐着,旁观云南人处理后事,他一根接一根苦恼地抽着烟,脸上肌肉拧着,周围人都本能地避开这个满脸凶相的人。右手只剩下三个手指的王志伟用残存的拇指和食指夹着烟屁,狠狠吸着,这只手是他参加一个水利工程后留下的,没人比他更清楚工程事故意味着什么,更何况雪下面的 9 个安徽民工全都是他春节后从家乡带来的乡邻。"

当自己带出来的乡邻同时也是工友的 9 个人出事后,工长王志伟"呆坐着""一根接一根苦恼地抽着烟,脸上的肌肉拧着"这些细节描写,将对象既绝望、痛苦,又后悔带大伙出来的复杂心理形象地展现了出来。而右手只有残存的拇指和食指的描写,则凸显了工程事故对工人安全一次又一次的戕害事实。

2. 对事物的特写式观察

对事物的特写式观察,就是观察寻找典型的事实材料。一幅典型的场景,一个完整的情节,都是凸显新闻主题的典型事实材料,这种典型材料的获得要求记者在观察时全力投入注意力,不漏掉任何一个细节,因为一个小的细节既可能是烘托主题的有力印证,也可能是改变先前判断的转折点。新华社记者阎吾在其名作《战后谅山》中,有这样一段文字:

记者在谅山敌军的一个阵地上,看到所有的日历都没有翻到 2 月 28 日,有的翻到了 2 月 27 日。可以想到,他们刚把日历翻过 26 日那一页,就被我军打得丧魂落魄,再没有能往下翻了。正像一个越南士兵在一封未发出的家信中写的那样:"我们这里形势很紧张,每天都有许多人死伤,不知哪一天该轮转到我的头上。"

这段文字讲述了战后谅山阵地上的一个细节,有力地表现了我军的凌厉攻势,也表现了越军在强大攻势下朝不保夕的绝望心境。"日历"这个情节是记者独具"慧眼"的细节捕捉,极大地增强了作品的形象性和可读性。

（四）多感官配合观察

观察是以眼睛为主的采访，但并不是只用眼睛采访。任何事物都会表现出多重属性，除表现出某种状态外，还会发出某种声音，散发出某种气味，具有某种硬度等。而人的各个不同部分的器官对事物的感受是各不相同的。这些丰富的属性要求记者观察时要调动眼睛、鼻子、耳朵和手脚等多种器官，全面反映客观事物的状态。"我们用眼睛观察的同时，还要善于调动身体各部分器官，不仅用眼睛看，还要用耳听、用鼻嗅，以及尽可能用嘴说，用口尝，用身触，形成'全感采访'……把新闻报道写得有现场感、立体感，让读者读犹如进入现场一般。"[①]如果单一地使用视觉进行观察，所获得的材料势必很单一，也不能全面反映事物的状态和属性。

曾有一位记者采访小学生的"养成教育"活动课。他到学校一看，发现同学们从家里带来菜刀、菜板、盆、擀面杖、面、菜等，摆放在教室里，煞有介事地包起了饺子。有的剁馅，有的擀皮，有的来包，有的烧水煮，记者看到了同学们认真忙碌的样子，听到了快乐的说笑声，闻到了饺子的香味，还亲口品尝了同学们煮的饺子。记者以自己看到的、听到的、闻到的、尝到的为素材，写了一篇新闻。读者读来饶有趣味，获得了"立体感受"，宛如置身其中，真实可感。

（五）观察与思考相结合

在观察中要善于思考，只有通过思考，才能对哪些材料重要哪些材料不重要作出准确判断，才能选准观察的重点；也只有敏于思考，才能将零散的观察材料联系起来，透过现象看出事物的本质。这就要求记者在观察采访中不仅要看，而且要思。观察在思考的指导下展开，思考在观察的基础上进行。离开了思考的观察，只能停留在事物表面，而不能对事物进行整理、分析、研究、归纳，因此也无法构成完整的新闻形象。名记者张飚在二十世纪八十年代仔细观察了中国农村改革开放发生的巨大变化，搜集了许多新闻素材。他一边观察一边思考：短短几年农村变化这么大，变化从何而来？他终于思索出是党的3个一号文件为农村的巨变插上了腾飞的翅膀。后来，他把3个一号文件列为算术公式：1+1+1=腾飞，据此写出了报道。这样的报道就胜人一筹。

再如20世纪50年代，人民解放军解放大陈岛时，人民日报女记者金凤随军采访，事后金凤回忆说："岛上的居民全部被国民党军队胁迫走了，根本没有人可以采访。在这种情况下，我只能用眼睛采访了。我看到田地里扔着锄头，孩子咬了一口的米团还穿在筷子上，沙滩上一行行的血迹和美军军用刺刀并列在一起……这些情景表明敌人在逃走的时候，是用武力逼着岛上的居民同他们一起撤走。凭着这些观察到的东西，我写了《大陈岛在控诉》这篇报道。"[②]金凤对这篇报道的采写，并没有岛上居民可供访问，金凤完全凭借观察采访搜寻新闻材料，通过思考，最终得出了岛上居民是被国民党武力胁迫走的这个事实。

---

① 张建新：《观察采访初探》，载于《新闻界》，1996年第3期
② 孙世恺：《怎样采写新闻》，北京出版社1989年版。

附录

一、实践练习题

任选一位任课老师和一位同学,写两段观察采访文字。

要求:

1. 文字简洁;
2. 每段文字 150~200 字;
3. 捕捉细节作生动描写。

二、请阅读下面这则利用观察采访获取报道素材的报道范文。

四川宜宾河水冒气泡 尚难判断是否地震前兆[①]

南广河冒出的巨大气泡

当报道了宜宾市高县南广《河里冒出奇怪"泡泡",就像烧开水》的情况后,引起了宜宾地震部门的高度重视。昨日从宜宾地震局获悉,目前该局已派出专家和工作人员前往现场了解情况,并要求高县防震减灾局做好南广河水面冒泡现象观测记录,并及时汇报。

据宜宾地震局有关人员介绍,南广河里冒出奇怪"泡泡"后,该局局长周永富带领专家和工作人员在现场看到,在 1 小时内,该河出现了 4 次冒水带泥沙和冒水不带泥沙的现象。经对"异常"现象进行观察,大的气泡出现后,伴随着泥沙的出现,在气泡冒出后形成的圆圈是一种白色的泡沫状,但和水开后冒泡完全不一样,且出现范围在 150 米左右的河段。由于该河段为南广河高县来复水电站淹没库区,河床岩石性质为侏罗纪砂岩,淹没前水浅时人可以走过河去,如今被水淹没后一些地方岩石露出形成石滩。目前该河宽约 50 米,水深在 30 米左右,水流较为缓慢,调查人员初步认为河底有气体溢出。经过地震部门对周围区域的岩层产状勘察,其岩层产状平缓,砂、泥岩互层稳定,未发现断裂构造,据了解高县也没有天然气等矿产资源。为此,宜宾地震部门认为单一

---

① http://news.sina.com.cn/c/2008-09-08/165416253787.shtml。

的现象出现，目前还缺乏是地震前兆异常的科学依据，同时已将调查情况及会商意见向省地震局进行了汇报。

目前宜宾地震局要求高县防震减灾局做好南广河水面冒泡现象定点、定人、定时的观测记录，并及时汇报，力争查明原因。（记者　田富友　罗暄）

第三节　电话采访

电话采访即记者借助电话这种通信工具，向采访对象了解情况，采访新闻。电话采访获得的语音与电视画面一样，可信度更高，有现场感。在广播电视节目中，电话采访的应用相对较多。

一、电话采访的利弊

美国人格雷厄姆·贝尔于1876年发明了电话；在中国，电话最早于1882年在上海出现。在1912年泰坦尼克号撞冰山的报道中，《纽约时报》编辑部主任范安达架通了四条直通编辑部的电话线，成功地报道了泰坦尼克号失事的独家消息。这一事件成为电话进入新闻工作的第一个案例，但范安达不是运用于采访活动，而是把电话作为记者将采集到的信息传递到编辑部的工具。

由于激烈的新闻竞争关系，CBS和NBC两大广播公司遭遇了纸质媒体的集体信息封锁，从1933年秋开始被迫自己采集新闻。NBC的谢克特率先利用电话进行采访，先于报纸得到许多独家新闻，在当时轰动一时，谢克特是第一个以电话为媒介进行采访活动的记者。

（一）电话采访的优势

电话是现代人的生活必需品，即便是普通人，也很难习惯没有电话的日子；作为记者，电话更是必不可少的新闻采访工具。之所以离不开电话，原因主要有以下两点。

1. 跨越空间，节省时间

除极少数边远山区电话信号较差外，绝大多数地点通话顺畅。新闻主要发生在人口密集的城市，电话采访在地域上的使用限制范围已经很小很小。电话采访和网络采访一样，无须舟车劳顿，一拨即通，千里传音。随着智能手机功能的丰富完善，以及手机网速的逐渐提升，随时随地观看网络视频也已不是梦想，万里之遥也能"面对面"。手机，真正将中国神话中的千里眼、顺风耳两大仙术集中在"手"里可控的"机"上了。跨越空间，节省时间意味着节约媒体单位的物质成本，节省记者本人的精力成本，在今天这个传统媒体利润日渐稀薄的环境中，节约成本是个很重要的问题。

2. 减轻被采访对象的心理压力

现场采访，特别是有摄像记者在场的采访活动，采访活动刺激产生的霍桑效应会更强烈。电话采访将交流双方分割在各自熟悉的日常工作生活环境中，双方更显随意，交流内容有时会更显坦承。除了减少霍桑效应外，一些特殊话题如采访对象个人隐私的采访，某行业某单位内部丑闻的揭露等，电话采访也是减轻采访对象心理压力的一种采访方式。

（二）电话采访的局限和不足

作为沟通交流工具，电话虽然方便，但双方隔离着物理空间，仅凭各种物理"波"连着，有些事儿是难以说透的，故电话的不足，也需要我们一一正视。

1. 易造成听觉上的误差

我们看电视，许多人不喜欢看没有字幕的剧目，因为即使是讲普通话，我们很多时候也听不懂。原因就在于汉语的同音字词太多，加之语音线性传播，瞬间即逝，接受困难。电话通话也存在同样的问题，容易造成误听。误听当然可以通过重复提问来补救，但不是每个误听都会被我们意识到，那些没被意识到的误听内容就会被误解、误信，新闻就会误报。

2. 获得材料有限

相比面访，电话采访更容易疲惫，通话时间有限。面访只要双方交流愉快，时间就不是问题；而电话采访很难超过20分钟。面访允许谈话中途插入其他活动，如喝下茶，上厕所，为融洽谈话气氛聊会儿"闲话"等；而电话采访一旦有效交流中断，采访活动就会随之停止。除此之外，电话采访只能获取话音信息，记者不能像现场采访那样，可以进行资料查阅，对采访对象所处环境进行观察等，获取的材料类型单一，信息有限。

除了这些影响外，出于礼貌原因，现场采访时采访对象有时不好拒绝采访对象，特别是面对形象气质佳，或有名气和内涵的记者时，采访对象容易情绪受控，在心理上自降一等，会不自觉地迁就记者。而电话采访消除了现场因素的影响，双方心理上更容易平等，采访对象拒绝回答某些要求也就更容易了。这正如我们旅游时无法拒绝景区里兜售的年迈婆婆递上来的一个小工艺品一样，但我们拒绝电话里的产品推销则不会产生心理障碍。电话采访中，记者对采访对象的心理控制力相比现场采访要弱，信息获取的难度一般也会相应增加。

3. 缺少形象画面

电话采访信息来源渠道单一，记者很难捕捉到细节信息，在进行文字报道时，难有细腻的场景描写、神态描写；对电视报道而言，也无法获得形象直观的视频信息。新闻作品的符号单一性，会造成报道的枯燥，作品的可接受性也就差了。

随着4G手机功能的完善和网络信号的覆盖面扩大，电话正与网络日渐融合，电话采访方式与网络采访方式的差异正变得模糊。因此，仅有通话短信功能的传统电话采访的缺陷正在慢慢被智能手机弱化，未来的电话采访，功能将更强大，信息获取的类型将更全面，应用的范围和频率，都将大大地扩展和提高。

二、电话采访应用范围和录音

尽管电话采访具有种种优点，但也存在自身的不足，在选择采访方式时，要与其他采访方式统筹考虑，综合应用。

（一）适用电话采访的情况

一般而言，以下几种情况适宜采用电话采访。

联系采访，提前预约。现场采访或正式采访活动开始前，需要提前联系采访对象约定采访的时间地点，或者提前告知采访的主要内容，让对方早作准备。此时，电话短信或即时通话就是最好的沟通方式。

重大事件，搜集反应。有些重大新闻事件的影响面广，社会反应如何既关乎社会价值态度，也反映民意状态，对事件的具体处置颇具参考价值。此时，电话可以作为搜集各当事方态度的信息工具。如实行全面二孩政策刚刚公布后，记者通过通讯公司的帮助，利用抽样方法从手机用户中抽取一些样本，进行简单的电话采访，就可以了解国民对此项政策的反应和态度，科学准确地预测全面二孩政策将会产生的社会影响。

突发事件，快速报道。突发事件发生后，受众关注度高，流言生成、扩散速度快，社会反应强烈，报道的时效性之争是满足受众信息渴求和新闻媒体相互竞争的关键角力点。视频类信息需后期制作影响速度，此时电话采访直接播报，或者迅速往编辑部传递信息，都是电话采访方式大展其长的关键场合。如地震发生后，记者很难第一时间赶到现场，电话采访就可以派上用场，可以用电话采访及时报道灾区的救援工作、灾民的安置、灾区的卫生防疫状况等具体情况。

热点话题，广泛调查。新闻门类中，话题性新闻更多涉及思想观点的争论，电话采访专注于声音内容的特征正好满足这类新闻的需要。电视新闻报道中，电话采访可以让观众避免画面的干扰，专注音频信息的接受，有助于观众思考理解。

咨询专家，释疑解惑。一些有理解障碍的新闻事实，需要借助专家学者的通俗化解释和专业化解释，一般受众才能听得明白，看得清楚。记者针对可能有理解困难的新闻报道，或为了增强报道的指导性，就可以考虑采访专家。由于专家一般都比较忙，也会因为工作关系与记者形成良好的关系，记者有需求时，可借助电话咨询。

传闻颇多，澄清事实。流言与名人大事总是如影随形，真真假假、虚虚实实，莫衷一是，对这些流言，有些无关紧要或无条件调查清楚，可一笑而过；对那些重要又有条件弄清楚的传闻，则可电话采访当事者，用来自当事人的声音击碎谣言或证实流言，还舆论一个平静。

事实简单，补充采访。有些新闻事实比较简单，现场采访费时耗力，完全可以借助电话来完成采访任务时，就可以选择电话采访。电话采访很难深入，更多时候记者是将其作为辅助手段来使用。如从现场采访回来后，发现一些细节、数字没了解清楚或有缺漏，就可以通过电话来做补充采访。

（二）电话采访的录音

电话采访时手的速度赶不上嘴的速度，为避免漏记错记，在使用电话采访时可以考虑录音。在智能手机的帮助下，录音是一件相当便捷的事情，但录音应征得对方的同意（如果通话录音不是作为用于传播的音频材料，则可以不用征得对方同意）。因为，接受采访不是采访对象的义务，那么，他们即使同意了接受采访，也不等于就同意通话内容被录音传播。

真正意义上的录音采访，是20世纪70年代中后期在美国最先普及起来的。从最早的小型盒式录音机到现在的数码录音笔，带有录音功能的相机、电话座机、手机等，各种录音采访设备存在的价值都是为了记录下采访对象的谈话内容，以便采访者整理写稿。

除了便于写稿外，采访录音还是捍卫新闻的真实性，保护采访者的重要手段，采访者可以为采访内容的真实性提供佐证。在一些采访活动中，尤其是批评性报道，经常出现被访者在文章见报后"翻脸不认账"的情况，甚至与记者对簿公堂。在这种情况下，当时采访过程的录音就将是记者保护自己的有力武器。曾经轰动一时的富士康向《第一财经日报》记者就采访超时加班一稿索赔3 000万元一事，由于记者拥有富士康公司外联部工作人员的采访录音等证据，后经过双方协商，最终达成和解。[1]

三、电话采访的几个技巧[2]

打电话是常用采访方式，一名记者的大部分联系和交流活动都是通过打电话来实现的。掌握打电话的基本礼仪，养成良好的打电话习惯，能有效地提升采访效率。

1. 打电话前要调整好衣着身姿

有个营销行业的小故事是这样的：

某晚，有个推销员在睡梦中突然醒来，因为他想到还有一业务电话未打，于是他马上起身穿好衬衣，打好领带才抓起电话去打，他老婆觉得甚是奇怪，就问他："老公，你打个电话还穿得那么整齐干嘛，你要出去啊？"她老公回答："我穿好衣服打电话，表示我对顾客的尊重，虽然顾客看不到，但我想顾客能感觉到我对他的尊重。所以，我一定要穿衣服打这个电话。"

打电话的道理是相通的，新闻采访电话，同样要注意打电话时的衣着，试想，穿着短裤和身着西装，打电话的感觉是一样吗？打电话时的身姿也很重要，再设想一下，你是公司一员工，给老板打电话时你会趴在床上打吗？身姿与衣着，都会影响打电话时的心情，只不过，有些人受这些因素的影响大些，有些人受到的影响小些而已。另外，电

---

[1] 张玮：《采访录音是把"双刃剑"——从〈读者文摘〉"真实性调查"制度说开去》，载于《新闻记者》，2009年第5期。
[2] 以下主要内容来自署名BBC特派记者《电话采访的几个技巧》，载于《青年记者》2005年第1期。

话采访过程中不要喝水、吃零食，当对方感受到后，会觉得记者缺乏对通话的重视。

2. 养成随时记录的习惯

在办公桌上或采访包中，应时时备有纸和笔。一手拿电话，一手拿笔，通话时随时记录。记录时不但要记下谈话的内容，还要尽可能记下谈话的语气、语调、语速，以便于显现谈话者的态度和感情色彩。对人名、地名、数字、专用名词等以及精彩的话语要边记边核实。边打电话边记录，有利于集中思维，整理思路，利于提高采访效率。

3. 打电话先要自报家门

打电话先要自报家门，如"你好！我是某某报社（电台/电视台）的某某某。请问某先生在吗？"如果是秘书接的，等本人来接时，还需再报一次姓名和单位。为使对方能听清楚，说话节奏应比交谈时稍慢些。

即使是经常通话的人，也不可省去自报姓名这一道手续。不应想当然地认为对方定能听出自己的声音，以致对方在接电话时还得分神猜想是谁打来的电话。虽然采访对象可能已经接触过几次，但对方不一定能记住自己，因此记者自报家门时不可只说"我是小李"什么的，让对方花精力来猜，特别是那些很忙的采访对象，对这种情形会很反感，所以在自报家门时应报出全名。

4. 电话开始时要先确定对方是否有合适的通话时间

当你给他人打电话时，他们也许正忙。你应当表明自己尊重他们的时间，并给他们足够的时间作适当的调整。你可以在开始讲话时问一下对方："您现在接电话方便吗？""您现在忙吗？""您现在有时间接受采访吗"等。

如果你想确定时间进行具体采访，应征询对方定在哪一天、哪一个钟点更为方便。这样做，既是为了使对方能定下来心来与你从容讨论，同时也是个礼貌问题，毕竟在别人正忙时去电话打扰是不礼貌的行为。

在电话中要说明打电话的目的以及需要多长时间。应实事求是，既不可多报，也不能少说。明确需占用一刻钟，切不可只说："可以占用你几分钟时间吗？"应该说："××总，我想就××事采访一下您，大概需要一刻钟，方便吗？"如果受访者此时很忙，或不方便接受采访，记者要尽可能与受访者约定下次访谈的时间。这时候最好用选择性的问题来进行约定，如："您看我们的下次采访是定在明天上午还是下午呢？""是下午两点还是下午三点呢？"尽量给我们的下一次采访创造条件。有时你可能只是为了和对方约定一个合适的时间再去电话，但如果对方说"现在就可以"，则不宜再推迟采访。如果不得不在对方不方便的时候去打搅，应当先表示歉意并说明原因。

5. 表明自己打电话的目的

当你接通电话时，立即向对方讲明自己打电话的目的，然后迅速转入正题。采访上的机智在于你能否在30秒内引起他人的注意，最有效率的记者几乎从来不花费一分钟以上的时间讨论任何不相关的事情。

6. 避免与旁人交谈

当你打电话时，如果你中途与身边的其他人说话，这是极不礼貌、也不合适的行为。如果你万一这时有一件更加重要的事情需要处理，你应该向对方道歉，并讲明理由，然后以最短的时间处理完这些事情，不要让他人久等。如果你考虑到对方等候的时间可能会很长，你可以向对方道歉，然后过一会儿再打过去。但在你打电话时，最好要避免这种情况的发生。

7. 提问简洁，语气平和

由于通话费越来越低廉，人们接打电话也越来越随便，每天用于通话的时间也越来越长。但事物总有两面性，人们接听电话的认真程度也相对降低，往往是一边接电话一边做其他事。在这种通话情境下，如果提问啰嗦，老半天都说不清楚问题，接听电话的人会很不耐烦。因此，言简意赅地表达是对记者电话采访时的基本要求。通话时，记者要语气平和，不惊诧尖叫，也不前言不搭后语地表现出对交流内容的不重视，或流露出紧张情绪，语气平和表达有内容，方能提高采访的效率。

一般来说，许多人都不太愿意接受采访，记者采访是求人的事儿。因此，记者打电话时要客气点，热情点。但凡事有个度，太热情了也不好。毕竟人是有差别的，许多采访对象是陌生人，记者太过热情，反倒会让对方觉得虚假。而且，一些人喜欢跟热情的人打交道，一些人则反感过度热情的人。

8. 不要占用对方过多时间

当你主动给别人打电话时，尽可能避免占用对方过长的时间。如果你要求对方查找一些资料或说出某个问题的答案，就可能占用电话时间过长。因为大多数情况下，对方不一定马上就能替你找到资料，或者立即给你做出一个肯定的答案，你必须给予对方一定的时间。如果你给他人打电话时间过长，对方可能十分反感。因为也许他正等着处理某一事情，他内心期望你立即放下电话。因此，当你考虑到对方可能要一段时间才能给你答复时，你可以先挂上电话，要求对方回电告知你，或者你过一会儿再打过去，这样就不会过长时间地占用他人的电话线，以免影响他人的正常业务。

9. 妥善组织通话内容

通话前，最好事先把采访提纲寄给采访对象或将其电传过去，使对方有时间准备，这样通话时采访对象可对照准备的资料来谈，采访的效率会大大提高。组织通话内容时，记者要把提问内容按主题作大致归类，分为若干部分，通话时每部分之间稍作停顿，使对方有时间作出反应。通话过程中，记者对采访提纲上所列要点应讲完一条勾掉一条，这样可避免分心或遗漏。

一般性的采访当然不必如此大费周章，但通话前仍需要写出采访要点，不可临时才想。另外，通话前要把所有可能用到的资料准备好，不要临时东翻西找，手足无措。

10. 用心听

在电话中交谈时常有听不清的时候，所以应特别注意集中注意力。有人打电话常爱东张西望，动动桌上的东西，心不在焉。这种习惯很不好，容易影响通话的效果。打电话过程中绝对不能吸烟、喝茶、吃东西，甚至是懒散的姿势也会被对方"听"出来，如此对方会认为你不尊重他/她，影响交流效果。

11. 注意自己的语言

采访电话一旦接通，记者的语言就应该从"生活随意型"转到"专业型"。在家中，在朋友面前，记者可以随心所欲地表现自己的本真；但在采访中，记者就必须养成合适的修辞、择语和发音习惯。措辞要切合身份，不可太随便，也不可太生硬。称呼对方时要加头衔，如"博士""经理"。无论男女，都不可直呼其名，即使对方要求如此称呼，也不可随意。

说"您"字开头的话时应慎重，不要对对方的话妄加评论。像"您忘了""您必须""您忽略了"之类的话，即使语调再平和，在电话中听去也使人有被教训的感觉。听话时，最好插用一些短语以鼓励对方，如"嗯，嗯""我明白""我理解"或"好，好"等。对对方的要求作出反应或对方提出要求时，态度应积极明确，比如"请放心，这个材料我不会用到报道中"，等等。发音方面，记者要吐词清晰，表达流畅，音量适中，语速适当。

12. 适时结束通话

通话时间过长意味着滥用对方的善意。你以为对方谈兴很浓，也许他早已意兴阑珊，只是出于礼貌不好主动提出结束。一般而言，想要结束电话采访，应该由打电话的一方来提出，然后彼此道别后，再挂电话。通常可由对方先挂电话，切不可只管自己讲完就挂断电话。挂电话太急，一是显得不礼貌，二是有时采访对象准备挂电话时，会突然想起要补充或强调一些内容，挂太急了，会扫对方的兴，错失一些重要信息。

13. 挂电话时不要急于评论

电话采访结束通话时，应说几句客气话："打扰了您的时间，感谢对本媒体工作的支持"，"谢谢您接受采访"。通话结束但话筒没放稳，或手机没有按结束键前，千万不可发牢骚，说怪话，对刚才的交谈妄加评论，以免被对方听到。要真是那样，可就太煞风景了。

电话采访最主要的弊端是有可能造成报道失实，解决这个问题不妨通过电话多采访几位相关人士，如果多人讲的话基本都一致，通常就可以确定是真实可信的。另一个方法是，文章写好后，最好发给采访对象看一下或在电话里读给对方听听，这样也能避免电话采访带来的失实问题。[①]采访是一种创造性的劳动，要写出准确、鲜明、生动、形象的新闻作品，需要记者深入新闻现场作实地采访。效率增加一般会带来质量降低，尤其是当记者对采访所得缺乏职业本能的质疑的时候。一个新闻事实是否确实存在，至少应该有来自三个不同层次，且没有"串供"可能的信息源信息能够相互印证。

---

① 倪燕英：《从一篇报道的数字看电话采访的运用》，载于《东南传播》，2011年第5期。

媒体的新闻操作手段越来越快捷，随着手机2G、3G、4G……信息通路的不断升级，可能会出现未来我们电话采访某一对象，而采访对象不仅说了很多，而且还通过手机自带的摄像机"直播"现场实况（现在也有这一功能，但图像太不流畅）。但无论未来手机功能多么强大，都需要我们更多接触现场，需要有更多的人际互动，因为无论采访对象能提供多么真实全面的"现场直播"都无法代替记者的"身临其境"。

将电话采访材料整理成稿时，可以用对话体的形式，将采访中获悉的有价值的对话内容剪辑其中，这种方式无须谋篇布局，写作省力。也可以对通话内容进行概括归类，以全知视角进行叙述，这种方式相对写作难度更大，但这种方式可以将电话采访以外的内容有效地融入其中，内容容纳范围更大。新闻稿中，既要包括谈话内容，如果有需要，也可以将通话中感受到的语气、语调以及能反映心情和个性的语速等信息呈现在新闻稿中。下面这个案例就是利用电话采访方式写就的新闻稿，其信息捕捉得较为全面。

案例

一名城管的来电：我们是由上至下的腐烂

9月21日上午8时36分，一名自称是城管身份的男子打进本报热线，电话里，这个声音听起来已经有些浑浊嘶哑，滔滔不绝地在电话里对接线员述说自己作为一名城管内心的羞耻感和无助感。

"我是一个城管。一直以来，我都对自己是一名城管而感到羞愧。很多时候，我都不愿意告诉别人我是一个城管……"

在长达20多分钟的通话里，他始终不愿意说出自己的真实姓名，只是强调："这些话，我压在心里已经很长时间了。只想找个人说说，让我内心的负罪感可以减轻一点点。"

城管队员

我们是由上至下的腐烂

电话那头传来摆弄打火机以及深深吸气的声音，大概过了半支烟的时间，中年男子终于继续开口说话："一直以来我都感到很羞愧，我很真诚地跟群众和小商小贩们说声'对不起'……城管是'害群之马',这句话是正确,但是并不准确。现在我们的城管队伍已经病入膏肓了……"讲到这里,男子的声音已经显出愤怒,他对我们"预言":"不管你们怎么报道,违法执法一定还会继续下去。为什么?!"接线员还来不及说话,他就已经自问自答:"因为我们已经病入膏肓了!是由上至下的腐烂!领导和队长都是这样做的,他们根本就没有一点羞愧感,还在骂爹骂娘:'老子就是这样子整!'没有一位领导站出来说,我们的做法是对是错。"

没收的东西自己拿回去吃了用了

谈到本报近日来的曝光,这个城管说出自己看到的事实:"城管打人的报道大家已经见多了,记者上门采访的时候,犯了错的城管,不但从来不追究责任,反而一直在为自己辩护。我看得太多了。"又是一阵叹息:"他们大言不惭地说自己是合法执法的时候,连脸都不会红一下。"

而对于城管人员经常出现在办公室的一些"零食",这名男子说:"我们城管办公室里的水果啊这些东西很多,这都是'没收'那些小贩的。"

他告诉我们,"这些东西并没有像城管告知新闻媒体的那样——教育后归还给小商贩。而是被领导们自己拿回去吃了用了。"

我在深夜拷问自己的良心

在他从事城管的日子里,他时时在夜深人静时拷问自己的良心:"有一次,我们几个同事一起'执法'。一个70多岁、走路都颤颤巍巍的老大爷蹬了一辆三轮车,我们几个强行没收了老大爷的三轮车,那位老大爷当场给我们跪下来,哭着求我们把车还给他……但是没有一个城管敢站出来说句良心话,包括我自己也不敢,如果我站出来肯定会被他们骂,说我'吃里扒外,是个瓜娃子',当时我真是心如刀绞。""他的年龄可以做我的父亲。"中年男子在电话里说着当时的情形,忍不住语带哭泣声。

"你们早报这次真的是伸张了正义,希望你们能勇敢地继续报道。"说完自己闷在内心的话,该男子给我们致以衷情的祝福后放下电话。

(据天府早报)

城管队长

要解开这个死结,太难!

在这名自称城管的男子电话结束后,9时09分,早报热线再次接到以下电话:

我作为某区的城管队长,你们所谓的"不文明执法"(的报道),是很肤浅的。这(城管的执法问题)已经形成了一个死结,一个怪圈。我现在已经主动提出调离了,因为我没办法在这个圈子里待下去了。城管已经成了一个工具,只是一个工具而已,城管的管理难度太大,大事管不了,只有管小事,管弱小群体。你们的报道最终只能是不了了之。要解开这个死结,太难了!除非真正做到以人为本。(来电原声)

第四节 网络采访

李希光曾在 2000 年出版的《网络记者》一书这样描述网络在新闻工作中的角色：当你托人买好票，把录音机、电池、磁带、照相机以及牙膏牙刷毛巾和刮胡刀匆匆装进包里，打车去机场，飞往贵阳去采访这天在美国《科学》杂志刊登封面文章的化石研究专家时，另一家新闻单位的记者已经完成了这篇报道，他是在办公室里完成的。他先在互联网上阅读了这本杂志和照片，并根据《科学》杂志在网上提供的采访线索、电话和 Email 地址，除了电话详细采访了贵阳科学家外，还通过电子邮件网上采访了（因为国际电话太贵和打国际电话有时差）五个国际上的权威专家，调阅了数十篇与这类化石相关的文章和照片。当你第二天筋疲力尽地坐在飞回北京的航班上，思考着选个什么样的导语时，你突然看到邻座的乘客翻阅的报纸上赫然醒目地刊登了你正在构思的长篇报道，报道旁配发了一张大照片。你这时可能才猛醒："哇，人类进入了互联网时代"。

今天，当一名记者每天坐在电脑前，上网快捷地查阅西方通讯社和新华社的电讯稿，搜集研究选题材料时，他不敢想象，如果失去了网络，他的工作将如何开展。网络采访作为一种采访方式，其运用正随着网络工具的日益丰富而得到了日益普遍地应用。所谓网络采访，即是以互联网作为新闻素材采集的环境或手段，用搜索、采访、下载和编辑加工等方式采集素材及相关资源。

一、网络在新闻采访中的作用

作为记者与信息源的中介物，较之于传统的书信、电话，网络对信息沟通的工具性价值更高。随着移动互联网技术的不断升级，以及自媒体平台的丰富和功能完善，网络作为采访手段，其功能将进一步得以释放。就目前而言，网络对采访的功用主要有这样一些。

（一）寻找新闻线索

传统的新闻线索主要靠记者走访发现，现实社会正在全面虚拟化、数字化，机构网站或各类社交媒体是人们信息交流的平台，也是记者寻找报道线索的重要渠道。除了主动在信息平台上搜取新闻线索外，记者还可以借助个人微信、微博、即时通信工具等方式，接受来自网络对象主动提供的新闻线索。

高校寒假排行榜网上热传：中戏放 60 天在京居首

京华时报讯（记者 郭莹）近日，一份"拉仇恨"的"全国 211 高校 2014—2015 年寒假排行榜"在网上流传，并称这是 38 年来的超长寒假。在京高校中，中央戏剧学院以 60 天假期高居榜首，首都医科大则只有 27 天寒假。记者从部分大学了解到，寒假延长主要与今年春节较晚有关。

教育部很早就给予了高校根据教学任务安排放假的自主权，各个高校一般根据春节来调整寒假天数，并且在学期初便会在校历中确认下来。记者从部分学校了解到，由于今年春节晚，学校大多延长了寒假时间。为了错开春运，放假时间也不固定。在这份榜单中，多数大学延长了寒假时间，大约一周时间，也有部分大学与去年持平。

在北京的诸多高校中，最受关注的是中央戏剧学院，学校校历显示，该校寒假时间从 1 月 12 日到 3 月 15 日，共计 60 天。去年该校寒假时间也达到 56 天。紧随其后的是北京外国语大学，放假天数为 52 天，其次是北京工业大学、北京林业大学、国际关系学院，寒假都是 48 天。

中央戏剧学院的老师表示，放假时间都以校历为准，学校会保证教学课时。

在京高校中寒假增幅最多的当属北京师范大学，去年该校寒假只有 29 天，被学生吐槽"放假即过年"，今年寒假调整为 43 天，比去年多了小半个月。去年垫底的人大和北邮今年的寒假都超过了一个月，达到了 34 天和 35 天。清华大学则稳定地保持着 43 天寒假，没有变化。

这篇新闻的线索，就是来自于各高校网站公布的校历和放假通知。记者运用对比思维，发现各高校放假时间长短差距很大，于是通过线下采访的补充，形成了这篇报道。

在各个网络信息平台中，微博是重要的信息获取平台。由于微博支持多平台的信息输入与输出，4A（Anytime，Anywhere，Anyone，Anything）的应用便捷性使其成为政府机关、学校、企业、个人等的信息发布平台，微博由此成为媒体获取新闻线索的重要来源地。在众多的微博用户中，关注名人微博更容易获得新闻线索。像王宝强、韩寒、易中天一样的当红名人的一举一动都会引发广泛关注，而微博是接近这些人的最佳渠道。名人为了不被媒体打扰，同时为了保持一定的曝光度，也喜欢通过微博发布消息，关注这些用户自然能获得大量新闻线索。除名人微博外，转发多的信息、评论和草根名博也是获取线索的一大来源。

除了记者主动在微博信息中搜寻新闻线索外，微博还为公众的新闻报料提供了便捷的通道。记者的微博粉丝，其实就是其社会耳目，他们在关注明星主持人、记者、策划人、编辑的过程中，会主动提供一些新闻线索。微博的私信功能，是媒体继电话、网络论坛、QQ 之后的又一全新的报料平台。媒体人赵晓梦认为，微博相比电话报料，其有效性和专业性更强，因为微博报料首先得是微博用户，网络对报料人的身份进行了筛选，因此提供的线索有效性更强。[①]

（二）在线采访

网络作为中介媒介，可以与一人或多人进行在线交流，即时通讯、邮件、微信、微

---

① 赵晓梦：《一条微博引发纸媒变革的四点思考》，载于《中国记者》，2010 年 10 月期。

博等，都是常见的在线采访工具。在线采访是一种借助在线服务进行新闻采集的采访方式，国外称电脑辅助报道。有的媒体和记者通过开通"媒体QQ""讲述博客""市民微信"等栏目，利用网络平台开拓新闻资源。读者可以在QQ、微博上反映问题，而记者可以与其进行在线交流，并根据"聊天实录"或留言写出有关报道，媒体新闻资源由此得到了拓展。

与传统媒体的采访方式相比，由于交流不受时空限制和匿名性特征，对某些被采访者而言，可以避免因当面采访的压迫性而产生的局促，信息表达更加灵活周全。但同时产生的局限性也很明显，由于缺乏视觉意义上的实证观察，被采访对象可以隐匿重要事实，隐匿自己与新闻事实的相关性。所以，在线采访的事实一定要经过多点采访的求证。其次，记者自身要有较高水平的资料分析能力和逻辑推理能力。在实际的新闻操作中，除非时间压力和经济原因，一般应把传统方式和在线方式结合起来运用。下面的这条报道，就是记者从网络上得到采访线索后，利用微博私信等方式，完成的一篇采访报道。大家可以认真分析一下，想想报道中的各个信息点，是从什么渠道获得的，有没有更好的信息获取方式？

案例

网民炫耀猎杀国家级保护动物 林业局回应严查中

2014年11月23日 东南快报

打猎人一手捏住白鹤脖子，一只手拉开白鹤的翅膀

已经死亡的豹猫被绳子捆绑在摩托车后

21日晚，有网友爆料称，"近日，听闻西藏墨脱县向导说，有打猎人在该县雅鲁藏布大峡谷核心区布下大量钢丝套，猎杀国家一级保护野生动物白鹤和西藏自治区二级保护野生动物豹猫。"昨日下午，国家林业局官方微博回应称："正在严查中！"

昨晚，墨脱县林业局局长兼森林公安局局长旦增表示，已接到上级部门指示要求核查此事，目前已介入调查，查实后将根据国家相关法律进行处理。

网友：有人炫耀猎杀白鹤豹猫

"昨天，有人打了只白鹤显示自己有多牛，今天又有广西人出来炫耀自己打的豹猫有多大""这是要把祖国大地的野生生命都逼上绝路吗？"网友@光阴几何web在微博中称，随之附上四张触目惊心的图片，并点名质问国家林业局"你们到底管不管"。

其中一张图片显示，打猎人一手捏住白鹤的脖子，另一只手拉开白鹤的翅膀，图中打猎人满脸笑意像是在炫耀自己的成果。其余三张为"广西人"猎杀的豹猫，图中的豹猫已经死亡，身体则被绳子捆绑在摩托车后。

截至22日19时，该微博已被转发5 000余次，众多网友呼吁监管部门立即展开调查，严惩犯罪分子。

国家林业局：正在严查中

22日13时46分，国家林业局官方微博回应称："正在严查中！"墨脱县林业局局长兼森林公安局局长旦增告诉记者，他们已接到其上级部门林芝地区林业局电话，要求核查此事，该局目前已介入调查，一经查实将根据国家相关法律进行处理。

旦增介绍，该县雅鲁藏布江大峡谷地区确实有豹猫存在，是西藏自治区二级保护动物，而白鹤，可能是迁徙路过的候鸟。

据国家林业局官网公布的信息，白鹤为国家一级保护动物。根据刑法第三百四十一条规定，非法猎捕、杀害国家重点保护的珍贵、濒危野生动物的，非法收购、运输、出售国家重点保护的珍贵、濒危野生动物及其制品的，均属于违法行为，视乎情节轻将处以拘役或者5年以下，重则5~10年有期徒刑。对于"珍贵、濒危野生动物"的解释，包括列入国家重点保护野生动物名录的国家一、二级保护野生动物以及驯养繁殖的上述物种。

（三）查询背景资料

作为庞大的线上资料库，互联网上蕴含着大量的可以检索的信息资源，包括各种新闻信息、各种文献、资料、图片、数据库，等等。通过互联网可以实现资料检索和数据查询的全球共享。检索方便、及时，不受时间、地点和文本的限制，这使记者、编辑在运用新闻背景资料等方面更及时、更高效。

很多事实只有通过对比才会产生意义和价值。如曾经的铁道部对解决春运购票难问题的回应，当孤立来看时，只是这一部门对消费者的一次简单承诺，然而对比以往年岁的类似表态，会发现这一承诺的不严肃性，由此，报道内容会显得更加耐人寻味。

2007年

铁道部：到2010年将解决春运一票难求

2007年02月01日 5:09　　　[我来说两句] [字号：大 中 小]

来源：人民网

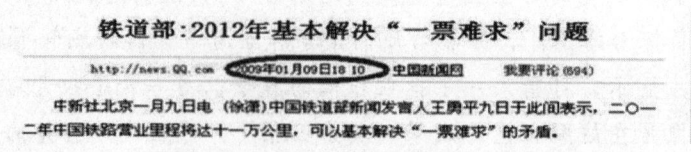

图4 历年春运购票难的铁道部承诺报道

（四）整合、报道网络上的各类信息

在信息时代，互联网已使地球变成了一个村庄，传统的"独家新闻"正面临新的考验，对新闻的整合、加工，诠释变得越来越重要。将网上各种来源的信息进行汇总、加工、整合，正成为网络环境下各媒体新闻报道的一种常见做法。

现在日常的新闻报道有很多是来自对网上信息的加工整理。以报纸为例，有很多信息常注以"本报综合报道"，这就是将网络平台上传播的各类信息进行综合筛选之后形成的报道类型。以下这篇报道，就完全是以网络平台的信息为基础，写就的一篇报道。

案例

嘉兴日报评论员因发表极端言论被报社开除[①]

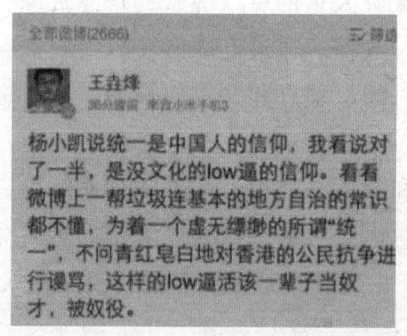
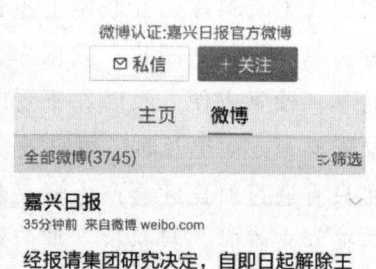

人民网北京11月23日电 据《嘉兴日报》官方微博11月23日发布消息，"经报请集团研究决定，自即日起解除王垚烽与本报的劳动关系。对网友给予本报的关心，再致深谢。"

近日，有网友揭露，浙江嘉兴日报社评论员王垚烽身为党报时事评论人员，却长期在微博发布极端言论。

---

① 原报道见人民网，http://society.people.com.cn/n/2014/1123/c1008-26076390.html。

（五）网络直播

一些大型可预期的活动，如果具有直播条件，网络直播比电视直播更便捷。网络直播既可作文字直播，也可作视频直播。视频直播可以作如宇宙飞船发射、水电站大坝截流、美国男子职业篮球联赛、文艺晚会等的直播。文字直播则可以用于一些画面单调，或内容较复杂的新闻事件直播，如学术讲座、文艺座谈、文体活动的直播、重大新闻事件的滚动播报，等等。自媒体的移动性，可以使记者随时随地进行微直播，增强新闻的时效性和现场感，培养受众对传统媒体最终报道文本的期待。

2011年2月，据群众反映，河南太康存在杂耍老板租用并逼迫幼童以杂耍之名行乞敛财的现象，《新民周刊》首席记者杨江得消息后，与多家媒体同行遂前往太康调查采访童丐真相。考虑到该选题不存在独家性、社会关注度高等因素，杨江决定对这次新闻调查采访进行全程微博直播。目的有三：一是将童丐问题及时通过微博曝光，以引起更多媒体与公众关注，迅速形成微博舆论场，防止不正常力量对调查采访的阻挠，同时引起社会各界对童丐问题的重视并推动问题得到解决。二是为后期新闻报道预热。三是扭转《新民周刊》在时效性方面的劣势，抢占新闻报道主动权。不出杨江所料，他通过实名认证的个人微博发布的每一条相关信息，都被网民大量转载。经过微博直播预热，公众对《新民周刊》即将出炉的报道产生了极大期待。一周后，杨江采写的《中国童丐真相》作为《新民周刊》的封面报道，获得了强烈的社会反响。①

随着社交媒体功能的日益丰富，公众新闻生产能力得以增强。许多突发新闻被现场群众利用手机进行网络直播，已成为司空见惯的事情。当新闻发生时，直播平台意味着记者有了"一切就绪的现场摄影机"。2016年3月布鲁塞尔的恐怖袭击发生时，有记者在观看现场目击者在Periscope上的直播后通过地图确定其位置，然后打车直奔目的地。与之相比，另外一些记者就跟无头苍蝇般盲目地寻找线索。这一事实显现，如果记者不了解这种直播app的话，也就失去了这次报道机会。作为21世纪的新闻工作者，精通各类应用软件，并将其充分利用，是一个重要的学习内容。

网络本身就是一个采访工具和播出平台，它将采访、制作、播出等流程集于一体，很多时候需要记者独立完成，这对记者技能的全面性和整体构思策划能力提出了更高的要求。

利用智能手机，每一个社会人都可以成为一个现场直播的"微博记者"。"微博记者"数量大、分布广、身份杂，因此发现新闻的触角多。特别是在突发事件中，微博记者能够即时报道、及时更新，其捕捉现场的能力要大于传统媒体。2010年8月，舟曲泥石流发生后，专业媒体记者无法在第一时间赶到现场。到舟曲走亲戚的大学生王凯手持便携式相机和手机，对特大泥石流灾害和救灾过程进行了微博"直播"，上传的照片、视频、文字成为许多媒体在灾情报道初期的素材。同年11月15日的上海大火第一条火情也来自微博。王凯以及上海大火中的博友们利用微博进行的现场直播及时、连续，图、文、

---

① 陈建云：《自媒体时代新闻记者的身份困惑与媒体规制》，载于《新闻爱好者》，2014年7月期。

评述齐全，成为媒体报道的重要素材。①

当然，微博更多扮演的是提供报道补充材料的角色，而很多的社会新闻和突发事件，新闻现场转瞬即逝，专业记者很难拍到第一现场，无处不在的微博博友往往能捕捉到现场情景，记者利用微博用户提供的图片和描述，能一定程度地弥补这一缺憾。

（六）设置话题获取公众意见、吸引受众参与新闻策划

各个网络平台是个人记录的工具，是公众分享信息的渠道，也是社会舆论的生发地。各种信息在这里聚集，成为现实社会在网络世界的一种符号再现，这里虚拟并不虚假，是新闻人观察社会变动、寻找新闻线索和获取报道素材的重要渠道。除了被动地从微博获取新闻线索和素材外，媒体还可以主动出击，利用微博组织一些调查和讨论，作为调查报道和社会舆论探测的重要参考依据。

新闻媒体可以主动设置一个话题，并为话题提供一些话题由头和背景材料。通过与微博博友的互动，最大限度地集思广益，倾听民声，发现民意。通过微博平台汇集的众多评论，可以作为传统媒体内容深加工的原料。在这方面，有一些成功范例，如 2010 年 1 月广东省两会召开后，《羊城晚报》社组织专门微博管理团队，在微博上设置话题，引导公众参与，并在报纸上开辟了"微博"版，把微博上的主要内容加以整合刊登，由此形成了"对象—微博—平媒"这一模式。②此外，《创业家》《新周刊》等杂志也多次在微博中设置话题，引导微博用户参与，并把主要观点和调查结果等转化成刊物的报道；此外还多次进行选题征集，获得了大量有价值的内容。

微博也是吸引网民参与新闻策划过程的有效工具。美国社会性媒体记者，网络趋势研究专家谢尔·以色列（Shel Israel）在撰写专著《微博力》时，每撰写一章前都会在推特（Twitter）上留言宣布他计划和谈论的话题，并向推特征求相关建议。最终，《微博力》中有 7 成多的案例都是由推特提供的，推特成为作者的脑力延伸，弥补了个人知识获取面的不足。③以色列的个案，彰显了微博在内容编辑中的价值。专业媒体在内容策划和编辑时，传统方式往往是关起门来开内部会议。这种小圈子讨论有着种种缺陷，一是仅凭经验估测受众趣味，难免失准；二是趣味固定，策划编辑人员受个人习惯的羁绊，容易丧失对新话题、新现象的敏感性；三是视角单一，尽管现在媒体深知"受众就是上帝"，但很多时候会固执己见。如果能够利用微博平台与粉丝们互动，可以测试选题，集思广益，拓宽内容渠道并突破个人思维的阈限。

二、网络采访的特点

网络采访是最新的一种采访手段，同时，由于网络应用工具类型的不断丰富，以及

---

① 范以锦：《微观让媒体更有力量：2010 年十大传媒事件》，载于《南方周末》，2010 年 12 月 16 日版。
② 王倩：《纸媒微博：新传播模式的实践与设想》，载于《中国记者》，2010 年 8 月期。
③ （美）谢尔·以色列：《微博力》，中国人民大学出版社 2010 年版，第 148 页。

网络移动平台的不断发展，新的信息交流平台不断涌现，网络采访的具体方式也越来越多样。

因为采访工具的高度数字化，这就要求网络记者必须熟悉网络环境，熟练掌握网络采访所必需的软件的应用，所以，网络记者除了像传统记者一样要有新闻敏感性和较高的写作能力外，还必须用网络"武装"自己，记者必须不断学习，要了解新媒体、熟悉新媒体，并能自觉有效地应用新媒体的特点为新闻采编活动服务。

（一）时效性强

网络允许同步交流和异步传播。相比现场采访，网络采访可以实现即时互动，信息获取的时效性强。同时，与电话采访相比，异步传播可以免除时差带来的问题。

网络既是交流工具，也是信息处理的平台，网络交流获取的材料，可以迅速处理成适合媒体刊播的成品，免除了信息录入的环节，信息传播与信息发生可以实现同步，新闻传播的时效性大大增强。

（二）便捷安全

对于一些不能、不宜于或因距离太远而无法进行现场采访或调研的新闻事件，记者就可通过网络进行采访。传统采访需要几天或几个月才能完成甚至无法完成的采访工作，在网络中数秒或几分钟之内就可以完成。网络采访速度和采访范围是传统新闻采访难以企及的。随着网络工具的移动化，记者可以随时随地上网寻找线索、收发邮件、即时交流，网络移动工具的小巧化和使用功能的日益丰富，让信息的收集、制作、传播实现一体化，信息处理日益便捷。

一些公众人物不愿意或没有时间接受来自传统采访方式的采访，但是他们有时候愿意接受网络采访，这在一些娱乐、体育报道中是比较常见的。在一些特殊采访活动中，网络采访也能发挥作用。如对传销活动的采访，负面新闻的采访中，采访对象感觉更放心，更能放得开；而对于记者而言，对自身的人身安全而言也是一种更安全的采访策略。

作为一种采访手段，微博是不错的选择。使用微博来采访其缺点是有容量限制，不太适宜大型采访。但如果是就个别细节求证，或是请采访对象就某个事件发表意见的小型采访，微博是不错的选择工具。

在采访方式中有电话采访、电子邮件采访和书面采访等中介采访方式。与书信采访相比，微博即时性强，访问对象可以第一时间收到信息，不会影响新闻时效。与电子邮件采访相比，微博更便捷，电子邮件需要登录网站，微博则有多个信息输入输出平台，使用更方便、互动性也更强。与电话采访相比，微博的打扰程度低。电话采访需要采访对象停下手头工作，容易打断对方正在进行的工作，如开会、开车、上课等；在时间上也有限制，如时差、坐飞机出行途中等，微博采访和短信一样，采访对象可以延时回复。由此可见，微博是一种非常便捷的网络采访方式。

（三）成本低廉

互联网的信息流具有跨地域的特点，作为采访手段，网络采访免除了现场采访中可能产生的交通、住宿等费用，采访成本大幅降低。对于一些不能、不宜或因距离太远而无法进行现场采访或调研的新闻事件，记者就可通过网络在办公室或家中进行实时采访，而不一定需要记者亲自跑遍新闻发生地。

（四）材料多元

通过网络可以收集更多样的信息材料。记者可以通过各种网络信息工具，获取照片、图表、音视频等材料。随着现代办公、购物、教育、金融、会议等各类社会活动的网络化和数字化，网络采访的应用范围也变得越来越大，可以获得的信息材料类型也越来越丰富。

各类自媒体工具，特别是最常用的微博、微信，打通了各类网络应用平台，极大地推动了信息的传播范围和频度。微信作为一个为智能终端提供即时通讯服务的免费应用程序，支持跨通信运营商、跨操作系统平台，通过网络快速发送免费（需消耗少量网络流量）语音短信、视频、图片和文字。同时，使用通过共享流媒体内容的资料和基于位置的社交插件"漂流瓶""朋友圈""公众平台""语音记事本"等服务插件，将生活服务功能、信息传播功能、社交功能等融为一体，极大地便利了日常生活，各种符号材料的"收"与"发"、大众传播和精准传播相结合，多元材料的自如传收方便了采访。

（五）可证性强

网络采访"易于保留采访记录"，材料的可证性强。记者的采访过程可以由网络记住，并能够完完整整地展现出记者采访的过程，使记者的新闻报道得到比较可靠的支撑。这就使得传统新闻报道的可信性不仅仅依靠记者个人的职业道德，也在于采访过程更完整可靠。因此，网络采访不仅便利了记者的采访，而且使采访变得更加具有可信度。

三、网络采访应注意信息的真实性

由于采访双方不能见面，被采访一方可能出现"冒名顶替""张冠李戴"的现象。因此，确认采访对象身份的真实性尤为重要。在采访不相识的人或匿名者的时候，尤其应当小心谨慎，确保对方接受采访的严肃性。

在国际上，已经屡次发生传媒因疏于核实网上的信息，而陷入报道失实的困境中的事件。1999年初，英国广播公司（BBC）《每周焦点》节目收到一份电子邮件，称塞拉利昂前外长阿巴斯·邦度对持续不断的内战负有不可推卸的责任。于是英国广播公司在未经核实的情况下在网上及广播电台报道了这则"小道消息"，于是阿巴斯向伦敦高等法院提出诉讼。6月28日，法院判决英国广播公司败诉并要求在其节目中以及在互联网上向阿巴斯公开道歉，赔偿名誉损失，并支付全部诉讼费。

对网络采访得到的信息，记者应仔细验证。

首先，要调查信息来源的可信度。一般说来，信息来源越权威，其信息越可靠，政府网站和知名媒体的信息，较之于一般的匿名信息发布者，信息的可信度更高。

其次，记者要判断信息发布者的发布目的。如果有商业利益联系，或者带有明显的政治偏见，那么信息的可信度会明显打折。对通过网络获得的新闻素材，我们可以利用网络来核实。互联网为我们提供了强大的搜索引擎和超级链接功能，我们不但可以了解到众多媒体对某一事实的相关报道，还可以从相关数据库里了解到与这一事实有关的背景材料，也可以追根溯源对新闻中引用的资料、史实、引语、数字等进行查证落实。通过反复的比较和鉴别，尽可能地对事实做出准确的判断。在条件允许的情况下，记者还应该尽量采用线下采访方式，对已有的新闻素材进行验证。

网络采访不像电话采访和现场采访，双方能够及时互动。与面谈和电话采访相比，电子邮件的反馈相对滞后，不能实现采访者与采访对象之间的实时互动，使记者难以控制和把握采访的节奏、进度。此外，由于被采访对象是在充分的考虑之下回答问题，记者也无法通过表情、动作等身体语言或声音来推知他的内心活动，限制了记者更深入、细致地了解和观察采访对象。

正因为如此，网络采访应尽量与现场采访结合应用，要综合运用各种网络采访手段，如与不太熟悉的消息来源联系时，更多地应采用电子邮件方式，因为相比其他采访方式，其干扰程度相对较小。而对有固定联系的消息来源，则可以采用电话采访方式。

附录

一、请下载《怎样规范使用博客、微博等社会化媒体——路透〈网络报道守则〉主要内容和要求》（载《中国记者》2010年第6期）阅读，了解记者使用社会化媒体的行业规范。

二、观看电视采访视频，并根据采访视频写一篇报道。

第四章 采访方式及技巧(二)

第一节 体验式采访

铁脚·马眼·神仙肚[①]
——记录公交车司机辛勤的一天

每天当你赶早高峰,挤上了公交车并顺利地到达目的地的时候,是否留意到为大家的出行公交车司机付出了多少辛劳。公交车司机是城市中最常见的职业,也是最易被人忽视的职业。他们每天都出现在人们的视线中,留下的却多是沉默寡言、不苟言笑的形象,平凡得就像城市里的"透明人"。

广州公交车司机流传一句顺口溜:"公交车司机有三宝,'铁脚''马眼'和'神仙肚'。"所谓"铁脚",是因为开一趟车要停二三十个站,脚不断地踩离合,这就练成了"铁脚";"马眼"是指开车时必须睁大眼睛,连眨眼都要省着点;"神仙肚",就是扛饿。这7个字是他们艰苦工作的真实写照。

在一个普通的工作日,记者跟随14路公交车司机柯师傅感受"铁脚、马眼、神仙肚"般的工作,早晨4时50分,柯师傅家的灯已经亮了,每个早班他都是这个时候出门搭乘公司的交通车前往公司的停车场。

6时10分,赤沙总站,司机们做完机油、水箱及一般的机件检查后开始了一天的营运。调度室里灯火通亮,一派忙碌的景象,调度员在安排早班的出车班次。

7时50分左右早高峰开始,一直持续到9点。这是司机们最忙碌、最紧张的时间。站里的工作人员介绍。为应付急升的客流,赤沙总站会加密发车的班次,每班相隔不超过2分钟。

8时许,记者坐上由柯师傅驾驶的14路车,此时候车乘客的队伍已摆起盘蛇阵。车门一开乘客鱼贯而入,刷羊城通卡的"嘀"声音急速不断,一下子车厢里就站满了乘客,这时柯师傅在驾驶台不停地招呼乘客往里站好腾出更多的空间让急着上班的乘客上车。

[①] 案例见:符超军等:《铁脚·马眼·神仙肚——记录公交车司机辛勤的一天》,南方都市报,2012年12月3日。http://epaper.southcn.com/nfdaily/html/2012-12/03/content_7147863.htm,原报道有系列图片表现公交司机的一天生活和纪律要求,此处引用省去新闻图片。

车开动了，柯师傅开着这趟乘客挤得像沙丁鱼罐头一样的公交车格外小心，不停地通过车窗、倒后镜观察着前后左右的交通状况，除了要操纵方向盘、踩油门、踩刹车、踩离合换挡外，在车辆拐弯、靠站、开门时还要按响安全提示广播，一双手、一对脚比耍杂还要忙。每一程手、脚、眼并用没有闲的时候。柯师傅说，忙不是最累的，压力最大的是乘客和车的安全，广州的路况太复杂了有太多的未知因素。

10时许，早高峰过去，不断地有公交车回到总站。高峰时段公交车司机从停站到发车的时间相隔较短就几分钟，司机们小跑上厕所是常有的事，总站的条件有限，厕所只有男女各一间，占厕所的事偶然也会发生，这也是无奈之举。

11点半左右是司机午餐时间，司机们午餐很简单——昨晚在家里准备的盒饭、随身带的茶水。他们吃饭时间只有15分钟，如果遇到堵车，吃饭时间就不能保证，如果遇上班车间隔时间过长，为了赶"车位"（保持车与车之间的密度）就只能把饭带到另一边总站去吃了，吃饭的时间一拖就是一个多小时。

长年的驾驶，加上不规律的生活作息，颈椎、腰椎、胃病成为司机们的常见职业病，这或多或少为安全驾驶带来隐患。

当然，对一名公交车司机来说，最大的困扰还不是与身体的较劲，而是与乘客的磨合——这永远都是一项长期而艰巨的任务。"一台公交车就等于是一条街，什么人都有，他们说什么、做什么都不值得奇怪，司机得习惯跟他们所有人相处"。

这是一则记者跟随公交司机，体验其一天工作经历的体验式新闻。体验式采访即记者参与到被报道的新闻事实当中，亲身体验当事人的境遇与感受，并在体验中采访，以获得新闻素材和实际体验，体验式采访也称亲历式采访。体验式采访方式中，记者在某一事件或某一行当中扮演或充当其中一个角色，记者具有采访者和当事人的双重身份。可以说，凡记者是新闻事实发生发展过程中现场构成元素的一部分的采访，都属于体验式采访。新华社记者郭超人1960年采访我国攀登珠峰的登山队员时，与登山队员一起行军、宿营、攀登，甚至在零下30度的严寒里，同登山队员一起登到了6 600米的高度。他写出的《红旗插上珠穆朗玛峰》，使读者有身临其境之感，这篇报道就是体验式采访写成的体验式报道经典。

新闻采访有多种方式，以记者在采访中是否暴露身份来分，有公开采访和隐性采访两大类。所谓隐性采访，是指记者有意识地隐去自己的真实身份或者采访目的的采访方式。由于体验式采访要获得真实的感受，有时不能让新闻事实中的他者知悉记者的真实身份或意图，记者在体验中遇到的外界影响才会消除，确保体验获得的经历和感受的真实性，因此体验式采访很多时候与隐性采访有交叉。

一、体验式采访报道的类型

体验式采访中有记者的体验，但记者的体验程度和体验方式是不一样的，因此体验采访的类型比较复杂。我们可以通过以下两种分类法，来把握体验采访内涵，虽然这两种分类法都不能涵盖所有的体验方式，各子类间界限也有重叠交叉问题，但对认识体验式采访仍有一定的帮助。

（一）两分法

体验式采访可以分为两种类型，一种是客主式报道，记者跟随采访对象一起，以观察者的身份全程感受某种经历。新闻事实本来是客观存在的，记者作为目击者，利用自己的职业优势去撩开一般受众不可能揭开的这层面纱。在这类体验式采访中，新闻事实按照本身的规律发生，记者的存在不对新闻事实直接发生影响，只是"将新闻揭出来给人看"，"客主式体验报道受新闻事实的制约度大，记者对新闻事实的自由度小，基本上属于有事找事"。①

前文的公交司机报道就属这种类型，其他常见的同类报道有如体验塔吊司机高空作业状态，跟随长途货运司机体验公路乱收费、乱罚款现象等；跟随导游、钟点工、卖花女、搬运工人等职业人，采写反映其职业生活状态的新闻报道。在这种类型的体验式报道中，新闻事实本来是客观存在的，新闻事实按照自身的规律发生、发展、结束，记者的行为不对新闻事实产生影响，仅仅是以旁观者的身份出现。在这类采访中由于选材大多是受众陌生的事和物，这就有利于受众了解新鲜事物，满足好奇心和求知欲。

另外一种是我主式报道，即记者直接以事实直接当事人的身份进行体验，记者只需写下自己的经历与感受即可。记者将不同时间、地点、人物、背景下有可能发生的若干情节进行事先设计，然后记者隐去身份，成为普通人，进行考验式体验报道。"我主式体验报道记者用了类似于文学中典型的创作方法，情节曲折引人，记者成为个中人，可读性、可视性容易使受众忽略了新闻本身的真实性，这种为无事找事式新闻"。②

相比客主式体验报道，这种方式写成的报道可以直接抒写体验者的内心感受，报道的主观性更强，感染力也更强。这类报道有：扮演成乞丐了解丐帮的内幕，以顾客身份感受某家商店的服务态度，电视新闻节目中《西藏纪行》《穿越俄罗斯》《重走长征路》等旅游报道……在各种报道类型中，旅游报道、文体活动报道以及民生新闻是最常用到体验式采访方式的新闻门类。在此类采访中，记者隐去真实身份，成为新闻事件中的行为主体。"在这类采访中由于记者本人也参与到事物发展过程中，就能够更好保证新闻的真实性，同时也有利于记者将报道写得更具亲和力和感染力。但在这类采访中记者是扮演当事人的角色，记者个人素养、个人主观倾向甚至偏见就会在一定程度上对事物发展产生一定影响"。③

对记者作为事实参与者的体验式报道，还可以按记者是否对报道内容进行了事前策划作再次细分，一类是记者事先策划型的我主式报道，如前文所举的《西藏纪行》等报道；一类是记者事后记录型的我主式报道，如下文所举报道。

---

① 施爱春：《体验式报道辩证——兼与刘海贵先生商榷》，载于《新闻记者》，1998 年第 11 期。
② 施爱春：《体验式报道辩证——兼与刘海贵先生商榷》，载于《新闻记者》，1998 年第 11 期。
③ 毛浓华：《体验式采访容易被忽视的原则和应该坚持的底线》，载于《新闻知识》，2007 年第 7 期。

新华社记者中国联通奇遇：8个"大坑"骗你隐私再黑钱

新华社发布客户端北京12月12日专电（记者 刘景洋） 笔者见过太多关于电信企业霸王条款的报道，本以为已经"免疫"，没想到9日赴哈尔滨办事，却遭遇中国联通的"连环坑"。"看人百遍不如亲历一遍"，请看看我的奇葩遭遇。

先补充个背景，本人曾在哈尔滨工作，用过中国联通两个宽带号（其中一个是中国网通时期办理），一个3G手机号码。

"坑"一：包年得包一辈子？

2013年7月，我在中国联通哈尔滨松北营业厅办理了"1080元10M光纤"的包年业务，本以为到了今年7月包年期满自动停止服务，没想到松北营业厅的业务员却告知，已经欠费400多元。

"不是包年结束就停止吗？这半年我都搬走了。"我问。

"先生，你看好，我们这个套餐是，1080元包年，之后按每月100元收费。"业务员说。

"没用也要交钱？"我不解地问。"当然，还有滞纳金。"他说。

"你们推销宽带的时候，也没说过这事儿啊！"我问。"那我不知道。"他说。

我才明白，这分明就是"包年就要包一辈子"的节奏。

"坑"二：未经任何告知上了黑名单

对话时，这名业务员快速在电脑前操作，查询我在联通的消费记录。幸亏我眼尖，捕捉到一个弹出的对话框，上面带有"黑名单"字样。

"怎么？我都上黑名单了？"我问。"是，但不是这次，你以前开过一个宽带，在珠江路，欠费太久拆机了，你就上了黑名单。"他回答。

经他提醒，我才想起大约4年前，在中国网通也办过类似业务，当时也以为包年期满服务停止就结束了。网通相关业务并入中国联通后，自然也能查到。

"上了黑名单，你们也该通知我一声吧。"我开始怀疑自己的智商，显得底气不足。"那我不知道。"他又说。

"坑"三：拆机要取回设备当天办不了

我心想，上了黑名单，如果再影响到个人征信记录，就得不偿失了，赶紧问："那现在怎么办？"

"你要是真不用了，就交了欠款之后报拆机吧。"业务员说。

"我没用宽带，你可以查到的，不应该交钱。我着急去北京，现在办拆机吧！"我说。

"拆机啊？那你得拿来家里的'光纤猫'，而且今天都这么晚了，办不了了。"他说。

"那我叫别人代办可以吧？或者打客服电话？"我问。"不行，必须本人持身份证到营业厅办理。"他说。

此刻,愤怒堆积在心,我已憋到"内伤"。

"坑"四:停机保号每月也要交 10 元

长辈们曾告诉我,遇到不讲理的要克制,再试试别的办法。

"那除了拆机总还有别的办法吧?"我试着问。

"还可以停机保号,每月得交 10 元,不太合适。"他说。我心想,这好歹算是为我考虑。

"不过,你得把 400 多元欠款和滞纳金交上。"他说。

我内心已"泪流成河"。

"坑"五:名下开过 6 个未知手机号

我已经准备认栽,交了钱息事宁人。"你再帮我查查,我还欠你们联通什么,我都还清!"我站起来盯着业务员的显示屏说。

他快速地操作着。当他将我的身份证号输进系统时,我惊呆了。

除了已经停掉的 3G 手机号码,"欠费"的宽带,竟然还有至少 6 个手机号码,而且一个正在使用!

一个 130 号段,尾号为 8852 的号码是用我的身份证开户;点开详情,用户资料里赫然显示着我的身份信息,受理单位是哈尔滨市道外区某通讯商店!同时,一个 131 号段和 4 个 130 号段的陌生手机号码都使用过我的身份信息,只不过这 5 个已经是"失踪"状态。

"你们都拿我的身份信息干了什么?为什么有这么多我从未用过的号码?你们怎么解释?"我真的忍无可忍。

"那我不知道。"他又说。

"坑"六:官方答复踢皮球"不清楚不确定"

我反复深呼吸告诉自己要冷静。虽然有的企业已经没有底线,但业务员自始至终还算"配合",我不该对他态度不好。

"那你能做什么?"我冷静下来问。"我帮你反映问题吧。"业务员填好了两个投诉单,跟我核对了内容,通过系统发走了。

"帮我把这个陌生号码立刻停机吧。"我无力地说。"好。"他照办了。"收到投诉后,他们会在 24 小时内联系您的。"

10 日,一名联通公司的工作人员给我回了电话。她说,代表哈尔滨道里区销售渠道,向我回复"有人用我身份信息正在使用手机号码"的问题(后来我反应过来,号码不是道外区销售出去的吗?)。

"我们正在责成销售商查找原因。"她说。"什么时间能有回复?"我问。"无法确定,会尽快。"她说。"销售商出现这种问题,你们不掌握吗?"我问。"那我不清楚。"她说。

"坑"七:"这么多用户没人关注某一个人"

不久,我又接到了哈尔滨联通"长江局"的工作人员电话,来解释"珠江路的那个宽带'欠费'使我上了黑名单"的问题。

"你欠费 140 多元,我可以免去你 30 多元滞纳金。包年不用了都是转为包月资费,要下黑名单你还得把 100 多元交上。"她说。

"我没用你们服务，为什么要交钱啊？"我还试图跟她讲理，"而且上黑名单你总得告诉我一声吧？"

"交不交你随意。这么多用户，没人关注某一个人。"她说。

"坑"八：欠款没人交其实可以冲抵

后来，我又接到了哈尔滨联通"松北局"的工作人员电话。她态度很好，说的也很"实在"。

"欠费和滞纳金我都可以给你免掉。"她说。"拆机停机确实需要本人来办理。""你要是回不来，就这样，继续欠着。等欠到一定时候，公司会统一自动销号的。到时候你再打客服，那边就直接把费用给你冲抵了。"

"既然这样，怎么还要搞这么多复杂的事儿呢？"我问。

"哎，这钱谁愿意交啊，再说也没人交。"她笑道。

我立刻懂了。决定必须把这段奇遇告诉公众。

截至12日中午，中国联通方面未再与我联系。

（二）四分法

1. 观察式

这类报道不是记者事先策划好的，而是在生活中偶然碰上的。记者在采访中可能会遇到意想不到的突发事件，而恰好记者成为突发事件中的一员。著名记者艾丰说：新闻作品是机遇产品。新闻事实的发生有其自身规律，不以人的意志为转移，也不按照人的意愿出现，而有较高新闻价值的新闻事实机率更低。所以有良好素质的记者一旦遇到突发事件，就能迅速把握机遇，进入观察状态，搜集翔实可靠的新闻素材。此时记者角色与事件经历者的角色是一体化的关系。这类"体验式报道"，因在事件的自然进程中抓取新闻事实，所以新闻价值很高。再由于记者通过亲身的观察体验才记录下所见所闻所感所思，故而可信度强。上文的联通奇遇案例，就属于这种类型。

2. 参与式

参与式体验报道重视新闻策划，围绕经济生活、社会生活中的热点、难点问题，精心选材，提炼主题，然后记者参与其间，既作采访者又是当事人。参与新闻事件的目的在于发现问题，寻求解决问题的办法。因为客观事实本身存在着多面性、复杂性，如不深入其中，便如雾里看花，找不到症结所在。参与式体验报道有预见性，新闻含金量高。由于记者在现场得到的是第一手资料，又由于参与其间，因而感受独特，问题分析透彻。参与式体验报道让记者能进入更加广阔的报道领域，社会反映面会更广阔。参与式体验报道的操作模式可以归纳为：发现目标→亲身体验→有根据地深入实际发掘材料→尊重事实，毫无偏见地得出结论。

3. 角色式

角色式体验报道记者主要是为了展现某行某业，某类社会角色的现实境遇而亲身体验,并据此写出报道的体验报道类型。角色式体验报道需要记者有对角色的认同感,有角色必需的技能、较强的体力和心理承受力,有的角色还具有一定的难度和挑战性。在这里,记者既是体验者又是采访者,采访体验角色合二为一。由于记者的"进入",对角色有了全面了解,并有切肤理解,所以可以调动全部感性材料,状物写人,细致表现普通劳动者的酸甜苦辣、喜怒哀乐,并可探察人物的内心世界,展现他们丰富的心理活动、思想面貌,使作品看来文笔生动、真切感人。《人民日报》"体验三百六十行"便是这类报道的代表。在对角色的选择上,一般要求较丰富多彩,通过对角色的体验,挖掘出其中深刻的内涵,展现人生百态。角色型体验式报道须注意提供有价值的信息、选择新鲜的报道角色、赋予深刻的思想性和积极的主题。①

4. 验证式

验证式体验报道常见于问题报道或批评报道。社会生活中,往往存在着不少悬而未决的问题,公众渴望传媒曝光,以促进问题得到社会重视,最终解决问题。对这类报道内容记者不宜暴露真实身份公开采访,而是需要以特定角色介入事件之中,以求查明真相。记者有时是乘客,有时是司机,有时是顾客,有时是病人,根据实际情形需要用不同身份体察实际,验证问题的真实性、严重性,并抓取现场证据,使批评对象无可辩驳。当然这样的做法须注意行为规范,必须遵守相关的政策、法规。

四分法主要是依据记者对报道事实的参与程度来分类的。从报道事实的观察者,到部分参与者,到完全的角色存在,记者的参与程度逐渐提高。验证式则是按照参与目的进行的类别划分,这是一种比较常见的体验采访类型。

二、体验式采访的优点

新闻报道通常是记者从第三者的叙述中采访来的,缺乏亲身经历和生活的感悟,对有些题材要写出有血有肉的深层次的报道难度较高。体验式采访可弥补这个缺点,因记者要到现场,在现场观察、现场感受、现场找采访对象。体验式采访,其实就是要求记者深入生活,这是新闻写作的基础和源泉;深入生活就是要贯彻深入实际、深入群众的采访路线。常说的"涉浅水者得鱼虾,潜深水者得蛟龙",就是对体验式采访优点的形象总结。

(一)体验式采访能更真切地了解事实

采访是一个认识过程,而通过身临其境,亲身体验,记者的认识过程就会更扎实、更自然、更合情合理。人要认识某个事物,就要和那个事物接触,就要生活在那个事物存在的环境之中,努力将感性认识上升到理性认识。记者有时要报道完全陌生的事情——不仅对读者是完全陌生的,而且对记者也是完全陌生的事情,记者只有争取同那个事情直接接触,亲自实践,才能最终真切了解和表达好那个事物。

"体验式采访"是科学的认识论在新闻采访中的运用。其优点是记者可获得生动的现

---

① 汪幼海:《体验式报道种种》,载于《新闻记者》,1998年第4期。

场资料，加深对事物的认识。所谓知行并重，从采访方法上看，知，就是听情况，看材料；行，就是体验式采访。

（二）体验式采访获得的材料更全面深刻

体验式采访往往要深入到采访对象的生活中去，该种方法便于记者与采访对象打成一片，从他们那里获得更多的帮助，了解到更深入的情况。因此，当记者在采访中，经过努力仍然不能从采访对象那里获得有用材料的时候，不妨先参加到他们的生活中去，在实践活动中同他们打成一片，加深与他们的感情，或许采访会出现新的局面。

体验式采访有利于记者产生认识上的飞跃，能更真切地了解事物真相。人要认识某个事物，就要和那个事物零距离接触，这样有助于记者对事物的体察从感性认识上升到理性认识。采访是一个认识过程，而通过亲身体验，记者的这个认识过程就会更扎实自然与合情合理，这样的采访就会更有激情，更有深度。正如新华社解放军分社记者赵秀娟所说："在体验中你融会了多深刻的思想，就会有多深刻的感受，你有多宽阔的思路，才会发掘出多丰富的信息。"[①]体验式采访能借助记者的体验，代替我们去全身心的感受我们日常生活中感受不到的生活状态。体验采访恰如电影《私人订制》的故事一样，通过人物的身份置换，感受了另一种相反的生活状态。如立志追求高雅跟俗"一刀两断"的全球最"俗"导演、想要当清官"自愿"接受钱色诱惑的司机师傅、生日愿望是想变成"有钱人"的河道清洁工人丹姐，这些故事人物的身份反串获得了许多平常作为旁观者无法了解的感受。

（三）能了解到其他采访方式无法获悉的情况

对一些批评性"曝光"报道，用一般的采访方法往往很难发现问题，因为被采访对象可以有较充分的"准备"，在记者面前有一定的戒备心理，提供的事实偏向"有利性"。而体验式采访因为被采访对象不知道有人在暗中采访，于是就会像对待常人一样对待记者，使事实的真相完全显露在记者面前，最终达到记者采访的目的。

例如，你报道一个酒店的服务质量好不好，是组织酒店员工开座谈会听他们介绍好呢，还是先当一名顾客，不亮明身份，直接体验好呢？

（四）体验式采访有利于写出更生动的报道

其他采访形式是对部分器官感受的强调。体验式采访可以说是一种更有深度的全感式采访，即记者调动和运用自己的所有感官来进行的更深层次的采访。

俗话说，"听过不如见过，见过不如干过"。听过只有"知道"，见过才可以说"熟悉"，亲自干过才可能有"理解"。记者写一般的新闻报道，可以不经过亲身感受，而他如果想写出打动人心的报道，那就一定要有自己强烈的感受。自己没有感动的东西是不可能写成感动别人的报道的。试想一下，采访殡葬工与当一天殡葬工，记者的感受能一样吗？作家魏巍在谈《谁是最可爱的人》这篇著名通讯时也说："现在回过头来看这篇稿子，使

[①] 高雅：《体验式采访探析》，载于《牡丹江大学学报》，2009年第7期。

我更加明确了这一点：在现实生活中的深入感受，对写作的人是多么重要！你感受得深了，写出来，也就必然有那么一股子劲，人家读了，也就感受得深；你感受得浅，人家从你这儿感受到的，也就浅……"

中央电视台"新闻调查"有一期节目报道的是青岛有一家制药厂对周边环境造成污染。记者来到了企业的排污口，观众可以从画面当中看到污水和海水交汇后形成了好多的泡沫，这时记者在这里出了一个现场，其中有这样一段话："观众只可以看到这个排污口的泡沫，但闻不到这里还有一种刺鼻难闻的味道。"正是有了这样一段记者亲身的体验，才可以将电视画面无法表达的现场气味表现出来，使这段调查报道更添一层感观感受。如此可见，记者如果想写出打动人心的报道，那就一定要有自己强烈的感受与体验。

（五）体验式采访是记者转变作风的有效途径

中央领导同志要求新闻报道"三贴近"，把镜头对准基层，把版面留给群众，关注热点问题，反映群众呼声，推动实际工作，引导社会舆论。这就要求记者深入到改革开放和现代化建设的第一线，采访方法要创新，写作构思也要创新。"体验式采访"无疑是值得倡导的方法。

多数情况下，记者采取公开方式进行采访报道，特别是正面报道，一般都能得到对方的积极配合、实事求是的情况介绍，但也有在某种利益驱动下夸大、拔高、浮夸的现象。这就需要记者通过体验式的暗访，辨别真假虚实。有一种认识误区，似乎只有批评报道需要暗访，其实正面报道也需要暗访，特别是对宣传意识较强的单位和人物。因为记者尽管接触很多事实，但绝大多数毕竟是通过口头和纸面，毕竟是旁观而不是参与，概言之，记者的工作是一个"了解"接着一个"了解"，很少亲身经历。这不能不说是记者的一大弱点。从这点来看，记者应该同作家一样，深入生活，体验生活，既要从外看，还要想法钻到里面看。

《人民日报》记者金凤曾说过一句精辟的话："采访，不仅需要从外边向里边看，有时候需要从里边向外边看。"所谓"从里边向外边看"，就包括记者要进入到事件里面去，也就是亲身体验。战地报道、纪行报道、新闻调查经常采用此种方法。

总之，体验式采访不仅有利于采访活动本身，也有利于记者丰富自己的生活体验，积累生活经验。经常进行体验式采访，能够使记者同丰富多彩的现实生活保持血肉联系，同各行各业的干部群众息息相通，避免仅仅从记者角度看问题而产生的许多"职业病"。

三、体验式采访需注意的几个问题

尽管体验式采访有许多优点，但这种采访方式的运用也存在一些争议，运用时要注意这样几个方面的问题。

1. 要防止采访产生情感偏向

"体验式采访，与常规的新闻采访方式最大不同之处，就是在于它是以新闻记者的主观感受和体验为主线展开报道的。记者在采访过程中以新闻来源一部分的身份介入报道对象，完成一次角色的转换。这样，记者就有了双重身份：作为记者，他（她）是报道的主体；作为当事人，他（她）又是报道的客体的一部分"。①体验式采访，要求记者以当事人的身份，直接参与某种活动，记者具有采访者和当事人的双重身份，但因记者的能力有限，许多事难以体验。有时因记者素质、经验的关系，容易"钻得进，跳不出来"，使观察和体验产生片面性，对体验的角色产生认同感，影响新闻报道的质量。因此，当记者进入某一角色后，不能被一人一事牵着鼻子走，产生片面的同情心和亲和力；而应站得高，看得广，把宏观和微观结合起来。

新闻提倡客观报道，主张报道要尽量克服主观意识，更不能主观先行。而体验式新闻报道，客观几乎被主观感受所代替，抒发的是体验者本人的思想感受，感情色彩浓厚。而体验者的主观感受与其本人的知识层次、性格、阅历、世界观、价值观、利害关系，甚至是当时的情绪都有很大的关系。主观化倾向有可能限制对客观事实的真实反映。同时这种报道形式往往是主题先行，常常在采访之前，对这一行业的喜恶观点基本产生。加上记者本身的局限性，管中窥豹式的采访有可能带来报道的片面性。

2. 采访要遵守道德规范和法律规范

体验式采访，既要积极主动、千方百计搞好新闻采访，又要途径正确、方法得当、行为规范。（如文物盗墓人的"体验式采访""小偷生活的一天"这类不能主动去体验。要把握好度，不能以体验式采访为名侵入别人的私人空间）记者所扮演的社会角色不是随意的。记者不能装扮成政府工作人员，借处理政事获取政务新闻；不能装扮成司法工作人员，借审理案件获取法律新闻；不能装扮成军事机关人员，获得军事资料和军事新闻；不能装扮成违法犯罪之徒，获得犯罪新闻。记者不能改变其固有的自然性别角色，而深入到另一个性别世界中采访，这是传统习俗和道德所不允许的。

体验式采访的题材，一般应是群众比较关心的问题，或在社会上已存在较长时间的典型问题，但又是凭常规途径难以采访到的，这时就要求记者直接去现场体验一番，从而找到有价值的材料。如公交车不准点出车，末班车提前开车，高峰期发车不密等，这些群众意见比较多的问题，一般不会有人能给记者提供有根有据的材料和有点有面的情况，只凭感觉或乘客的传闻显然不能写成新闻。在这种情况下，体验式采访就可大显身手。体验式采访特别是我主式体验采访意味着改变记者身份，成为某个角色的体验者。所以，这种体验式采访一般不常用，只有当记者不改变身份就不能采访到所需要的真实材料时才加以采用。②

记者的体验范围和体验程度在度上也应有所把握。有报纸曾经刊登题为《名记者为女毒枭堕落》。讲一位记者在婚后发现妻子在从事贩毒勾当，他忽发奇想，要利用这个关系"深入"贩毒的"虎穴"去作一次"体验式采访"。在妻子的安排下，他两次往返中缅边境，亲历了贩毒的全过程，其中一次就带回毒品两公斤。虽然他事先想好毒品是要送交公安机关的，但别人早已把"货"提走了，记者也最终意识到自己已成为一个事实上

---

① 毛浓华：《体验式采访容易被忽视的原则和应该坚持的底线》，载于《新闻知识》，2007年第7期。
② 朱家生：《体验式采访要重视报道题材和写作方法》，载于《新闻记者》，1998年第3期。

的贩毒者。① 这起新闻采访事件，最终发展成了刑事案件，就是因为记者体验的边界没有把握好，致使自己成为社会罪恶制造主体的一部分。

3. 体验式采访与新闻同行但不能制造新闻

马克思指出"根据事实来写事实"和"根据希望来写事实"，两者的效果显然不同，体验式采访需要事先策划，故有记者"导演"之嫌。但记者的策划和导演，应是在有基本事实的基础上，对采访方式、方法的策划和导演，而不是凭空制造一起事件，来验证记者预期的某种结果。因为记者的参与和体验是为了获取更有力的事实，而非制造新闻。浙江某报记者冒充应聘者，参加杭州市招聘副处级干部的考试，结果被选中，直到有关部门决定商调时，才知道这是报社派记者"考察"招聘活动的公正性。类似的这种事件，是不被职业道德允许的。

4. 体验式报道不能局限于狭隘体验，要注意整体真实

由于短暂的体验式采访难以洞悉某一行当的全面情况，体验式新闻容易造成一些漏洞，甚至可能引发假新闻。所以作为新闻报道不能仅仅局限于主观体验，还需要从主观体验中跳出来，理性地分析，深入地思考，全面地把握。如《新民晚报》记者强荧，亲自当了4天出租司机，写出的长篇通讯《啊！的士》产生了良好的社会反响。我们不难发现，如果记者不亲身去体验，许多心态就体会不深，许多复杂的人际关系就写不出来。如当他写到自己亲身遇到一位乘客上车不仅不说去哪里，问他时还不友好地回应说"叫你往哪里开，你就往那里开"。由于司机早出晚归，与家人团聚时间不多，当遇到一家三口叫车外出旅游时，内心会有羡慕甚至妒忌之心，这种心态不身临其境是无法体会到的。② 但是记者也应知道，自己作为临时身份来体验，是无法报道出租车绕道、态度粗暴、拒载等问题的。因此记者在写报道时，也要适当地对这些内容作另一种形式的采访补充。如这名记者可以以乘客身份，体验一下出租车服务存在的一些群众反映强烈的问题，再了解一下出租业的宏观管理状况，对乘客和出租车司机反映的问题作出客观的分析，如此形成的报道，才谈得上全面、真实、客观、公正。

除了上述要注意的事项外，属于隐性采访范围的体验式采访还要注意隐性采访要注意的问题，这将在下一节论及。

附录

体验式采访练习

请大家策划1~2起可行性强、有新闻价值、选题新颖的体验式采访提纲。并根据提纲完成一次采访，写成一篇体验式采访报道。

---

① 毛浓华：《体验式采访容易被忽视的原则和应该坚持的底线》，载于《新闻知识》，2007年第7期。
② 朱家生：《体验式采访要重视报道题材和写作方法》，载于《新闻记者》，1998年第3期。

第二节 隐性采访

在舆论监督报道中，记者为获取新闻素材，隐性采访是一种有效的采访手段。所谓隐性采访，又称暗访，指记者为完成某些特定的采访任务而把自己的身份和意图隐藏起来的一种采访方式。每年央视的"3·15"晚会都有大量的报道内容属于隐性采访报道，这些报道可以作为我们了解隐性采访方式的教学案例。

一、隐性采访简史

世界新闻史上谁是第一次采用隐性采访方式的记者已经难以考证，较早影响较大的，是美国新闻史上的女记者伊丽莎白·科克伦对布莱克韦尔岛精神病院的暗访报道。

伊丽莎白·科克伦是美国著名报人，《纽约世界报》的老板普利策手下的一名记者。普利策对隐性采访情有独钟。"《世界报》在揭露丑恶方面是无与伦比的，《世界报》的老板要求大量的材料，该报驻华盛顿代表四下活动，既当记者又当侦探"。① 在"既当记者又当侦探"的暗访记者中，女记者内利·布莱最为知名，内利·布莱就是伊丽莎白·科克伦的笔名。

1887年，伊丽莎白·科克伦假扮精神病人住进布莱克韦尔岛精神病院，调查病人恶劣的生活环境和受到的虐待：冷血无情的医生，心狠手辣的护士，令人作呕的食物，肮脏不堪的居住条件。病人们挨打、挨饿，被关在像牢房一样的屋子里。以精神病人的身份在精神病院生活了十天之后，伊丽莎白·科克伦就此写了3篇以《疯人院的十天》为题的隐性采访报道，促使政府对精神病院进行了整顿，伊丽莎白·科克伦也因这段暗访经历名垂新闻史册。

图1　伊丽莎白·科克伦　　　　图2　沈荩

在中国新闻史上，也不乏隐性采访的经典案例。到目前为止，许多学者认为，可考

---

① [美]威·立·斯旺伯格：《普利策传》，新华出版社1989年版，第174页。

的我国因新闻职业而死同时也是因隐性采访而死的第一个记者是沈荩。

沈荩（1872—1903），生于湖南长沙，原名克诚，字愚溪。1903年，正在北京担任记者的沈荩侦知了出卖中国东北利益的《中俄密约》，并将这个消息在天津的《新闻西报》上予以揭露，各报随即转载。密约一经披露，国内群情激愤，国内外舆论大哗，清廷陷入非常难堪的狼狈境地。

不久，沈荩因揭露密约一事，于1903年7月19日在北京被捕入狱。恼羞成怒的慈禧太后，下令于7月31日将他"杖毙"。沈荩被害的情景惨不忍睹，行刑者"以竹鞭捶之，至四小时之久，血肉横飞，残酷万状，而未至死；最后以绳勒其颈，而始气绝"。

新中国成立后，由于种种原因，记者隐性采访销声匿迹，直到改革开放后，随着新闻改革的深入，隐性采访作为采访手段被重新引入新闻界，并且随着新闻竞争的升级而被普遍使用。1992年中央电视台的无极打假开创了新中国隐性采访先河，被公认为是中国最早的隐性采访；如今，隐性采访已经成为了一种司空见惯的采访方式。

二、关于隐性采访的几点争议

新闻史上不乏受人称赞的隐性采访报道。如记者贾鲁生在采写乞丐的生存状态时，乔装打扮后混入丐帮，亲身体验了当乞丐的滋味，他的《丐帮漂流记》真实、全面、深刻地反映了乞丐这一特殊群落。美国白人记者约翰·格里芬化装成黑人到美国南方的大街上摆地摊，乘公车，到当地穷苦黑人家借宿，从而了解和体验了黑人所受的侮辱和歧视。他以自己的所见所闻为材料，写出了轰动一时的《像我一样黑》一书。但任何事物都有两面性，隐性采访报道相比其他采访方式，受到的质疑更多。

（一）手段与目的之争

以欺骗换真相值得吗？针对隐性采访存在的这一道德悖论，中西方在反思中，有着极为相似的争议。

西方对隐性采访这一争论的矛盾态度，在1979年普利策奖评选时对《芝加哥太阳时报》的暗访报道是否能入选的争论中得到了充分显现。在讨论《芝加哥太阳时报》1978年的两则轰动一时的揭露性报道——假扮求职者打入诊所揭露通过堕胎谋取暴利的系列报道和通过设立"幻景"旅店揭露官员索贿的系列报道时，普利策奖顾问委员会出现了意见分歧。

"许多人认为如果把荣誉给予隐性报道，就表明他们支持这种报道方式。"一位委员提出，"如果报纸以编辑的身份要求政府坦白、公开，而自己又隐瞒真相或掩饰动机，新闻界作为一个整体就会在可信性方面付出代价。"对此，《华盛顿邮报》的前任执行编辑本杰明·布拉德利（Ben Bradlee）也持相同的结论："当我们花去数千个工时揭露他人的欺骗行为时，我们自己不能骗人。如果报纸自身在获取新闻时不够诚实，又怎能为诚实和信誉作战呢？如果警察假装成报社记者，我们会极其厌恶，同样，如果我们假扮成其他人，情况会如何？"

作为意见的另一方,《60分钟》制片人唐·休伊特（Don Hewitt）在讨论隐性采访存在的欺骗性时，认为结果总能为手段开脱，他的观点是："这是小罪孽对大好处。如果你靠违背'汝不得撒谎'的原则捉住触犯了'汝不得偷盗'原则的人，那就完全是公平交易。"

同样问题的争论，在中国是从 20 世纪 90 年代后期开始的，当时学者们在各地报刊开展了关于记者隐性采访的大讨论。一些学者认为提倡隐性采访的主要理由是"对方是犯罪行为，不受法律保护，所以我用偷拍偷录的方式揭露他们就变得合法了"，"衡量可以采取隐性采访方式的主要标准，在于是否为了公共利益"。

而另一方认为，"以'正义的'违法行为对另一种'非正义的'犯罪行为就合法，这是一种民间道德，而不是法律意识"，"'公共利益'不能作为暗访合理存在的理由，因为'公共利益'是一种主观标准，难以把握"。

经过讨论，现在更多的人选择折中观点，认为因以"存在欺骗性"为理由彻底否定隐性采访无异于自缚手脚不可取，但滥用隐性采访也同样不可取。正确的态度应是：只有在无法或不能公开采访，或者在正常采访无法实现预期目标的特定情况下，才能"不得已而为之"。

（二）职业道德与社会公德何者优先之争

是坚守事实的旁观记录者角色还是作为一个维护社会秩序的参与者？这是困扰暗访记者的又一个问题。"焦点访谈"2002年7月9日播出节目《追查高考作弊者》后，曾引发了业界和学术界的大讨论，争论的焦点是记者为何不在发现之初就制止作弊行为。2005年，摄影记者柳涛"守坑待拍"，同样招致大量批评（见图3）。部分人认为柳涛应该提醒骑车人小心水坑，而不是躲在一边偷拍戏剧性的新闻照片，"记者首先是人，然后才是记者"。也就是说，首先他应是一个善良的社会人，然后才谈得上是一个合格的记者。

图3 《东南快报》记者柳涛抓拍的"骑车人"组照

相反意见则认为，"暗访负面新闻,记者有时自己的人身安全尚且是泥菩萨过河——自身难保，又何来能力去挺身而出？再说，即使记者挺身而出了，那没记者在场时又该怎么办呢？"这些人的担心不是没有道理的。因为舆论监督类报道风险本来就高，而记者并非个个都是身怀绝技的"李连杰"或"成龙",如果简单地要求在所有暗访活动中记者都应该及时站出来干预事态的发展,这既影响了社会现象的真实发展结果,也是记者不能胜任的事情。

从这些争论中我们会发现,简单地对职业道德和社会公德作先后之分,不符合传媒工作实际。两类道德之间究竟如何平衡,还得具体情况具体分析。

(三)是否有法可依之争

隐性采访究竟是不是有法可依?合不合法?这是隐性采访面对的法律困惑。

隐性采访支持者认为,现在,综观我国的宪法和法律,隐性采访可以利用的法律依据主要是新闻自由权、满足公民知情权和舆论监督权三项。

1. 新闻自由权

支持者提及的主要依据来自《中华人民共和国宪法》,《宪法》第二章"公民的基本权利和义务"中第三十五条规定:"中华人民共和国公民有言论、出版、结社、集会、游行、示威的自由。"第四十一条规定:"中华人民共和国公民对于任何国家机关和国家工作人员,有提出批评和建议的权利;对于任何国家机关和国家工作人员的违法失职行为,有向有关国家机关提出申诉、控告或者检举的权利,但是不得捏造或者歪曲事实进行诬告陷害。"

新闻工作者的采访权作为新闻自由的重要组成部分,是受法律保护的,这就保障了记者对新闻事件有采访、报道、批评的权利,有选择最可能挖掘到新闻事件真相的采访方式的权利,这种权利实际上是公民言论自由权的延伸,隐性采访的出发点和落脚点都在于实现公民的言论、出版等权利,因此,隐性采访作为一种权利和采访方式,在法律允许的范围内理应受到保护。《新闻出版署关于非新闻出版机构不得从事与报刊有关活动的通知》(1999年8月16日第1031号)第一条规定:"经国家批准设立的新闻出版机构,有权依法从事新闻出版、采访、报道等活动。新闻活动要遵守国家管理法规和政策,把社会效益放在首位。非新闻出版机构未经国家新闻出版行政管理部门批准,不得从事新闻活动。"按照这一文件规定,记者进行隐性采访是合法的。

2. 公民知情权

所谓公民知情权,是指公民对于国家重要决策、政府重要事务以及与公民权利和利益密切相关的重大事件,有了解和知悉的自由和权利。知情权是个人生存权与发展权的一部分,它不仅是公民的一项基本权利,而且是民主政治制度的基石,是公民参与国家管理、保护自身利益的前提。公民可以通过各种途径了解和获悉有关的信息,而新闻媒体无疑是现代社会公民了解和获取信息最经常、最便利的途径。因此,记者为了满足公民知情权的需要有采访报道的权利。

3. 舆论监督权

隐性采访支持者在认为新闻自由权、公民知情权是进行隐性采访的法律依据同时,还认为舆论监督权也是新闻媒体进行隐性采访的法律依据之一。因为,舆论监督权是指通过新闻媒介，帮助公众了解政府事务、公众事务和一切涉及公共利益的活动，用舆论的力量对偏离和违背社会正常运行规则的行为依法实施的新闻批评，促使他们沿着法制和社会生活共同准则的轨道运作的一种社会行为。舆论监督作为新闻媒体的社会职能之一，其实质是人民的监督，是人民群众通过新闻媒介对社会所进行的监督，因此，为了保证人民群众舆论监督权的实现，理应保护记者在采访中使用隐性采访这一采访方式。

在支持隐性采访的声音之外，隐性采访反对论者认为，隐性采访虽然为观众提供了很多好新闻，有诸多值得肯定之处，但是我国目前对隐性采访没有明确的法律界限，因此很容易造成法律和道德上的纠纷，不值得提倡。反对的理由主要有如下几种：

1. 法规中没有对新闻采访者的权利做出明确规定，偷拍偷录也没有明确的法律依据

在隐性采访越来越盛行的同时，有人指出："这种手段的应用越来越广泛，一旦它们被滥用或误解，将会对新闻工作者和读者造成严重的后果，不能由此就无视隐性采访可能出现的弊端"。"偷拍""偷录"这类行为在一般的法律意义上是被禁止的，但因为在新闻报道中，"偷拍""偷录"的对象往往是那些本身就存在违法问题、侵害到了广大人民群众的公众利益，因此这种带有"违法"之嫌的采访手段就获得了一种道德层面上的"正义感"和公众舆论的支持。但是，尽管如此，隐性采访不论中外，在法律和新闻自律中都缺乏明确的法律依据和"允许"规定，部分国家地区甚至明令禁止。世界上大部分国家的法律，包括中国在内，都没有赋予新闻界偷拍这一"特权"。

隐性采访没有法律的界限，什么是可以用暗访的，什么是不能用暗访的？在暗访时，应该注意保护哪些人的隐私权、人格权，暗访时，记者应以什么角色出现？这一系列的问题都处于一种模糊的状态，而记者们往往是依靠自己的职业要求和道德自律来决定如何采访或者运用什么样的方式来采访。可以这样说，在现阶段，我国还没有制定相应的隐性采访法律法规时，所获得的法律保障很脆弱，也正因为这样，媒体因此常常被告上法庭，面临复杂的法律纠纷。

另外，记者使用的偷拍、偷录器材合法吗？如果使用的拍摄器材都属违法，所获素材自然不能合法。刑法第284条规定，"非法使用窃听窃照器材造成严重后果"的要负刑事责任。何为"非法使用"？新闻记者不属于有权使用专用器材者，因为法律并未授权；新闻媒体如果使用传统的摄录器材偷拍偷录，一般不会触犯这一罪名，但目前新闻媒体使用的偷拍偷录器材大多属于隐藏式的录音录像设备，完全有理由被视为"窃听窃照器材"，所以从器材上已经处于违法状态，如果"造成严重后果"，则有可能构成犯罪。这样，因使用隐藏式设备获取的素材就不能作为合法证据使用了，这是记者因暗访涉讼可能败诉的一个重要的原因。

2. 侵犯隐私权，"公众利益"难以界定，不能作为暗访合法的依据。

隐性采访一般是暗中进行的，在很多情况下可能会悖逆采访对象的个人意愿，或者直接触及到采访对象的某些不愿为人知晓的隐私。隐性采访支持论者认为"凡是与社会公共利益有关的事情，或者出于社会公共利益的需要必须进行公开的事情，不受隐私的

保护"。对这一点反对者并不认同，他们认为我们国家现在并没有对"侵害"公众利益的程度有一个固定的标准，因此不能以"公众利益"作为隐性采访的合法性盾牌；同时，反对论者还担心因支持隐性采访，那么就会有人打着维护"公众利益"的"合法"旗号，肆无忌惮地滥用隐性采访、侵犯他人隐私。

2003年5月的"陈杰人事件"曾引起广泛关注，陈杰人是《青年参考》的一名记者，因写了一篇暗访报道《武汉大学生卖淫泛滥 公众吁保护"净土"》而被开除。开除的具体理由是认为"陈在文章中出现的'湖北高校女生8～10%存在卖淫现象，25%从事陪侍活动'内容，没有任何根据，这严重伤害了湖北省高校女大学生的感情，损害了大学生形象"。我们姑且不去争论在文章中所写的这个比例是否属实，但是其中存在的一点我们必须引起注意，那就是，如果女学生卖淫现象普遍存在，那么让公众知道是不是属于"公众利益"的范围？陈杰人的这一做法是不是侵犯了这些女性的隐私？反隐性采访者便认为现在"公众利益"的界限还很模糊，许多类似于"陈杰人事件"的暗访以"公共利益"作为暗访理由是站不住脚的。

综上分析，隐性采访是一把道德和法律的双刃剑，用之须慎。从社会一般的伦理道德角度讲，对于有悖社会伦理道德的现象，记者不宜随便使用隐性采访，即使使用，也要做一些技术处理。例如，一家报社在报道城市不文明行为时，偷拍了一张个别男子光着上身逛街的照片。在作这种报道时，记者必须考虑民众的承受能力，否则，受众在"推己及人"的考虑中会对媒体的无所顾忌心存反感。

从长远看，公民素质的提高、社会文明的促进需要各方面共同努力，并非一曝就灵。如果记者滥用偷拍偷录，并且在播放时不做任何技术性的处理，置对象于"众目睽睽"之下，就会对其造成过度伤害。长此以往，只会造成人人自危、过度紧张的社会环境，让"防火防盗防记者"的口号再度流行起来。

图4 新闻曝光 草木皆兵①

---

① 本图片采自刘建明：《当代新闻学原理》，清华大学出版社2005年版，第433页。

三、隐性采访的应用规范

（一）隐性采访应当确定程序正当

隐性采访作为一种特殊的新闻采访方式，应该在法律、法规的许可下进行。英国独立电视台委员会在为全英商业电视机构制定的节目标准中规定："在使用隐蔽麦克风和隐蔽摄像机时必须符合程序化规范。"要求只有当隐蔽采访能够确立内容可信度和权威性，只有当内容本身重要而且有利于公共利益时，才被允许使用隐蔽的麦克风和隐蔽的摄像机去获取未被告知人的声音和图像，当制片人认为有必要这样做时，必须获得持牌人的最高节目负责人等的明确同意，才可以录制这些内容。

这个规定的核心内容是：第一，每一次秘密采访都要经过节目最高负责人的同意；第二，每一次的秘密采访都经过慎重考虑和严肃判断；第三，一旦出现问题有人负责；第四，一旦发生诉讼有据可查。

在我国，中央电视台"新闻调查"栏目也为隐性采访的采用作了类似规定，要求隐性采访要经制片人同意。

国内国外的这些规定都告诉我们，记者如决定以隐性采访作为采访手段，应首先取得所在单位的支持，否则，冒大风险暗访的报道如果不能刊播，那以前所有的采访行为就无任何意义。"记者偷拍偷录行为要合法有效，其作为新闻媒体的工作人员身份是必须考虑的因素。偷拍偷录行为要称为'职务行为'，须经媒体授权或事后追认，其行为的效果才归于新闻媒体。如果记者擅自偷拍偷录，造成后果，也只能是'文责自负'。中外媒介的现行做法是：记者使用偷拍偷录行为，须经过单位认可，或向法律顾问处获得咨询意见，以便掌握行为尺度"。[①]记者的隐性采访在争取媒体批准的同时，如果可能还应尽力争取得到有关部门和人员的支持与协助，这一方面确保记者的人身安全，一方面也是为隐性采访的运用争取合法性。

2005年，南京一名女记者卧底盗窃团伙四天三夜，周旋于"老大""小弟"之间，亲身参与偷盗自行车多辆，最后向公安机关通风报信，一举捣毁了这个犯罪团伙。玄武区检察院受理这起公安机关移送审查起诉的盗窃案件时，发现公安机关并没有起诉女记者钟某，理由是该媒体副总编辑证明其行为"为职务行为"，女记者钟某为此逃过一劫。此案虽然在新闻学界和法学界争议颇大，但女记者最后的命运还是提醒我们在运用隐性采访时，一定要获得所在媒体的批准。这样隐性采访就可以作为一种"职务行为"使用，对记者而言个人承担的法律风险也就会小得多。

（二）隐性采访是为了公共利益

所有隐性采访，都是在一定意义上揭露社会某些黑暗面，都是传递给观众的一种信息，告诉大家提高警惕，不要被某些人的某些不法手段所骗，危害自己的身心健康。因此，记者在打算对某事进行隐性采访前，应考虑所揭示的现象是不是侵害了大众的公共利益，而不是为了一己私利或单纯为了报复使用暗访手段。

---

① 黄洁，http://chinese.mediachina.net/index_news_view.jsp? id=49063。

（三）平衡职业道德与社会伦理道德的关系

一个人在这个社会上生存，必须遵循一定的社会伦理道德，只有这样，整个社会的发展才是健康的、良好的。如果说，为了获得某种利益而超越了他所应遵循的社会伦理道德的界限，那么必将受到世人的唾骂与不耻。而作为传播新闻、传播信息的首要责任人——记者，更是要遵守这一行为规范。新闻媒介的主要任务是向大众提供他们所需要或想要获得的信息，而记者作为媒介代表，他的一言一行也必将受到众人的关注。如果记者为了获得有效的、翔实的、生动的新闻素材，而违背自己的良心做出某些伤天害理、见死不救等有违社会伦理道德的行为。那么，不管他所摄录的这条新闻有何重大意义，或对人民大众有何等的警示作用，都不会引起社会的共鸣。同样的，这则新闻也失去了它的教育意义。

某地晚报登载了一篇令人痛心且愤怒的新闻：一辆货车撞伤一名少年后逃逸，众多围观者麻木不仁，无人施救，过往车辆也绕道而去，最终这名少年因贻误抢救时机不治身亡。文章以记者亲历所见贯穿全文，写得生动感人，评论义愤填膺，最后呼吁社会"良心回归"。可是消息见报后，有读者来电质询，记者是不是当时也在场呀？后经调查，该记者自始自终在现场围观，其见死不救的动机竟是为了写出有深度的作品。在美国也发生过同样的故事，一名摄影记者看到一失意者在大桥上徘徊，他于是选准角度，调好光圈，只等那"精彩的瞬间"出现。半小时后，自杀者从桥上跳下，他终于如愿以偿拍到这千载难逢的镜头。以上两名记者见死不救不仅丢弃了社会公德，也丧失了新闻工作者职业道德，理当遭到大众唾弃。

（四）显性优先，隐显结合

单靠隐性采访，仅材料的核实就有很大难度，记者还要尽可能地将其与显性采访结合起来，以便得到对方的支持。比如，可以先用隐性采访，等到材料收集得差不多时再改用显性采访，向对方核实事实；在隐性采访中，对那些旁观者、目击者或相关主管部门，记者可以采用显性采访。2010年，《南方周末》的实习记者刘志毅以打工者身份潜入富士康28天；同时《南方周末》其他记者正面接触大量富士康员工，多次采访富士康高层，最后一起写成了《南方周末》对富士康"八连跳"事件的深度报道。这一新闻就是媒体用显性和隐性采访相结合的方式，立体展现新生代中国工人生存的真实图景的经典报道。

"明查"与"暗访"相结合，所得新闻素材进行对比，还能得到强烈的戏剧效果。2000年6月，中央电视台记者随公安部治安行动总队前往青岛清查娱乐场所。暗访资料显示，一家娱乐场所在清查行动之前，赌桌旁人头攒动，场面十分热闹，清查组一来，"明查"资料显示房门紧锁，空无一人。如此这般用事实说话，取得了很好的收视效果。

暗访虽然能最大限度地避免采访对象出现"表演行为"，还原出事实或人物的本来面目，但因为暗访内在的种种道德悖论，故而不主张滥用这种有着天然缺憾的采访方式。如果显性采访能够完成采访任务，那么记者应选用显性采访方式，隐性采访只能作为一种"不得已而为之"的备选答案。

（五）保护记者个人的人身安全

隐性采访多属批评报道，采访具有一定的危险性。采访中记者一旦暴露身份，轻者招致辱骂殴打，重者可能危及生命。为此，隐性采访需要记者具备一定的胆识和善于掩饰的本领。在采访前，要尽量做好采访准备。比如，要在采访前设计好撤退路线；如有必要还要联络同事准备接应；采访中要隐藏好偷录偷拍器材；个别特别重要的采访，还要尽量征得相关部门的配合。除了这些，记者还要考虑在采访中如何装得像，这些需要记者在着装、口音、生活习惯等细节上着力。

（六）记者的暗访行动要规避法律风险

记者的采访一定要在国家法律法规允许的范围内活动。在暗访社会阴暗面时，记者有时会假扮嫖客、赌徒、购毒者等反面人物，采取"偷录偷拍"的方式，观察记录那些违法犯罪行为过程。也正是由于记者暗访时身份的特殊性，决定了记者经常徘徊在罪与非罪之间。从法律的角度来讲，人人平等，记者违法也要受到法律的制裁，没有特殊。

记者暗访时，一定要摆正自己的位置，不要以目的正当性行失德之事，更不能违法犯罪。法律面前人人平等，不要以为自己是为了工作就可以网开一面，逃脱法律的制裁。因此，记者在进行隐性采访时，不能只为了获取更多的影像资料而从事非法活动。比如，为了揭露色情活动，记者自己去嫖娼体验，这种做法就触犯了法律。《焦点访谈》1994年播出的节目《触目惊心假发票》，在采访时，记者保持了"君子动口不动手"，自始至终没有掏钱购买假发票，因为贩卖假发票是犯罪行为，购买假发票也违反了法律，虽然记者的动机是揭露这种犯罪行为，但法律看的是结果，而不是动机。

美国一电视台的记者为了检验海关的安全检验能力，避开海关检查，将15公斤贫化铀带进了美国。美国国家安全局的发言人如此批评该行为："记者不能仅仅为了向读者说明这家银行的安全保卫不到家而去抢银行。"在这起事件中，记者携带贫化铀的行为实质上已触犯刑律，理应受到法律的惩处。

记者在进行隐性采访时，如何才能把握好法律的界限？这是新闻工作者和新闻理论研究者一直关注的热点。在新闻采访中，尤其是隐性采访中，除了个人隐私权外，我国的法律对媒体报道设立的禁区还有国家机密、商业机密、保护未成年人及保障妇女权益方面等。

1. 维护国家集体权益的司法注意

具体地讲，在政治方面，不得运用隐性采访获取政府及有关领导机关尚未公开的重大决策、方针，抢先报道外交秘密等；在军事方面，不得通过隐性采访打探国防和军队建设重大方针和规划，军事领导机关重大决策及重要军事会议、军队军事调动、演习、军事设施等情况；在科技、经济、商业方面，我国处于国际领先地位或先进水平的重大科技成果和经济情报、商业秘密，特别是与国防和治安实力有密切联系的科技成果不得通过隐性采访公开发表；在公安、司法方面，不得采用隐性采访手段擅自披露公安侦破手段，干扰公安机关工作，影响司法公正。

2. 维护被采访者权益的司法注意

在隐性采访中，就记者对身份和采访意图的隐瞒来看，无论出于何种目的，隐性采访都是一种欺骗，其欺骗性存在于这样几个方面：其一，媒介与采访对象的地位不对等，前者处于强势地位；其二，它是一种主动欺骗，采访者是有预谋的；其三，经常在采访对象不知情或不同意的情况下公开采访内容。

在当今社会，随着科学技术的发达，各类监控设备密布于各种场所，偷拍偷录器材越来越隐蔽化，使人们的个人空间越来越小，人们的隐私权、肖像权等受到侵害的案例也越来越多。一般来说，在采访中，如果记者的法律意识淡薄，法律知识欠缺，公民的隐私权、肖像权这两项基本人身权利极易受到侵犯。

（1）公民的隐私权。

一般认为，隐私是公民个人身体或者日常生活中不愿向他人公开的或被知悉的秘密，主要包括个人的健康状况、生理缺陷和残疾状况，恋爱、婚姻与家庭生活，私人日记、信函、生活习惯、出生秘密等。这些与社会及他人无关的个人生活秘密和个人生活自由，公民享有未经本人允许不能被公开的权利。

关于隐私权的保护，要特别关注未成年人与妇女这两个特殊群体。《未成年人保护法》第 39 条规定："任何组织和个人不得披露未成年人的个人隐私。"第 58 条又规定："对未成年人犯罪案件，新闻报道、影视节目、公开出版物、网络等不得披露该未成年人的姓名、住所、照片、图像以及可能推断出该未成年人的资料。"这是条款基于保护失足青少年的未来而考虑的，因此，任何违反规定进行权限外采访的行为都将触犯法律，侵犯当事人的人身权利，在采访中一定要遵循《未成年人保护法》的有关规定。

《妇女权益保障法》是隐私保护的又一重点对象，其中第 42 条规定："妇女的名誉权、荣誉权、隐私权、肖像权等人格权受法律保护。禁止用侮辱、诽谤等方式损害妇女的人格尊严。禁止通过大众传播媒介或者其他方式贬低损害妇女人格。"

（2）公民的肖像权。

肖像权，自然人所享有的对自己的肖像上所体现的人格利益为内容的一种人格权。《中华人民共和国民法通则》中第 100 条规定："公民享有肖像权，未经本人同意，不得以营利为目的使用公民的肖像。"一般情况下，即使不以营利为目的，也不得随意侵犯公民的肖像权。除此之外，恶意毁损、玷污、丑化公民的肖像，或利用公民肖像进行人身攻击等，也属于侵害肖像权的行为。肖像权是公民的基本权利，未经本人同意，任何人不得擅自使用、侮辱其肖像。

记者以发表作品为目的的摄影摄像活动，一般应征得对象的许可，但以下情况除外：一是政治家、影视和体育明星以及其他公共人士，在公开露面时，不得反对他人拍照。二是参加游行、示威和公开演讲的人，因其活动目的具有公共性，也不得反对他人对上述活动拍照。三是有特殊新闻价值的人，不得反对记者的善意拍照。如特别幸运者或者特别不幸者、重大事件的当事人或者在场人等，均属这种情况。

3. 记者暗访中的几点司法注意

（1）隐性采访时的身份扮演禁忌。

记者在进行隐性采访时，为了方便接触采访对象，获得可靠的信息，有时需要假扮一些身份，但也不是任何身份都可以假扮的。诸如人大代表、政协委员、军人、警察、法官、检察官和其他执法人员等，这类职务都是依照相关的法律规定专门授予的，其身份和职务具有法定性和特定性，假扮不但有"招摇撞骗"之嫌，还要承担相应的法律责任，而且会干扰正常的工作秩序，也有损法纪、政纪的严肃性，同时也会使新闻的可信度大大降低。

在记者针对社会的阴暗面或违反社会公共道德的人或事进行采访时，诸如嫖客、毒贩、小偷等社会反面角色或违法犯罪人员的身份也是不能"扮演过度"，如扮演嫖客不能真嫖，扮演吸毒者不能真买，否则，记者不但有人身危险还会卷入违法犯罪的旋涡。

（2）隐性采访时不得"诱导"犯法。

记者在通过假扮进行隐性采访的过程中，"诱导"别人违法或犯罪也是触犯法律的。这里的诱导是指记者在和采访对象打交道的过程中，故意设置圈套、挖掘陷阱，从而引诱对方上当受骗甚至犯罪，其主要表现在记者的语言表述和行为上具有诱导的倾向。

因此，记者在进行隐性采访的过程中，语言和行为的"主动"与"被动"就成为了记者是否有触犯法律之嫌的重要分水岭。所以，记者一定要把握好"主动"与"被动"的度，换句话说，就是"什么话都让对方去说，记者需要的更多的是大脑和耳朵"。如记者暗访一出售假冒伪劣的医药销售点时，记者如果想诱使对方拿出伪劣商品，不能说"我想买伪劣药品"，只能说"我想买一批便宜一点的药品，你有没有？"虽然问法不同，但都可以达到采访目的，但在法律上的判断结果，却可能因记者的问法差异而迥然不同。

（3）注意搜集和保存证据。

隐性采访多属舆论监督类报道，极易招致报道对象的诉讼，他们往往会以"新闻不真实"为由起诉媒体，因此，隐性采访特别强调新闻事实证据的合法性和完整性。"能够证明报道真实性的证据包括：采访笔记、录音、录像带以及照片、各种书证、实物证据、文件资料的原件、副本、复印件、抄件，等等。"[①]而根据民事诉讼法律规定的民事诉讼证据的表现形式为标准，我国民事诉讼证据的表现形式可以分为书证、物证、视听资料、证人证言、当事人陈述、电子数据、鉴定结论、勘验笔录八种。在所有的这些证据中，录音和录像要比采访笔记有说服力得多。因此，在采访活动要注意采集录音录像资料。

2002年4月1日最高人民法院《关于民事诉讼证据若干规定》正式实施，该规定第68条引起了新闻媒体的普遍关注："以侵害他人合法权益或者违反法律禁止性规定的方法取得的证据，不能作为认定案件事实的依据。"这条规定在立法技术上采用了非法证据"排除规则"，即未经对方同意的录音录像可作为合法证据，除非其取得途径侵权或违反法律禁止性规定。既然可以应用于新闻侵权官司上来，一时媒介称这一规定"为偷拍行为松绑"。

最高人民法院2015年2月4日发布关于适用《中华人民共和国民事诉讼法》的解释

---

① 丁柏铨主编：《新闻采访与写作》，高等教育出版社2004年版，第121页。

全文,解释明确视听资料包括录音资料和影像资料。电子数据是指通过电子邮件、电子数据交换、网上聊天记录、博客、微博客、手机短信、电子签名、域名等形成或者存储在电子介质中的信息,这些材料也是作为民事诉讼的有力证据。新闻记者在进行隐性采访时,往往使用录音、录像等手段收集采访资料。一旦媒介和记者涉讼,这些材料即可作为证据提交法庭,予以展示和质证。在证据种类上,这些材料称之为"视听资料",诉讼法理论上又称之为原始证据,容易被法院采信,因为它直接来源于客观发生的新闻事件。

附录

一、以暗访方式采写一篇校园新闻。

二、选择一位先进教师或学生,采写一篇人物报道。

三、思考题:某房地产商以酷似刘德华的人的照片作为海报内容,并不加说明,请问此举是否侵犯了刘德华的肖像权?

第五章　采访组织形式与方法

按记者和采访对象双方人数的多少变化，新闻采访的组织形式可以分为如图 1 所示的几种类型。

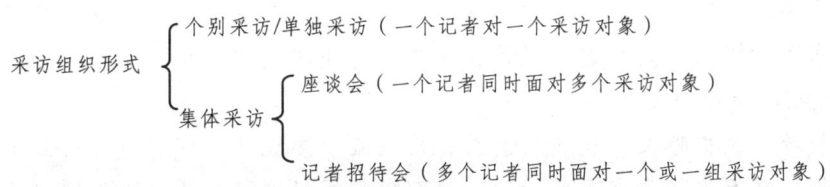

图 1　座谈会与记者招待会（源于百度图片）

单独采访需要注意的问题在面访一节已作阐述，此处我们只谈谈座谈会和新闻发布会这两种集体采访形式。

第一节　座谈会

座谈会是记者邀请一些人，在同一时间、同一地点、就同一主题向参加座谈的人进行采访的一种采访组织形式。这里所指的座谈会采访组织形式，仅指由记者主持，专为采访活动召开的座谈会，不包括记者作为旁听者参加的工作座谈会（如下例）。

我地召开精准扶贫工作座谈会

记者　周帅军

本报讯（记者　周帅军）11 月 10 日，我地召开精准扶贫工作座谈会，对进一步做好当前和今后一个时期的全地区精准扶贫工作进行安排部署。

人大地区工委副主任嘎玛洛桑，地区政协副主席克珠出席会议。

行署副专员丹增讲话。

丹增要求，要认清形势，统一思想，进一步增强打赢扶贫攻坚战的紧迫感。当前，扶贫开发工作已进入啃硬骨头、攻坚拔寨的冲刺期，各县各部门一定要加强学习，统一思想，把学习贯彻中央、自治区关于扶贫开发的重要讲话和指示精神作为当前一项重要的政治任务；要认清形势，深化认识，把扶贫当做政治任务来抓、当做民生大事来抓、当做全面建成小康的短板来抓；要把握当前历史机遇，增强信心，确保打赢这场扶贫攻坚战。

要理清思路，明确任务，扎实推进扶贫重点工作。各县要准确把握阶段性特点，理清思路，突出工作重点，发挥自身优势，扎实推进精准扶贫工作，走出一条具有各县自身特色的扶贫开发新路子。

要加强领导，狠抓落实，坚决打赢扶贫攻坚战。要强化组织领导，各级党委、政府主要领导要切实履行第一责任人的责任，分管领导要抓专管，逐级签订减贫责任书，层层传导压力，把任务分到人，责任落实到人；要强化制度保障，以中央、自治区、地区创新机制推进扶贫开发工作为契机，建立健全扶贫各项体制机制，为推进扶贫工作提供制度保障；要强化宣传氛围，充分发挥各类新闻媒体作用，在全地区营造关心、支持、参与扶贫农发工作的良好氛围。

会上各县汇报了精准扶贫工作开展情况、存在问题及建议；公布了我地区2016—2018年脱贫计划。

座谈会的召开目的大致有两种：一是为搜集情况而召开的座谈会，大家针对某一事件提供各自了解的信息，记者以这些信息为线索，再做深入采访，座谈会是获取采访线索的一种途径。二是座谈会本身构成新闻主体。如某些意见反馈性的座谈会，大家聚到一起各抒己见，这些言谈内容往往很有参考价值，记者将座谈会参与者提供的信息整理出来，就是很好的报道题材。

一、座谈会的适用范围

开座谈会是一种高效的信息获取方式，记者邀请相关人员聚到一起，能够在短时间内搜集到大量有价值的信息。记者可以结合采访主题和实际情况，根据座谈会方式的优势和适用范围的局限性，利用好这种采访形式。

座谈会有这样一些存在的价值。第一，有利于较快地掌握各方面的情况。知情者聚到一起，围绕同一新闻现象或事实提供情况，发表意见，省去了记者东奔西跑地逐个采访，在较短的时间内就能搜集到大量自己想知道的情况。第二，有利于弄清事实真相。有些新闻事实，角度不同提供的新闻侧面也会不同，事实的相关者提供的情况互相补充，在现场相互质证，实现"无影灯效应"，错误虚假信息就会露出原形，有利于记者掌握事实真相。从哲学认识论的角度讲，座谈会是客观、准确认识事物全面特征的保证，不同视角的观察和探究形成了更加圆满和真实地接近真理的认识。

座谈会虽有很多优点，但也有应用范围。有些不便扩散的问题，放在座谈会上谈不合适，这就需要个别访问。如有些矛盾问题和隐私性内容，参与座谈的人不愿意当着他人的面论是非，只能说一些客套话，谈话价值就大大降低。还有些问题需要细谈，座谈会人多，每人发言的时间有限，会影响谈话内容的深刻性。

总体而言，出现以下几种情形时，可以考虑召开座谈会：某一种情况或事实，只有有关的人凑在一起才能弄清楚；记者已经采访了一段时间，掌握了不少材料，但是对有的问题还认识不清，需要一些人来研究；报道涉及的范围比较广，或者是某种典型报道，或者是属于经验总结、工作研究性的报道，需要听听各种意见和反映等。

二、座谈会的类型

开好座谈会，记者需要掌握一定的主持技巧，按照记者引导整体谈话的方式，有研究者将座谈会分为四种类型[①]：

1. 主导式

组织者提前确定主要发言的同志，开阔思路，引导大家尽快进入主题。座谈中有时会遇到气氛不活跃、发言不积极，甚至还会出现"冷场"的现象。为避免这种情况的发生，组织者可根据座谈的主题，提前指定少数同志认真做好准备，有重点地进行发言，从而引起大家的共鸣。

2. 讨论式

组织者提出座谈主题后，让大家大胆发表意见和见解，并允许大家持各自观点进行争论。讨论式座谈会需要宽松和谐的气氛，才能有效开展。讨论式座谈会组织者要及时引导座谈会参加者，避免轮流汇报或跑题的现象，做到既不信马由缰，又不生硬。

3. 诱发式

采取诱导启发的方式同座谈者交谈或发问。座谈中有些人往往会存有顾虑，这时组织者要善于把握好能够使他们开口的方法和技巧。通常采用以下两种发问方式比较好：一种是开放式问题，另一种是闭合式问题。召开座谈会时，一般采用开放式问题，这有利于活跃气氛使大家充分发表己见，但这也容易使座谈会松散空泛。闭合式问题一般较尖锐、紧凑，适于深挖某些事实和看法，但使用起来不容易，弄不好会破坏气氛。因此，在实践中要将两者有机地结合起来，合理运用。

4. 激发式

激发式就是采用"点将"的方法，使参与座谈者不能不说。这种方法，对有些一直不肯发表意见的座谈者比较奏效。语言"带刺"需要丰富的语言技巧和适当的语言策略，

---

① 王光柱：《如何开好座谈会》，载于《政工学刊》，2001年第3期。

其因时因地而变,要注意分寸与尺度,所以要针对座谈的具体情况和条件,正确地选择好具体的方法和语言。但是,在座谈会中,运用激发方式应该慎重,要注意策略,不要轻易地刺激对方,以免影响座谈的气氛和效果。

三、开好座谈会的注意事项

座谈会召开的目的是满足新闻采访活动的需要,记者应有组织者意识,要主动地组织好座谈会,引导参与者的发言。在组织座谈会时,有这样几个方面的问题需要留意。

（一）选择好座谈人员并控制好座谈时长

选择参加座谈的人员应当是了解情况,最好是掌握第一手材料的人,或者是有点想法能谈出一点见解的人。同时也要考虑到代表性,要能反映不同方面、不同层次的"声音"。参与座谈会的人应当是代表不同利益和观点的人群,否则信息观点一边倒,记者得到的将是片面的信息。对于座谈者的思想状况和人际关系也要有所了解,这样参加座谈会时大家相互间才能互相补充,形成合力,而不应该彼此因间隙而造成内耗。当然,对于相互间矛盾冲突激烈,容易出现不能控制的局面时,可采取分别座谈的方式予以组织。

座谈会是一种行之有效的工作方法,其规模控制要从座谈的内容实际出发,合理确定参加人员和场地。座谈会的时间也要合适,时间过长,容易使人厌倦;时间过短,容易被误认为不被重视,流于形式,很难达到预期目的。

（二）座谈会召开前要有准备

在座谈会的主题准备方面,记者不能完全从主观愿望出发的,必须了解整体形势,弄清主题相关领域当前关心的问题,这样座谈会开起来才能有的放矢。在确定座谈会议题时,一定要抓住某项工作中的重点、难点、热点问题进行选题,特别要选择面上急需回答或带倾向性的问题,话题要相对集中,不可贪大求全,面面俱到。

参加座谈会的记者和采访对象,双方都要提前做好准备工作。召开座谈会是为了提高采访效率而采取的采访方式,而充分的准备是提高效率的保障。如果临时召开座谈会,参与者因没有任何准备而可能回答不了或回答不清楚记者的提问,采访效率也就无从谈起。如果采访对象事先有了准备,对相关问题作了认真调查,资料准备充分,座谈会时就能做到言之有物,言之有据。

在期待座谈会参加者做好准备的同时,记者自己更要做好准备。比如先谈什么,后谈什么,什么问题要重点谈,什么问题要讨论或要征求对方的意见,应该谈到什么程度,可能会出现什么问题,如何进行引导,结束还得注意什么等,都要有周密的考虑,做到心中有数。为保险起见,最好能够列一个比较详细的座谈提纲。

（三）记者要引导讨论而不主导讨论

调查座谈会就某个问题展开讨论,参与者相互间发生争论,这是常有的事,此时此刻,记者千万不可轻易表态或作结论,影响一部分人的情绪,导致对方沉默下去。如果参与者相互间有了争论，记者的任务是认真听取各方意见，因势利导，将座谈者的交流引向深入。这种引导表现在多个方面，如出现冷场、沉闷，或者座谈者之间严重对立，记者要善于调节气氛；如果一些话题谈到一定程度谈不下去，记者要推动话题继续；座谈会涉及话题的几个层次，记者要将一个层次的话题引向另一个层次。

要广听众人之言。古人说"谋贵于众"，意思是讲，领导者在决定问题时，一定要广泛征求和听取各方面的意见，集中大家的智慧。因此，组织者在组织座谈会时，必须走群众路线，给大家充分发表意见的机会，决不能自认为高明，唯我独尊。态度要诚恳，放下架子，甘当小学生。不要提轻率、不着边的问题，使人弄不清你的想法，甚至引起怀疑，更不要自以为是，无目的提些刺人的问题。要善于吸取和借鉴不同的意见，由于认识水平不同，看问题的角度不一，因而对所要座谈的问题，必然会有不同的认识和各种各样的意见。这就要求组织者不要预先定下框框，或强加于人。

参加座谈会的人，难免有职位、学历、性格方面的差异，一般而言，领导喜欢夸夸其谈，学历高和性格外向的人，也有发言的自信。参加座谈会的人多，难免有人会沉默寡言。记者在主持座谈时，要注意平衡参与者的发言时间，要给每位参加者以发言的机会。记者不能因为某一对象地位高，就笑容鼓励，提问不止；对地位低的人就敷衍了事，冷脸凉语，记者要牢记，要平等地对待每一位参与者，让每一位座谈会参与者如坐春风、如沐春阳，气氛和谐了，交流就顺畅了，召开座谈会的目的也方能顺畅实现，记者的人脉资源才会越积越多。

当然，有时因为座谈会人多，也会出现大家相互推让的场景。为预防出现"冷场"，记者要善于调动大家的积极性，注意主持和引导的艺术，让每一位在场的人都有说话的机会，有主动提供情况的内在冲动。

（四）座谈会不能开成报告会

曾有某省报头版头条报道了"八一"前夕省军区召开庆"八一"老红军座谈会的消息。除省委书记、省军区政委讲话外，通篇消息没有老红军的发言。既然是老红军座谈会，唱主角的理所当然离不了老红军。究竟哪些老红军出席了会议，哪些老红军讲了些什么话，总得在消息中有个交代，然而这些都是空白。消息中只有省委书记和省军区政委的长篇讲话，不得不使读者感到这不是座谈会而是报告会。把座谈会写成报告会的消息，往往是一些会议新闻总跳不出仅是报道领导人活动的窠臼，从而使会议新闻长而空，离不了以往的套路，以致会议中广大群众富有新意的言行被漏掉，降低了新闻价值。

读者反映的报道问题，归根结底也是采访组织的问题。一些座谈会，为了体现领导重视，会邀请个别领导参加，这些座谈会有时会成为个别领导的讲话报告，座谈会开成了报告会，丧失了组织座谈会的初衷。记者组织召开的座谈会与这些座谈会也会产生同样的问题，参加座谈的人群中总有人会更加突出。此时，记者就要普遍关照，重点引导，让座谈会不致成为个别人的报告会。

(五)要将会内会外相结合

记者要善于在座谈会上发现新的新闻线索。座谈会是一个信息交流、观点碰撞的场所,参加座谈会的人都是有信息资源或有观点的人,与这些人坐在一起,是记者探寻信息、获得思想启发的宝贵机会。记者在交流中,要注意发言者透露出来的信息点滴。

常言道"功夫在会外",记者要尽可能多到基层了解情况,搜集比较完备的资料,这样会议未开始,记者就已对情况了然于胸,并可先一步找出新闻眼。如此一来,除了做好座谈会的日常报道外,还可以写出一些有别于同行的有分量的稿件。2000年妇女节前夕,某市总工会组织召开庆"三八"巾帼创业立功女杰座谈会,按常理,发一篇会议消息就可以了。记者在会前得知,这些女杰多是下岗职工,而该市13.2万名下岗职工中尚有5万多人需要安置,许多人仍在等待、观望,这种鲜明的反差使记者萌生了一个念头:要写一篇下岗再就业的报道。在当天的座谈会上,十位创业明星以自己的亲身经历,介绍了自己的创业历程,其可敬、可爱之处,深深地感染着记者。于是记者就趁热打铁,在发出会议消息之后,又一气呵成,一篇名为《山重水复终有路》的记者观察便跃然纸上。稿件见报后,受到一致好评,很多下岗职工打电话说出自己的心里话,并要求和这些女杰们见面学习。

"功夫在会外"的另一种表现是在座谈会中开阔视野,为下基层打基础。每次座谈会议提供的材料其实都为记者打开了某些领域的大门,使记者的调研有的放矢。2000年3月,一记者从全市商品流通工作座谈会上了解到,当年要实施食品"放心工程",包括肉、奶、酒等多个品种,作为一种新闻线索,记者一直留心积累素材。针对市场上出现的一些不和谐声音,记者以"放心工程"是否放心为主旨,经过深入采访,先后采写了《"李鬼"打跑了"李逵"》《取缔散装奶还需多久?》《"放心肉"何时放心?》等稿件,对食品"放心工程"的开展起到了引导、监督作用。

另外,与会者即兴的发言值得认真听,它或许会拨动我们的某根神经,产生灵感。2000年,在一次座谈会上,与会者就欠缴养老保险费问题仁者见仁、智者见智,当听到社保公司总经理提到有的企业抱着"多从社保挖一块,企业就省一块"的消极态度时,有记者很快有了一种写作欲望,于是诞生了述评《讲点良心》。该文以短小的篇幅,犀利的笔锋,历数了企业欠缴养老保险费的种种问题,揭露了某些企业领导不讲良心,只为自己续保,不顾职工死活的丑恶行径。

当然,并不是每次座谈会都能立刻形成一篇报道,但作为一种素材积累,对记者日后的写作是大有裨益的,所谓厚积薄发正在于这些平时的材料积累。[①]

第二节 新闻发布会

新闻发布会是各种机构向新闻界发布新闻或介绍情况的一种信息沟通方式,发布会

[①] 丛春华:《跑会议要事半功倍》,载于《记者摇篮》,2003年第2期。

由各单位新闻发言人主持，定期或不定期举行。[①]

一、新闻发布会的特点

（一）发布会的主办方掌握着主动权

新闻发布会是新闻源经过充分准备，主动向记者发布新闻的一种方式。采访一般都是记者主动去找新闻源，新闻发布会则是新闻源主动邀请记者，并介绍情况的一种新闻活动方式。

主持召开新闻发布会的团体、机构甚至个人，掌握着主动权，发言人往往准备充分。特别是一些政府机关部门的例行发布会，还可能存在形式大于内容的问题。发言人字斟句酌，避重就轻、耍太极、说套话，明里是顺应信息环境的变化，按国家大政方针履行信息公开义务，实则是徒有形式，虚张其名。对这类发布会，要尽可能通过其他采访方式予以补充，方能获取到更有独家价值的新闻。

（二）媒体提问机会少

参加新闻发布会的记者可能很多，但真正能获得提问机会的媒体很少。新闻发布会的主办方往往很重视影响力大的或合作关系良好的媒体，一般媒体获得发布会邀请的机会，参加发布会被点名提问的机会等都比较少。

新闻发布会上，主办方不是向个别记者，而是面向一批记者同时发布新闻，这个群体包括中外各种媒体的记者。众多的记者在限定的时间内争夺提问机会，新闻发布会的竞争激烈程度不言而喻。

新闻发布会上的提问往往代表记者本人和所在新闻单位的业务水准，提问本身也常常成为新闻作品本身的组成部分，因此，记者对所提问题莫不殚精竭虑，精心设计，力求从同行意想不到的角度提问，又使被问者不感突兀，便于回答，这些都需要记者长期的职业训练和不断的反思揣摩，方能从记者群中"脱颖而出"。

（三）新闻发布会虚拟化

网络新闻发布会是近几年来出现的新的发布方式，把传统的新闻发布与先进的互联网技术相结合，通过网络形成虚拟会场，把新闻发布者和分散于不同地点的记者集中在一起，使信息在相当广的范围内实现有效传播。2000年3月20日，由国务院新闻办公室批准，北京艺百网络举办了"中国首次网上新闻发布会"。

网上新闻发布会一般分"线上+线下"和"纯线上"两种形式。所谓"线上+线下"，就是在现场新闻发布的同时，进行网上直播，并接受网上提问。所谓"纯线上"形式，即没有实际的会场，只是通过互联网络形成一种虚拟会场，发言人和记者、公众均通过网络进行新闻发布和交流。随着技术的进步，网上发布系统可以实现资料发放、视频音频播放、现场提问、项目展示、电子名片交换、精彩回放等多种功能。网上参会代表不

---

① 《中国大百科全书·新闻出版卷》，399页。

仅可以得到与线下参会相同的服务,而且还极大地节约了时间成本和经费投入。

随着社会媒体功能的不断丰富,现场新闻发布会正在被认证微博、微信公众号代替,记者日常生活中主动、积极关注重要新闻源的网络信息平台,是不可或缺的工作内容。

二、记者参加新闻发布会的要求

新闻发布会作为一种特殊的发布新闻的方式,往往按新闻发言人先发言,然后记者提问的程序进行。因此,参加新闻发布会的记者要对提问技巧高度重视。

(一)要有参与对话的意识和勇气

参加新闻发布会的记者要排除的思想障碍主要有三种:有"提问是给领导出难题"的想法;怯场;把记者分为三六九等,认为自己是小媒体的不可能有提问的机会。

参加新闻发布会,一名记者不能甘心当个纯粹的听众,应当积极争取提问的机会。这样,才能收获符合媒体需要的新闻报道素材。许多记者为了争取到发言机会,在新闻大战中胜出,积极发扬"抢"的精神,即在发布会现场抢前排座位,这样有利于获得发言机会,积极举手提问,积极抢发新闻稿。许多记者为了获得提问机会,在化妆、服饰上也十分注意,目的都是为了获得新闻发言人的注意,从而获得现场提问的机会。

2006年全国人大闭幕,重头戏是温总理一年一度的中外记者招待会。在会场,一名自称来自台湾的老记者因为几次举手都没被点到,"气"得突然站起来,挥舞拐杖抗议,打断了温总理跟记者的问答,这名记者引起了温总理的注意,赢得了一次宝贵的提问机会。作为一名记者,应当学习这名老记者争取提问机会的精神;当然,这种非常规手段要少用、慎用。

图2 台湾记者获得提问机会后的提问现场　　图3 事后台湾记者成为了新闻焦点人物

(二)作好充分准备

任何工作要做好,都需要认真准备。参加新闻发布会,记者要做的准备工作主要有问题准备,着装讲究等细节工作。问题准备是准备工作的核心内容。相比一般采访活动,记者在新闻发布会中提问的机会要少得多。众多记者争抢发言机会,每次提问其实都是记者在众多媒体面前表现的一次绝佳场合,记者的提问质量,表达方式如何,在专业人士相聚PK的新闻发布会中,高下一目了然。

在问题准备方面，记者首先要了解新闻发布会的主题，查阅相应的背景资料等内容。其次，还要准备采访提纲，列出准备提的具体问题。在问题数量上，要遵循"10：1"的原则，因为发布会面对的是一大群记者，而且时间有限，因此，有可能出现自己准备的问题被别的记者抢先提问的情况。

（三）要有围堵补充采访意识

新闻发布会上未能尽兴，如果有机会，可考虑发布会结束后对发言人进行围堵补充式采访。围堵式采访方式可用，但要视场合、情况而定。

在一些通报性、辟谣性、调查回应性等类型的新闻发布会中，发言人一般有充分准备，谨言慎行，除去既定材料以外，不愿多说一个字。这时，记者应视具体情况，迅速判断有无可能在会后围堵发言人进行追问。如果在众媒体记者的包围中，发言人愿意开口说话，提问应注意开门见山，直奔主题，问题也应以闭合式为主，便于发言人表态。

在2013年全国两会上，《成都商报》一女记者因频频围堵部长采访，被冠以"拦部姐"称号，这种做法虽值得商榷，但其采访勇气和韧劲值得学习。

三、如何在新闻发布会上发现新闻

参加新闻发布会是获取新闻的重要途径，通过新闻发布会，记者有机会接触比较权威、准确的声音，能够比较全面地了解事件最新进展以及事态、数据全貌，并且通过提问，获知自己关心的内容。

但是，新闻发布会往往场景单一，内容枯燥，关键信息中经常夹杂大量无用信息。因此，写发布会新闻容易，但要写好还是要下一番工夫。比如，我们经常看到这样的发布会新闻：

今天，某部在国务院新闻办召开新闻发布会。会上，某部长指出，今年某部的工作在以下五方面取得重要成效，一是……二是……三是……某部长还指出，明年某部的工作重心将集中在×个方面，一是……二是……三是……

就内容而言，记者忠实地记录了新闻发布者发布的信息，条理比较清楚，客观性和真实性都比较好。但是，也存在一定问题。

首先，这不符合新闻的写作要求，更类似于内部会议记录或简报。因为会议简报要求条理清楚，据实记录，记录内容全面。

其次，记者在这篇稿件中没有自己的思考和加工。记者只是照录了发布者讲的内容，对讲的内容缺乏整理、求证和分析。记者的懒惰容易给读者的理解造成困难。试想，记者经历了整个采访过程，对新闻事实的背景资料有更充分的了解，记者的职责就是将受众难以发现的意义和理解的内容浅显易懂地"翻译"出来。如果记者只是将发布会的内容照搬照抄，读者是很难从这样的新闻中看出"味道"的。新闻要求真实客观，但是新闻更要求表现动态和变化。

最后，这条新闻在写法上，完全是一副冷冰冰的口吻，没有任何描写、叙述和细节。

这种文件似的新闻写法不会受到受众欢迎，传播效果无从谈起，因此必须加以改进。

如何把发布会写活，如何从发布会上找新闻，如何把发布会转换成人们喜闻乐见的新闻，是一个应该研究的课题。对于发布会的写法，应该从以下四个方面入手。

（一）抓"事实"，讲"实事"

发布会一般以概括的内容为主，如何让这些概括的内容吸引人，或者把这些概念性的内容形象化，其中最重要的是抓"事实"，或者"实事"。"实事"主要是指特定的引人关注的事件。

2010年2月，国土资源部召开了一个新闻发布会，对近一阶段的国土执法情况进行了通报，列举了查处案件的数量、土地违法的特点等面上的情况。其中提到了对于横店重建圆明园项目的查处。这个事件前一阶段争议很大，这次出台正式处理结果，应该成为"事实"并为新闻界所关注。会后很多新闻正是以此为标题，体现这一"事实"的重要性。许多政策性新闻的写法，正是从某一个事实中引出相关的政策和概念，由此从点到面，有事实有概念，报道也就容易为受众所理解和接受了。

反之，如果忽略这样一个"实事"，按照新闻发布官员的重点，更多地去叙述一些政策、总体情况，就会让人感觉枯燥。作为政府部门，的确需要对面上的情况有准确的把握，强调统计性内容和政策也是必要的。但是，记者要切记，我们的传播对象是普通听众，不需要也没有必要知道那么多专业的政策，鲜活的"实事"更能吸引他们的注意，传播效果也会更好。

（二）抓实质，明目的

一些发布会是例行的，并没有什么特别的目的。但是很多发布会的召开都有其特定的目的和意义。仍以上文提到的国土资源部的发布会为例，发布会表面上通报了很多查处土地违法行为的案例，说明了最近土地违法行为的特点。但是，其根本目的并不是通报查处了多少个土地违法项目，而是要向社会公众宣布土地管理方式和重心的转变，由过去的"保增长、保红线"向"保红线、保增长"转变。这才是这次发布会最大的意义，也是召开这次发布会的真正目的。

表面上看，这只是一个顺序的变化，但是其中蕴含的意义却非常巨大。它表明我国土地管理由过去的以促进经济发展为重点转变为以土地保护为重点，土地政策走向保守，"地根"趋向紧缩，这给目前以土地经济为核心的地方经济增长模式带来了很大变数，对我国经济发展将会产生重大影响。作为记者应该理解到这一层意思，在写作新闻的过程中应该把这方面内容当作重点。如果漏掉这方面的内容，可以说，稿件的价值会大大降低。

（三）谈细节，讲形象

人们常说"细节决定成败"，说明细节十分重要。对于新闻，细节是表现新闻事实的重要方式。在发布会中，细节包括参加人员、气氛、媒体人数、时间、对待媒体的态度、对媒体提问的回答方式，等等。记者到现场的目的不仅仅是记录发布会的内容，更重要的是体会发布会的气氛和现场感，做一个全方位的报道。如果没有这些有血有肉的细节，只是干巴巴的数据，就没有必要派人到现场，在网上看发布会实录就可以了。所以，判断一个发布会新闻的高下，很重要的是看能不能写出发布会的细节，能不能发现别人不能发现的事实。

凤凰卫视对细节观察的做法值得借鉴。例如，在2005年4月举行的"国共经贸论坛"上，大多数媒体聚焦在贾庆林提出的四点建议，而凤凰卫视则以大量差异化的细节独树一帜：

"国民党、亲民党和新党三党都派人出席论坛，可以说论坛代表了台湾的主流民意。出席论坛的台商很多，尽管民进党此前一再恐吓，台湾最大的前50位商人竟无一缺席，而他们的资产占了台湾GDP的48%，所以近日台股暴涨96点。"凤凰卫视的记者以"无一缺席""台股暴涨"等一连串细节说明了一个政治问题：两岸合作是民心所向，民进党的打压已经不起作用。相对其他媒体而言，这是一种个性化的解读，呈现了丰富的信息和独特的视角。

一些国际会议往往由于没有达成重大成果，所以看上去缺乏实质内容。但是通过对细节的观察和描写，一个枯燥的会议往往就会深入人心，被人们记住。2006年的东亚六方会谈并没有取得什么进展，但是凤凰卫视的记者通过自己的观察和捕捉，找到了落脚点和新闻点。

"8月2日：由于对共同文件的讨论越来越具体，会谈开始在文字的泥沼中艰难跋涉。有消息说，美国代表团7月24号入住国际俱乐部饭店时，曾预定8月1号离店，但现在已经将饭店房间续订到8月5号。

8月3日：昨天下午会谈结束后，除了朝鲜代表团团长破例在使馆门口停下车来，主动走向记者发表了首次讲话。美国代表团团长也有一个破例的举动，就是当他乘车驶出钓鱼台东门时，对着记者的镜头微笑着竖起大拇指，流露出喜悦和赞赏。人们希望这些细节意味着马拉松式的本轮会谈终于进入了冲刺阶段。"

虽然官方没有发表谈判结果，但是通过"订房间""停车""竖大拇指"等细节，人们仿佛感觉到了一种情绪，从中很轻松愉快地了解到了一些信息。

（四）抓变化，寻差异

新闻是研究变化的学问，对于发布会，研究其中的变化是找出信息的重要手段。发布会的形式都差不多，但是通过相关内容不同场次发布会的变化，记者应该感受到国家相关政策的调整，以及对同一问题态度的变化。这些都是发布会所传达的重要信息，也是记者有必要向受众分析传达的内容。所谓背景、历史，都体现在这些变化之中。只有了解背景和历史，才能对目前的现实有深入透彻的了解。

我们仍然以此前提到的国土资源部的发布会为例。在这场发布会上，记者应该敏锐地捕捉到国家土地管理方式和重心发生的变化。这是本次发布会的一个新闻点。如果错过这个新闻点，即使发了稿，也相当于漏掉了新闻。

有一句话叫做"于无声处听惊雷"，意思是说从不引人注意的地方发现事物将要发生的巨大变化。新闻发布会的形式和官方的表达习惯，决定了官方无法过分强调一些发展和变化,因此,要求记者去体会和捕捉。虽然有难度,但是如果从以下几个方面进行准备和思考,会有所助益。

首先,发布会前应该做好前期准备。一方面要有长期的积累;另一方面要了解本次发布会的主要内容和重点,了解发布会的目的和针对性,就此进行资料以及法规方面的准备。同时要准备问题,也许没有机会提问,但是准备问题的过程也是思考的过程,可以促使自己去思考相关方面的核心与关键点,为写稿抓事实打下基础。

其次,在发布会现场要注意观察。观察发布人员的神态和语速,观察会议程序、参加发布会人员的态度等,从中发现与以前发布会有何不同。有时,一个细节就能让新闻活起来。

最后,要对发布会的内容进行新闻解读。记者应该是一个"翻译者",而不是"记录者"。新闻发布者有自己的话语表达体系,这是正常的。但是,记者不应该陷入这个语言体系,而是应该思考如何用老百姓的语言把这些内容"翻译"过来;或者应该首先洞悉发布者话里的意思,然后明确表达出来。这些都要经过思考,经过再创造,而不是简单地记录。当然以上这些方面的能力需要记者在实践中不断摸索和提高。

发布会对记者来说,犹如一座矿山,很多有价值的信息往往被无用的语言包裹起来,不容易被发现。但是有心人往往能从中提炼出人们所关注的新闻,而无心的人看到的只是一座荒山。如何发现别人所不能发现的新闻点,如何"于无声处"听到别人听不到的"惊雷",这正是考验记者职业态度和职业能力的一个重要课题。①

第三节 采访方法

第三、四章以采访主客体间是否有沟通的媒介和媒介方式,介绍了几种主要的采访方式。这里,我们将谈一下记者常运用到的几种采访方法。

一、上下结合

上下结合指记者在采访活动中既要深入基层,接触群众,了解下情;又要采访领导机关,了解领导意图,掌握全面情况。按照上与下的先后顺序,上下结合可以分为两种情形。

(一)先上后下

前网络时代,媒体的信息渠道有限,往往要依赖专门的管理机构来提供相关信息。媒体要想了解某行某业的具体情况,需要和这些管理机构打交道,此时,就需要采用先上后下的采访方法。如记者有了采访方向和大概意图,要报道乐山市内公共交通的现状,但写什么、采访谁,没有具体线索,怎么办?通常的做法是:在到达采访目的地之后,先和交管部门和公交公司接触,了解下全面情况,从中发现新闻线索,然后再逐级深入

---

① 此节内容选录改编了杨路的《于无声处听惊雷》,载于《中国广播》,2011年第7期。

下去，循着发现的某一线索深入开掘，寻找典型，从而完成采访任务，这种采访方法就是自上而下的采访方法。

这种方法可以使记者较快掌握情况，选准采访对象，有目的地深入，避免采访的盲目性，提高采访效率。

（二）先下后上

网络时代，许多社会变动情况汇集一网，记者的信息渠道非常通畅，获得新闻线索的难度也大大降低。此时，先下后上的采访方式就运用得更多；一些突发事件的采访，往往遵循的也是先下后上的采访路径。

一般新闻的采访活动，记者可以在到达目的地后，先到群众中走走，和群众聊聊，了解下情，然后再采访领导机关。上下结合的采访方法有助于"吃透"两头，既有利于记者"吃透"上头（党的方针政策和领导的宣传意图），又有利于"吃透"下头（广大群众的呼声和客观实际情况），并通过采访报道把"两头"联系、结合起来。

在实际采访中，无论是自下而上，还是自上而下，一般都要辅之以另一方面，采访往往难以一次性完成，"上"与"下"要反复循环进行。上与下的范围很广，只有将上与下两方面的情况全面掌握，才可能弄清事物的本来面目，避免信息的片面性、主观性和表面性。

二、点面结合

点面结合指既全面了解面上的情况，又在点上作深入探访，使新闻报道宏观结合微观，具有一定的广度和深度。人们认识事物，会经历从个别到一般，或从一般到个别两个认识过程。一般和个别是事物的两个层次，反映的是认识对象面和点两个层次的情况，在采访中，也要自觉经历从一般到个别，和从个别到一般这样两种形势的认识过程。

点和面，就采访地区来说，是重点地区和一般地区；就采访单位来说，是重点单位和一般单位；就采访对象来说，是重点对象和一般对象；就了解情况来说，是重点情况和一般情况，等等。狭义地说，这是基于典型报道和综合报道的需要。

点上的采访，是指记者深入一点的采访活动，也就是考察一个典型的活动，通常叫做"下马观花"。2011年8月，中宣部、中央外宣办、新闻出版总署等多家单位联合发起开展的新闻单位从业人员"走基层、转作风、改文风"活动，就是要求记者沉下去，熟悉点上的情况，活泼生动地展现现实生活中的典型情况。

面上的采访，是指要了解某一方面的概况，或者说总体情况。了解面上的情况，常见的有两种办法，一是采访有关领导机关，这些部门信息全面，缺点是二手材料多，细节材料少。二是通过"走马观花"式的采访，增强对某一方面情况的感性认识。三是通过查阅资料获取，如某类情况的其他报道、相关情况的调研报告、研究文章等，都是获取面上情况的有效途径。

采访时，要将面和点有机结合起来。要善于在面上找题目，点上作文章，这点正如著名记者华山所说："比如抓小鸡，老鹰总是飞得高高的，在空中转上几圈，瞅准目标，然后一头猛扎下去，擒走小鸡。"

如我们知道目前一线城市房价惊人，房价如此之高，利润到了哪些人手里？我们一般知道各大城市的房屋均价，但要弄清楚高额利润的分食者和各类分食者所获得的份额大小，必须要找一家有代表性的楼盘项目，从账务上认真审核梳理，才能发现实际情况，我们的感性认知才可能得到证明。

同样，记者要反映某一普遍新闻现象时，也需要通过"点"来具体呈现，化抽象为具体。新浪网"看见"图刊专栏在反映城镇化带来的乡村弊端这一普遍现象时，从图片内容可以看出记者在拍摄思路采取了点面结合法①。记者用了 17 张照片来反映，其中第一张用渡船图来表现"面"的内容，讲金山村的基本情况。然后中间用了 15 张照片来呈现各种"点"的细节，表现过年前后乡村人气的巨大反差。如村里春节期间村里频繁的宴席（原图 5）；村里几家在外过得较好，准备或已经搬迁的村民（原图 7）合影；村里的过节时不得不送又没什么实用价值的礼品盒；村民大摆宴席后关门数礼金时的反应（原图 14），等等。最后，记者又用一张图来反映春节后村里复归"寂寞"（原图 17），回到"面"上以呼应第一张照片。

（原图 1）江西鄱阳湖边，有一个渔村叫做"金山"。村子挺大，但"金山"这个名字并没有给村子带来富裕。恰恰相反，为了"淘金"，村里的年轻人们如中国大多数农村一样，进城去打工。大部分人只会在过年前，陆陆续续回到"金山"，待到十五。

---

① 摄影：Stamlee，编辑：秦翼，《回不去的故乡》，http://slide.news.sina.com.cn/x/slide_1_64237_95807.html#p=2。

（原图5）过年这些天，在平日里留守老人们晒太阳的广场和打麻将的村舞台上，村里人排着队大摆宴席，趁大家难得回家能见到时，把定亲宴、婚宴、寿宴、生日宴、搬家宴……都办了。

（原图7）陈富贵、陈富家兄弟俩在上海做包工头已有4年。去年，兄弟俩在上海松江郊外买了房。今年过完年，打算带上父母和妹妹一家彻底搬离。

（原图14）几只鹅在村道上自在游走，它们在村里人春节的大聚餐中，幸运逃亡。几场酒席办完关起门来，家里的女人便开始数起礼金，她们在一个小本子上记着"张三、李四、王五……"后面跟着一个数字。女人们边数边记，偶尔会发出"切……""哦哟……"的感叹。

（原图17）正月十五后，年轻人都走了，乡村恢复了往日的宁静，又或是荒芜……

点和面是相对概念，这组图片内容，第一张和最后一张相比金山村，属于面的内容；但作为中国新时期农村的缩影，这两张图又属于典型的"点"上的内容了。点面结合，面可以帮助我们把握全局，避免一叶障目；点可以帮助我们化抽象为具体，通过生动的细节点，来直接体会属于面的内容。面的内容需要理性思维来把握，点的内容对感性认识影响更大，只有点面结合，理性思维和感性思维才能有机地结合起来，认识事物才会更准确，更清晰。

三、勾推法

毛泽东于 1958 年 11 月，在同新华社社长兼《人民日报》总编吴冷西谈话中指出，"记者善于比较"，并举了一个事例。唐朝有一个太守，他问官司，先去了解原告、被告周围的人和周围的情况，然后再审原告、被告，[①]然后综合各方信息进行核实比较，从而推知事实原委，称这种方法叫勾推法。

起源于法学的勾推法也经常运用在新闻采访工作中，新闻采访中的勾推法指当记者采访时可先采访主要采访对象周围的人，掌握基本情况与某些细节后，再访问主要采访对象，这样获取的信息更全面，采访主要采访对象时效率会更高。

勾推法究其本质而言就是全面比较法，也就是侧面与正面相结合的采访方法。我们知道，任何采访对象由于记忆、表达能力、利益考量等原因，都可能对事实真相进行有意或无意的篡改、扭曲、选择性遮蔽或放大。多方面信源采访核实，兼听则明，类似于无影灯，可以消除某些事实阴影，从而最大程度地呈现事实真相。

勾推法主要适用于以下几类采访情境。

（一）遇到工作繁忙的采访对象时需要采用"勾推法"

在新闻采访工作中，我们经常会遇到一些采访对象因工作繁忙，无法安排专门的时间与记者交谈。记者的采访时间只能在较短的时间内见缝插针。遇到这种情况，有经验的记者会先从其周围的同志采访起，等掌握基本情况后，剩下那些必须由当事人回答的问题，再访问本人。这样做既可以大量节省主要采访对象的时间，又可以采访到大量生动活泼的真实材料，为写出好的新闻报道打下基础。

（二）对琐事易忘的采访对象需要采用"勾推法"

由于采访对象的工作性质不同，性格志趣各异，他们对生活的理解也是不相同的。采访一些取得了卓越成就的人时，如谈到这些人热爱的事业，他会讲得头头是道，兴味盎然，但对那些他生活中的一些琐事，往往不屑于谈或易于忘却。而对于记者来说，往往要通过这些看似细小的"细节"来反映人物的思想品格。这时候，最好的办法是找他的亲朋好友和同事领导聊一聊，往往能挖掘出一些鲜为人知的东西。

---

① CNKI 学问，http: //xuewen.cnki.net/CJFD-YJDT200316014.html。

（三）复杂事件的采访必须采用"勾推法"

对那些线索比较单一，事实比较清楚的新闻，不一定要用勾推法。但遇到比较复杂的事件或有争议的人物时，勾推法的使用就显得非常重要。譬如，对某些新闻事实的具体细节和评价，新闻事实的相关人群陈述不一、意见分裂。记者要得出正确的结论，就必须从正面、侧面、反面；从先进、落后；从赞成、反对；从主角、配角等方面进行全方位的采访，广泛听取各方面的意见，而后对这些"杂乱"的材料进行"去粗取精，去伪存真"，从中还原出真相，整理出合理的、客观的、公正的意见。①

对于勾推法，《人民日报》名记者纪希晨的经验之谈是："我每次采访一个单位或个人，只要时间允许，决不先找采访对象本身，而是先找该单位、该对象的上下级及周围的单位和人。这样做，好处很多。"勾推法作为全面比较式的采访方法，有利于写出立体感强，更能凸显事实和意见复杂性的全息性报道。"它可使记者在千头万绪的客观事物面前尽可能少犯主观片面的错误，可使记者在纷繁复杂的社会环境中防止人云亦云，可使记者对有关材料进行多层次、多方位的比较、推断；可使记者抓住事物的本质，确定采访对象，得出较为科学的结论。"②

四、交叉采访

记者的采访时间和精力是有限的，如何在有限的时间内出更多的成果，交叉采访是一个很好的方法。所谓交叉采访，就是在一定的时间内同时采访两条或两条以上的新闻。交叉采访主要适用于记者在采访中发现不止一条新闻线索，且已有的多条新闻线索在同一地或同一个单位时，一次性地完成多篇报道的采访任务。交叉采访的最大优点是可以节省重复找人及路上往返的时间，节省差旅费，节约记者的精力成本，采访效率高。

一个成熟的记者会有很多新闻线索，如果根据新闻线索一个选题一个选题的去采访，将会浪费很多时间。所以记者在跑新闻时，只要多个新闻线索主题方向一致，时间允许，就应开启多任务模式。在完成一个采访任务时尽量"搂草打兔子"，顺便采访其他内容。这样，既节约了时间精力，也有可能得到采访主体材料的补充材料，寻找到新的采访线索，从而提高采访质量和采访效率。

叶永烈是一位运用交叉采访很成功的著名作家。叶永烈从 1984 年出版第一部传记《张春桥》开始，到 1995 年共 11 年间，共出版了《毛泽东之初》为代表的红色系列传记和《张春桥》为代表的黑色系列传记等共 100 多部书。当记者问他写一本人物传记要花多少时间时，叶永烈介绍了他的采访经验："我常常是同时进行很多部作品的采访，不是单打一"，"比如在写王、张、江、姚时，差不多同时进行，交叉进行，不是单独一一采访。"

交叉采访有时是发现两条新闻线索可以组合采访时，提前策划并完成采访任务，有时则是在完成某种采访任务时，顺带发现新闻线索时临时应用的一种采访方法。《贵州日

---

① 张志安：曲径通幽：谈"勾推法"在新闻采访中的应用，载于《新闻通讯》，1991 年第 8 期。
② 李珍东：《学会"勾推法"》，载于《新闻战线》，1990 年第 12 期。

报》记者沈仕卫曾撰文谈了一次自己交叉采访的经历，可资借鉴参考。

2004年的黔西南之行是根据《贵州日报》记者部的安排，我第二次参与的交叉采访。我与同事王太师的任务除了要完成"西南出海航运通道"的主打稿外，还要在涉及西南航运通道的望谟、册亨、贞丰等几个平时宣传比较薄弱的县找新闻写。

我们6月2日出发，返回时是6月8日，刚好一个星期的时间，共完成9篇稿子。

我们的第一站是罗甸，没想到一出师就不利。当晚到罗甸已是天黑，不得不第二天赶到该县的红水河镇，但当我们在红水河采访完准备在红水河取道往望谟时，车子坏了，我们只能坐客车去望谟。

灰头土脸的我们没顾及洗澡换衣，就马不停蹄地投入了采访，当天下午采访了望谟县林业局和文化局。

第二天去蔗香乡，又是60多公里的行程；路不好，一路颠来倒去，去时一路顺利，谁知返回时又堵车，一等就是三个小时。赶到望谟县城吃饭时已是晚上9点多钟。经过3个多小时的折腾，我们在深夜1点赶到册亨。

一路上，路好像一直在和我们过不去：第二天一早在从册亨县城去80公里外的八渡镇的路上，因为天下雨，在离八渡不远的地方，一辆装满煤炭的大货车又被卡在了路中央。那个地方再没别的路可以绕道，我们只能等。但等了两个小时，雨照样下，车却照样不能动。当时，我们几个被淋得浑身湿透，已是中午1点，肚子有点饿了。好在这时候，八渡镇的车子去县城，也被堵在了来的路上。陪同我们前往八渡的县委宣传部副部长黄权昌灵机一动，和八渡镇的领导商量，我们的车和八渡镇的车各自调头，由我们的司机送八渡镇的领导去县城，八渡镇的司机送我们去八渡，赶到八渡时已是下午两点半

八渡是我们"西南航运通道"的第三个必去的渡口，在那儿，我们还意外地抓到两条"活鱼"，一是走访了八渡学校附近学生住校的茅屋，二是了解了一个旅美华人在那儿种植的夏威夷木瓜。紧锣密鼓的5个小时采访后，草草吃了晚饭，我们又往县城赶，因为怕来路还没有通，我们回县城时渡过河，从广西那边转了个圈。又是晚上12点才回到县城里。

在罗甸县红水河采访时，我们看到这条因下游龙滩电站蓄水即将被淹没的红水河及上游的南盘江、北盘江两岸有不少古榕树，我们想写一篇"救救古榕树"的稿件，所以每走一个县，都必须去林业局了解一下情况。在册亨的第二天，天气非常热，采访完林业局后，已是中午时分。

贞丰更热。第二天去该县的白层港，然后又去了白层镇的贞丰糖厂，无论在港口还是在厂里，全身都是湿透的。

结束了贞丰的采访，也就结束了全程采访活动。我和王太师在返回的车上对写稿任务作了分工，王太师承担"西南出海航运"的主打稿件写作，以及"望漠油桐""贞丰糖厂""册亨秧坝林业"几篇稿件的写作，我则承担"救救古榕树""学生村""望漠蛮王城""夏威夷木瓜""三大绿色杀手"5篇写作任务。①

到外地采访成本很高，记者仅为一个新闻事实而外出不合算，因此需要记者充分利用出差的机会，多采写几条新闻，降低报道的成本。此外，外地采访与易地采访一样，记者有新鲜感，本地受众也有好奇心，新闻兴奋点相对较多。因此，如获得《贵州日报》这位记者一样的到外地采访的机会，就应当充分利用交叉采访方法，卯足采访劲儿，多结报道果儿。

五、易地采访

易地采访，指记者到分工范围以外的地区采访。一个记者长期在一个地方采访，会降低新鲜感，丧失好奇心，加之可能因为人熟、地熟，关系网削弱报道尖锐度，因此需要通过易地采访来弥补。

对机动记者来讲，其采访地域并不固定，不存在易地采访的问题。而对于分区负责的记者来说，适时的易地采访方式有利于激发记者的活力。陌生的采访环境会让记者高度紧张起来，从而激发主体的创造性，但也存在因为采访线索缺乏，采访资源不熟悉而造成采访难度系数增加等问题。对记者来讲，易地采访是一种锻炼，也是一种挑战。

易地采访与其他采访形式相比，时间的紧迫性更强。易地采访的时间短，编辑周期短。由于时间短，对一个地方人物、事件、环境的陌生。因此，在表现手法上来不及精雕细刻。如在电视新闻采访方面，在镜头运用上，很少采用"推、拉、摇、移""仰、俯、升、降"等手法。而其他采访形式，记者可以自选题材，并随题材中的故事情节对节目进行跟踪式的自由采访，有的可以对一个题材进行长达一年，甚至几年的跟踪拍摄，记者也有时间从容地调动一切表现元素，把节目琢磨成精品。

易地采访好处很多，一是可以开阔记者的眼界。记者老蹲在一处，时间长了，眼界狭窄。换个地方采访，可以丰富知识，再回到原来的驻地，会发现很多新的新闻素材。易地感受之后，报道有比较，有新鲜感，能帮助本地记者发现新闻，搞好报道。二是易地采访，便于记者互相学习，取长补短。三是经常的易地采访，因为跑的地方多，掌握的情况多，还可以发现一些老蹲在一个地方不易发现的带规律性的东西。

易地采访具有时间的有限性和空间的陌生性，要完成好采访任务，需要注意以下几个方面。

（一）要具备"倚马可待"的创作能力

易地采访活动很多时候是由易地单位组织的，选题也往往是由主办方确定的。由于

---

① 沈仕卫：《难忘的黔西南之行》，载于《新闻窗》，2004年第5期。

采写活动时间短,记者对内容的了解,仅限于主办单位提供的资料,难以在短时间做到成竹在胸,易地采访创作因此带有即兴创作特点,需要记者具备"倚马可待"的创作能力。要在较短时间内完成报道,很多时候只有让主题先开路,才能让之后的采访更主动有效。

浙江金华电视台记者林厦丽谈到,《追潮》是2014年5月在海宁拍摄完成的十五分钟专题,当时并非一年一度的八月大潮汛,面对主办方提供的命题作文"百里钱江海宁潮",只觉得题材宏大,无从下手。如何在这样的命题中做出生动可看的作品,采访组并没有急于拍摄,而是先收集相关材料,进行反复讨论。"以小见大"是这种题材的通常做法,那么,怎样的"小"才能突出钱江潮的"大"呢?专题节目中,风物的故事离不开人物的故事,人因风物的故事而生动,风物因人的故事而鲜活,在彼此故事的推进中,才能寻找到打动人的情绪点。

主题的事先确定并非无中生有的臆想,它和题材的关系不是绝对的先后,而是互为启发互为基础,不断完善,才能让主题和题材的结合更加完美。到达海宁第一天,采访组被安排住在钱江潮边上的盐官,一到盐官,采访团立刻被这座千年古城吸引。钱江大潮、千年古城以及生活在这里的人,他们彼此间一定会有牵连和渗透,这种牵连和渗透就是这座小城的故事,这个故事也就是这个时代背景下钱江潮的故事。采访团经过反复商榷,确定下了这次采访的主题:以潮、城、人为内容,展现"潮"和"城"的魅力,表达新时代"潮"乡人的精神追求,节目最终获得了广泛认可。

由于易地采访时间短,因此在易地采访出发之前,要结合报道主题对该地区的相关概况有个总体了解,做好充分的资料准备工作。采访准备工作做好了,才能免除采访时一问三不知的尴尬,整个行程就不用把时间耽搁在外围的采访中。①

(二)要争取易地同行们的支持

易地采访既要在出发前对采访地点和命题进行资料的查询、收集,又要争取当地宣传部门和媒体同行的配合支持,因为他们那里有我们拍不到的镜头,有网络上查找不到的特殊资料。

同样以上面举到的案例为例。采访团在海宁,为了筛选三个和钱江潮有关的人物,当地电视台的记者为采访团提供了他们曾经拍摄过的人物资料,这让采访团在前期的题材选择和创作构思上大大节省了时间。在这次易地采访实践中,当地宣传部门和电视台都为采访团提供了航拍镜头、秀山岛的全岛风貌、钱江潮大潮汛时的各种壮观场景。将这些镜头运用到片子中,很好地起到了点面结合的作用,专题片因此显得磅礴大气,镜头丰富,可看性强。

记者初到一个地方,情况不熟,搜集到的信息难免不全、不深刻,因此作品完成后,最好请当地同行或朋友看看,多听听意见,这样对提高报道质量也是大有裨益的。

---

① 王爽:《易地采访报道的技巧》,载于《青年记者》,2009年4月(下)。

（三）易地采访要求新求异

易地采访的空间陌生性所带来的"陌生化"是易地采访作品魅力的源泉。"陌生化"是俄国形式主义的核心概念，其代表人物什克洛夫斯基认为，"陌生化"在艺术创作中起着关键的作用。他在《作为艺术的手法》中谈到，对于熟悉的事物，我们的感觉趋于麻木，仅仅是机械地应付它们，我们并不观察留意事物与它们的特性，因为我们的感觉已成为一种习惯与无意识。他认为，艺术的立足点在于将事物"陌生化"的能力，将它们用一种新的、出乎意料的方式表现出来的能力。

艺术创作是如此，采访活动也是如此。常规的属地采访，记者长期待在一个地方，从人际关系、地理环境到政治、经济、文化背景等基本情况都了如指掌，这是常驻的优点，但久而久之，难免出现眼界狭窄、新闻敏感下降、故步自封等诸多弊病，使记者对身边的许多新闻事实、风土人情熟视无睹，以至于漏发了有价值的新闻或使选题角度常规化。所谓"不识庐山真面目，只缘身在此山中"，固有的思维定势，产生了"久居兰室，不闻其香"的审美疲劳。易地采访把记者放到一个异乡人的位置，空间的陌生性会使人产生刘姥姥进大观园的好奇心。弗朗西斯·培根（Francis Bacon）说过："知识是一种快乐，而好奇则是知识的萌芽。"易地采访中，记者要以好奇心为指南，以一个外地人因陌生而生的疑问为指向去搜集信息，自然能制作出令人满意的作品。

（四）善于谋篇、巧于叙事

如何铺陈谋篇、设置悬念、安排情节、生动叙述是对记者功力的最终考验。美国媒体评论家赫曼·G. 温伯格认为："叙述故事的方式本身就是一个故事，同样一个故事，能讲好，也能讲糟。有人能把故事讲得娓娓动听，更有人能把它讲得十分精彩。这取决于讲故事的人是谁。"求新求异是易地采访的最大亮点。

易地采访的选题很多都是当地记者曾多次拍摄过的内容，之所以用外地记者重拍这些"旧"内容，目的是利用外地记者对陌生环境的新鲜感、好奇感，改变属地记者固有的视角，以新的角度、新视点来表现旧的内容。因此，记者要用开放性的思维去观照特定的主题，从一个全新的角度去诠释事物，带着自己的感觉、看法打量对方，抓住感动自己、吸引自己的内容，寻找出新颖独特的视角。

易地采访应该充分考虑到易地采访的陌生性，策划不能贪多贪全。摊子铺得过大，会使被采访者觉得题目太大，没什么好谈的，而采访者也费力，采访半天都是空话。在主题上，要采用以小见大的手法。对于采访者来说，如何在生疏的环境中迅速进入工作状态，采访到有价值的素材，这是采访成败的关键所在。一般来说，小的选题容易切入，较好把握，而大的选题很难做好。有了深刻的主题，明确了方向，还需要记者对整个作品的创意和结构作巧妙安排，否则平平而论，便会让人觉得索然无味。

比如，在2010年6月开展的"魅力千岛湖"全国电视易地采访活动中，由辽宁广播电视台制作的获得了二等奖的《水下水上我的家》，节目的主题是展现千岛湖从无到有的发展变迁，主线是一个老人，节目刚开始就是这位老人每天清晨坚持查资料、画图，而这张神秘的图一下就抓住了观众,由此而延伸出老人画这张图的初衷、过程和情结等,层层深入,将老人的这种心底中想要复原古城旧貌的决心与千岛湖的发展变迁紧密结合起来,让人回味。

易地采访与其他采访方法各有千秋,各有利弊。但记者只要功底深厚,无论采用哪种采访方法都能扬长避短,得心应手,做出精品。

[32] 孙丽萍. 人文关怀精神对大众传媒的影响和意义[J]. 新闻大学，2001（2）.

[33] 孙愈中. "有偿新闻"报道手法种种[J]. 新闻记者，2005（10）.

[34] 汪业芬. 新闻模块形式的优势与不足[J]. 新闻三昧，2007（3）.

[35] 王辰瑶. 试论"陷阱新闻"[J]. 国际新闻界，2006（10）.

[36] 王光柱. 如何开好座谈会[J]. 政工学刊，2001（3）.

[37] 王爽. 易地采访报道的技巧[J]. 青年记者，2009（4）.

[38] 王媛. "新闻报料"易引发的陷阱及规避[J]. 中国记者，2013（11）.

[39] 魏建. 浅谈断裂行文法在新闻写作中的应用[J]. 徐州师范大学学报，1998（2）.

[40] 吴飞. 西方新闻报道方式变革的内在动力[J]. 现代传播，1999（2）.

[41] 邢旭东. 从网民的阅读模式看网络新闻的写作技巧[J]. 新闻知识，2012（10）.

[42] 杨路. 于无声处听惊雷[J]. 中国广播，2011（7）.

[43] 杨世聪. 新闻报道的泄密与保密[J]. 新疆新闻界，1995（5）.

[44] 杨晓强. 探析新闻采访中的"霍桑效应"[J]. 新闻与写作，2004（2）.

[45] 音坤等. 纸媒中网络热词使用状况探究[J]. 编辑之友，2013（6）.

[46] 喻国伟. 新闻"断裂行文"法当议[J]. 柳州师专学报，1994（3）.

[47] 张威. 调查性报道：对西方和中国的透视[J]. 国际新闻界，1999（2）.

[48] 张志安. 30年深度报道轨迹的回望与反思[J]. 新闻记者，2008（10）.

[49] 张志安. 曲径通幽——谈"勾推法"在新闻采访中的应用[J]. 新闻通讯，1991（8）.

[50] 赵琳，张英杰. 新闻敏感培养"三点论"[J]. 青年记者，2003（6）.

[51] 宗春启. 正确使用"本报讯"[J]. 新闻与写作，2009（8）.